盾构隧道结构设计及施工对环境的影响

何 川　曾东洋　著

西南交通大学出版社
·成都·

内 容 提 要

本书以著者在复杂环境条件下地下铁道区间盾构隧道及越江盾构隧道的结构设计和施工对环境的影响方面的研究成果为主要内容。盾构隧道结构设计研究方面的内容包含：管片接头力学行为，衬砌结构设计，拼装方式对衬砌结构的影响；盾构隧道施工对环境的影响问题研究内容包含：盾构隧道施工对环境影响的一般问题，平行盾构隧道、交叠盾构隧道及正交盾构隧道施工对环境的影响。

本书可供从事盾构隧道建设管理、设计、施工及监理等方面的科技人员使用，也可作为高等院校隧道专业师生的参考用书。

图书在版编目（CIP）数据

盾构隧道结构设计及施工对环境的影响 / 何川，曾东洋著. —成都：西南交通大学出版社，2015.8
ISBN 978-7-5643-4165-7

Ⅰ.①盾… Ⅱ.①何… ②曾… Ⅲ.①隧道工程－盾构－结构设计②隧道工程－盾构－工程施工－环境影响
Ⅳ.①U455.43

中国版本图书馆 CIP 数据核字（2015）第 188962 号

盾构隧道结构设计及施工对环境的影响

何川　曾东洋　著

＊

责任编辑　王小碧
封面设计　墨创文化

西南交通大学出版社出版发行
四川省成都市金牛区交大路 146 号　　邮政编码：610031
发行部电话：028-87600564
http://www.xnjdcbs.com
四川森林印务有限责任公司印刷

＊

成品尺寸：182 mm×256 mm　　印张：12.625
字数：307 千字
2015 年 8 月第 1 版　　2015 年 8 月第 1 次印刷
ISBN 978-7-5643-4165-7
定价：48.00 元

图书如有印装问题　本社负责退换
版权所有　盗版必究　举报电话：028-87600562

前 言

盾构法防渗漏水性好、施工安全、工期可控、对周围环境的影响较小，目前在我国地下铁道、越江工程等领域已成为重要的可选隧道施工方法，且在许多场合已成为首选甚至唯一的方法。尤其是随着国内外盾构设备技术水平的提高，盾构设备在工程总成本中所占比重的进一步下降，采用盾构法施工的隧道的工程造价已接近甚至低于采用普通暗挖和明挖法施工的隧道。我国目前正在建设地下铁道的上海、广州、北京、南京、深圳、天津、成都、沈阳等城市均将盾构法作为了主流施工方法。随着我国基础设施大规模建设新高潮的到来，各类隧道工程的建设呈高速增长之势，盾构隧道在地下铁道、市政工程、各类越江（河、海、湖）工程、水利水电工程、铁路及公路工程等基础设施建设中有着十分广阔的应用前景。随着上海多条越黄浦江隧道和崇明越江通道、武汉长江隧道、南京长江隧道、杭州钱塘江隧道、重庆长江输水隧道、越珠江狮子洋高速铁路隧道、南水北调工程等一大批世界级盾构隧道的开工建设，我国已成为世界上盾构隧道工程总量最多、规模最大、发展最快的国家。

盾构隧道的建设涉及结构设计、设备制造、施工过程控制等一系列较复杂的技术问题，是现阶段土木工程建设领域中技术含量较高的一个专业领域。我国在近期已经建成了为数可观的一批盾构隧道，并有数量巨大的各类盾构隧道正在建设或在近期准备建设，不过总体而言，相关理论与技术水平还有待进一步提高，值得进行深入理论研究和技术开发的课题众多，而且许多是亟待解决的重要课题。在此背景下，著者近年来也一直将现代盾构隧道的结构设计理论和相关的施工过程控制等内容作为重点研究方向，以"现代盾构隧道设计理论与新技术研究"为题的研究方向也立项得到了国家"十五"期间"211"工程重点学科方向的建设支持。本书是将著者近年来结合南京、北京、深圳、广州、成都等城市地下铁道盾构隧道开展的部分课题研究成果作为主要内容，同时增加著者对国内几条越江盾构隧道的部分专题研究成果总结而成。书中内容以复杂环境条件下的盾构隧道结构设计研究和施工对周围环境的影响研究为主，希望能为国内同行提供参考。

感谢南京地下铁道有限责任公司、广州市地下铁道总公司、成都地铁有限责任公司、重庆市排水有限公司、铁道第二勘察设计院、北京市城建设计研究院、广州市地下铁道设计研究院、铁道第四勘察设计院、浙江省交通规划设计研究院、中铁十六局集团有限公司、中铁隧道股份有限公司、武汉长江隧道工程中铁隧道集团联合体指挥部等单位对本书中相关课题研究提供经费资助或协助,感谢以上单位的相关技术及技术管理人员对研究工作的大力支持。感谢西南交通大学博士研究生林刚、李围、唐志成、丁建隆、苏宗贤、方勇及硕士研究生谢宗林、张少辉、吴兰婷、俞涛等在现场试验和模型试验等方面所做的工作。

鉴于著者的水平和认识的局限性,对书中出现的不妥乃至谬误之处望同行批评指正。著者联系方式为:成都市二环路北一段 111 号,西南交通大学土木工程学院地下工程系何川(收),邮编 610031; Tel: 028-87601932; Fax: 028-87603021; E-mail: chuanhe21@sina.com。

著　者
于西南交通大学

目 录

第一篇 绪 论

第一章 绪 论 1
第一节 盾构隧道概述 1
第二节 盾构隧道的工程应用与研究现状 3
第三节 面临的主要研究课题 11

第二篇 盾构隧道结构设计问题研究

第二章 盾构隧道管片接头力学行为 16
第一节 管片接头力学模型 16
第二节 管片接头端面变形及力学模型的建立 19
第三节 管片接头三维有限元建模 23
第四节 管片接头力学特性 30
第五节 接头力学参数在管片设计中的应用 44
第六节 研究结论 49

第三章 盾构隧道衬砌结构设计 51
第一节 衬砌结构设计方法 51
第二节 盾构隧道衬砌结构计算方法特征分析 51
第三节 盾构隧道衬砌结构设计方法差异分析 53
第四节 管片结构受力特征现场测试分析 59
第五节 研究结论 67

第四章 拼装方式对盾构隧道衬砌结构的影响 69
第一节 拼装方式对衬砌结构受力影响的理论分析 69
第二节 拼装方式对衬砌结构受力影响的模型试验 75
第三节 研究结论 84

第三篇 盾构隧道施工对环境的影响问题研究

第五章 盾构隧道施工对环境影响的一般问题 86
第一节 盾构隧道衬砌结构纵向特性 86
第二节 盾构隧道施工对环境影响的模型试验 91
第三节 盾构隧道施工对环境影响的数值模拟 105
第四节 研究结论 124

第六章 平行盾构隧道施工对环境的影响 125
第一节 平行盾构隧道施工对环境影响的模型试验 125
第二节 平行盾构隧道施工对环境影响的数值模拟 129
第三节 研究结论 146

第七章 交叠盾构隧道施工对环境的影响 147
第一节 交叠盾构隧道施工对环境影响的模型试验 147
第二节 交叠盾构隧道施工对环境影响的数值模拟 150
第三节 研究结论 166

第八章 正交盾构隧道施工对环境的影响 167
第一节 正交盾构隧道下穿施工对环境影响的模型试验 167
第二节 正交盾构隧道下穿施工对环境影响的数值模拟 171
第三节 研究结论 188
第四节 工程建议 188

参考文献 189

第一篇

绪 论

第一章 绪 论

随着我国现代化建设水平的不断提高,许多地区产生了诸如城市扩张、人口膨胀、交通拥挤、大气污染、噪音污染等一系列问题,如果继续开发地面交通无疑将导致上述诸多问题陷入恶性循环。合理开发利用地下空间已逐渐成为目前国内外公认解决建设用地与土地资源日益严重不足问题、促进社会可持续发展和环境保护的最佳途径。

地下建筑物的修建一般采用明挖法、暗挖法和盾构法。一般而言,明挖法多用于平坦地形以及埋深小于 30 m 的场合,该方法几乎可以适应各种不同类型的结构形式,使结构空间得到充分而有效的利用。但随着埋深的增加,采用明挖法会使工期和费用显著增加且工期可预见性较差,在大型越江(海)工程中还会因为所面临工程量浩大、影响因素过多而几乎无法实施;隧道暗挖法需要采取较多辅助措施,施工降水等措施所引起的邻近地区地下水位降低、地面沉降量增加等问题较为突出,安全隐患严重,且当地基无自承载力或承载力较低、地下水位较高时,隧道将无法开挖通过;盾构隧道施工(除竖井外)几乎不会对外界产生交通影响,施工所产生的噪音和振动也只发生在竖井口附近,该施工法能较好地控制地下水渗漏和地表沉降,不影响地面交通和地下水位,工程费用几乎不受隧道埋深的影响,目标工期和工程造价可控性好,施工风险相对较小,施工期间不影响江河通航,不易受河床变迁影响,因而在国内外众多地铁隧道、排污隧道和大型越江(河)隧道修建中广为采用。

第一节 盾构隧道概述

一、盾构隧道

盾构隧道施工[1]是指使用盾构机,一边控制开挖面使围岩不发生坍塌失稳,一边进行隧道掘进、出碴,并同时在机器内部拼装管片形成衬砌环实施壁后注浆,尽量不扰动围岩而修建隧道的方法。采用盾构法修建而成的隧道称为盾构隧道。

盾构隧道施工的工作原理[2]就是尽可能在不扰动围岩的前提下完成施工,从而最大限度地减少施工对地面和地中建筑物的影响。工程中主要通过主动控制围岩的应力释放和变形以达到削弱施工影响的目的,其措施包括:使用压力仓内的泥土或泥水压力以平衡开挖面所承受的前方土、水压力;使用切削刀盘和盾构钢壳对开挖四周进行被动支护;使用壁后注浆及时充填超欠挖及盾尾孔隙等。

盾构隧道施工流程主要包括如下几个步骤:

(1) 在修建区间隧道两侧端头修建竖井(或基坑),作为盾构始发和接收竖井(或始发和接收基坑)。

(2) 将盾构主机和相应配件分批次吊入始发竖井(或始发基坑),于设计预留始发掘进位置完成整机组装,调试各项参数以满足施工要求。

(3) 在始发竖井(或始发基坑)预留开口处破壁施工,沿隧道设计轴线顶推前行。

(4) 完成设计盾构区间隧道顶推施工。施工全过程主要可分为几个步骤:① 核心土体的开挖:保持盾构开挖面土、水压力略小于压力仓内支护压力以保持掌子面的不断前行。沿盾构机长度方向,受盾构机盾壳刚性支护影响无地应力释放产生,但盾壳外壁与周围土层间的摩擦力将导致围岩扰动和应力重分布。② 盾尾管片环拼装:当掌子面顶推单环装配式管片环幅宽长度时,在刚性盾壳保护下完成整环管片拼装。③ 壁后注浆回填:为避免脱离盾壳庇护管片环和实际开挖毛洞间所留下的盾尾孔隙附近无支护土体坍塌所引起的较大地层损失和地表位移,通过设置在盾尾和管片上的预留注浆孔进行同步和壁后注浆。④ 重复上述过程,开挖面不断前行,形成连续管片环和注浆环直至整条隧道贯通。

(5) 顶推施工至设计预定接收竖井(或接收基坑),盾构再次破壁以结束施工,拆卸盾构机并吊运完成。

盾构隧道施工流程概况如图1.1所示。

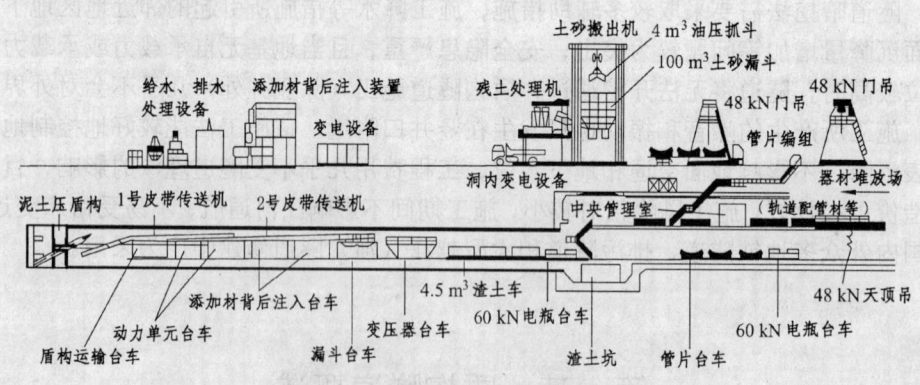

图1.1 盾构隧道施工流程概况图

盾构机是一种独特的施工机具,它是一个既能支撑地层荷载又能在地层中推进,具有圆形或矩形或马蹄形等特殊形状的钢筒状结构。钢筒的前面设置有各种类型的支撑和开挖土体的装置;钢筒中段周圈内面安装有顶进所需的千斤顶;钢筒尾部是具有一定空间的壳体,盾尾内可以拼装1~2环预制的隧道衬砌环。盾构机每推进1环距离,就在盾尾支护下拼装1

环衬砌，并及时向盾尾后面的开挖坑道周边与衬砌环外围之间的空隙中压注足够的浆体，以防止围岩松弛和地面下沉。在盾构推进中可以从开挖面不断地排除适量的土体。盾构隧道顶推施工及管片安装如图1.2所示。

二、盾构隧道施工主要优点[3]

就本质而言，盾构隧道施工属于暗挖施工方法之一，故其没有明挖施工法的诸多缺点。目前已开发的盾构施工法不仅适用于软土地层，而且适用于硬质地层和岩层情况。归纳起来，盾构隧道施工具有以下主要优点：

(1) 施工对环境影响小。主要包括：出土量少，场地附近地层扰动沉降小，对周围建筑物影响小；不影响地表交通，无需切断或搬迁地下管线等各种地下设施，从而节省了大量的工程附加费用；对周围居民生活和出行影响小；无空气、噪声和振动污染等问题。

(2) 施工不受地形地貌、江河水域等地表环境条件的限制。

(3) 地表占地面积小，施工占地和征地费用少。

(4) 适用于大深度、长距离和高水头等恶劣条件下的施工，施工费用可控性好。

(5) 施工受天气状况和气候条件影响小。

(6) 开挖核心土和出土量小，有利于降低工程成本。

(7) 施工构筑盾构隧道柔度大，抗震性能好。

(8) 使用范围广，可广泛适用于软土、砂卵石、软岩直至硬岩等各类地层条件。

三、盾构隧道施工主要缺点[1]

盾构隧道虽然优点众多，但仍存在一些不足之处，主要有：

(1) 当隧道曲线半径过小时，施工较为困难。

(2) 修建城市隧道时，若隧道覆土太浅则施工困难较大；水下施工时，若覆土太浅则将导致施工安全性较低。

(3) 施工中隧道上方一定范围内的地表沉陷难以完全消除，特别是对于饱和含水松软地层而言，施工中应采取严密的技术措施以将沉降控制在设计要求范围内。

(4) 饱和含水地层和水下隧道施工过程中，该施工法所采用的拼装衬砌对达到整体结构防水性的技术要求较高。

第二节 盾构隧道的工程应用与研究现状

一、盾构隧道应用现状

自1818年法国工程师布鲁诺尔（Brunel）发明盾构隧道施工以来，盾构机械已从最初的

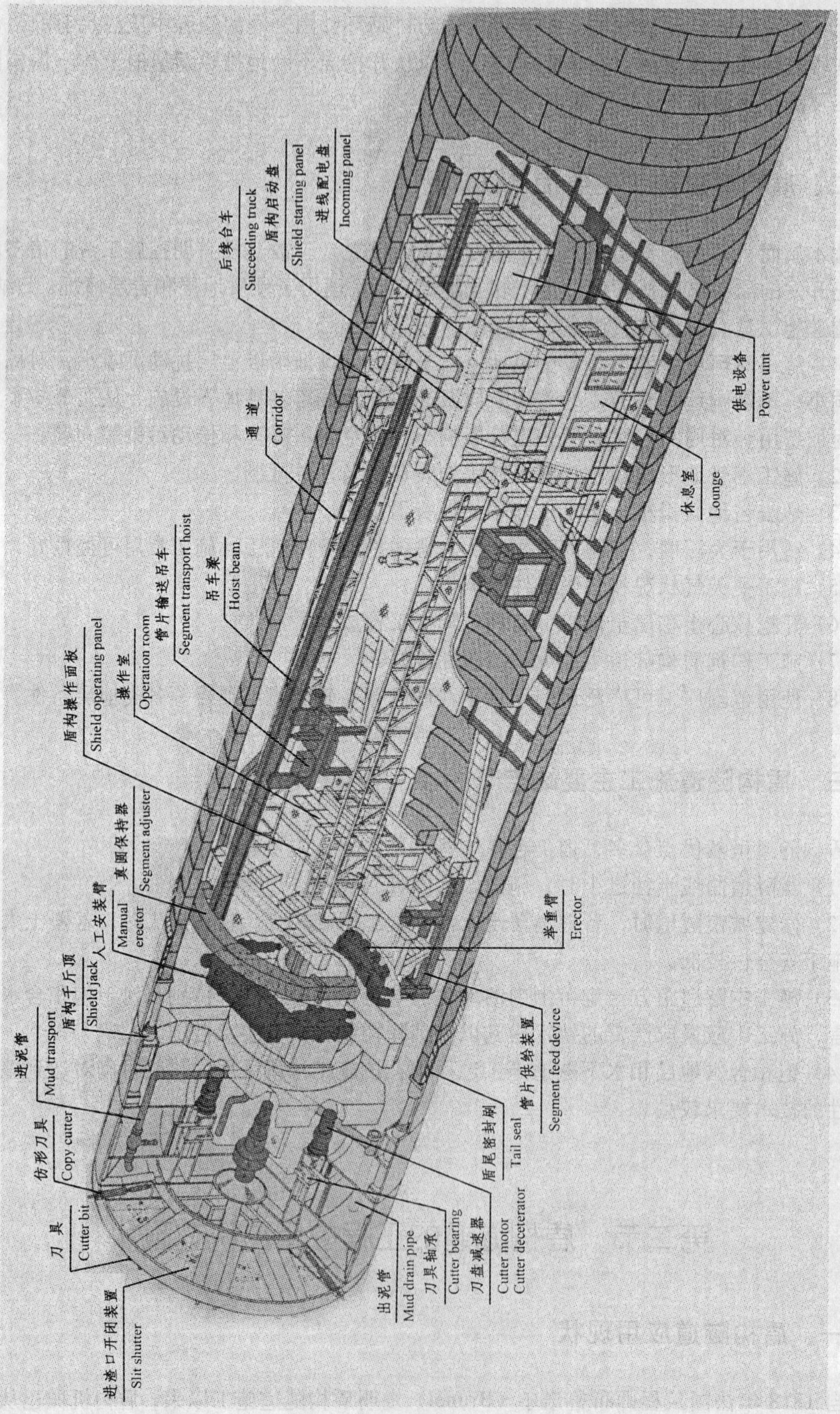

图 1.2 大断面盾构隧道掘进及管片安装示意图

适用于人工开挖的敞开式盾构机发展为今天以全断面机械掘进土压式和泥水平衡式为主,包括气压式、挤压式、网格式、局部气压式等多种盾构机械并存的局面;盾构机适用地质也由软弱地层发展到硬质地层和中软岩层;同时,为了适应多种需要,盾构开挖可以形成矩形、马蹄形、椭圆形、圆形、双圆形等多种断面形式;盾构与全断面掘进机的有机结合形成了双护盾构掘进机。衬砌材料——管片也由最初的铸铁发展为目前可施加预应力的预制钢筋混凝土箱型管片和平板型管片等。盾构隧道开挖已在绝大多数国家和地区城市地下工程修建中成为首选方案。据日本1991年对东京、大阪等主要城市的统计,在总延长75 224 m 的城市隧道工程中,矿山法的比例占 6.1%、盾构法占 60.9%、明挖法占 33%。对于建筑物密集和对周围环境影响限制严格的大城市中修建地下建筑物,盾构法更具明显优势。

自1843年世界第1座盾构法施工隧道——泰晤士河(Times)水底隧道完工以来,盾构法迄今已有160多年的历史。1874年英国工程师格雷蒙特(Greathead)在英国伦敦南线 Vyrnwy 隧道修建中创造了比较完整的运用压缩空气进行防水的气压盾构施工工艺,为盾构隧道修建奠定了基础。20世纪,盾构隧道施工在美国、英国、德国、前苏联、法国、日本等发达国家开始得到应用和广泛推广:1930到1940年左右,这些国家和地区已成功使用盾构并相继建成了内径为 3.0～14.0 m 的多条公路、铁路、地下铁道、上下水道等工程;1960年起,盾构法在日本得到迅速发展,用途越来越广,成就也越来越大,仅1955年到1980年的30几年内,日本就制作了 3 000 台盾构机械。1970年初,法国、日本及德国等国针对城市建设区的软弱含水地层中,由于盾构施工引起的地表沉降,预制高精度管片和接缝防水等技术问题,研制了各种新型衬砌和防水技术以及局部气压式、泥水加压式和土压平衡式等新型盾构及相应的工艺和配套设备。

我国自1950年开始将小型盾构运用于上下水道工程,1960年以后,几乎与国际盾构隧道发展同步,通过在上海软弱饱和含水地层中相继进行的一系列盾构法掘进工程试验,我国不仅建成了多座盾构隧道,而且还从工程实际中获得了一系列成功经验。1966年开始修建的第1座上海黄浦江越江隧道,采用的是直径为 10 m 的网格盾构并辅以气压排水和整环浇注的钢筋混凝土管片拼装成单层衬砌;1970年以后,上海盾构隧道已具有较为成熟的经验,相继建成了6条外径4.3 m 的排水引水隧道以及市区街道下穿隧道;北京、江苏、浙江、福建等省市也都分别用不同类型的盾构修建了不同用途的隧道;1984年上海又用直径为 11.32 m 的大型盾构修建了黄浦江第2条水下隧道。1990年后,盾构隧道开始逐步在城市快速交通(如地铁)中得到应用,例如上海、北京、广州、深圳、南京、天津等。城市地下铁道盾构隧道的成功修建无疑为单层装配式衬砌有效防止地表沉降等积累了大量经验。

除广泛应用于城市地下铁道建设外,盾构隧道修建还在城市市政道路建设方面取得了大量成绩,但将盾构法应用于城市市政道路建设必须解决诸如大断面、高水压、长距离掘进等方面的问题。目前,国内外已建和在建大断面盾构隧道主要集中在越江、越海等方面,如日本东京湾公路隧道和我国南水北调工程中的穿黄隧道、武汉长江越江隧道、上海上中路隧道等工程的设计施工方案均采用盾构法。国内外已建和在建代表性大断面、高水压、长距离盾构法施工隧道如表1.1所示。

表 1.1 国内外已建和在建大断面、高水压、长距离盾构隧道

工程名称	开工时间（年）	盾构直径（m）	开挖延长（m）	盾构机类型
东京地铁 10 号线九段上工区	1974	10.73	990	压气
东北新干线下谷工区	1978	12.84	730	压气、手掘敞开式
平野川水系街路下调节池建设工程（之二）	1982	11.22	1 276	泥水式
东京地铁 8 号线辰巳三工区	1984	10.00	307	泥水式
都营地铁新宿线南八幡工区	1985	10.48	1 053	泥水式
小机、千若雨水干线下水道整治工程	1989	10.00	2 610	泥水式
高速铁路第 6 号线野井桥工区新设工程	1990	10.48	541	泥土压平衡式
神田川环状 7 号线地下调节池工程（之二）	1989	13.94	1 991	泥水式
东京湾横断公路隧道	1994	14.14	2 300×8	泥水式
中国台湾高雄（RSEA）	—	3.27	3 374	泥水加压式
川越火电厂煤气管道隧道	—	4.20	2 450	泥水加压式
神奈川处理区小机、千若雨水干渠	—	10.00	2 610	泥水加压式
姊崎—千叶火电厂煤气管道	—	4.08	2 769	泥水加压式
东电富津—袖浦煤气管道	—	4.03	2 033	泥水加压式
打浦路隧道	1965	10.22	1 322	网格式
延安路北线	1982	11.30	1 476	网格式
延安路南线	1994	11.22	1 310.5	泥水式
大连路（双线）	2001	11.22	1 275×2	泥水式
复兴路（双线双层）	2001	11.22	1 214×2	泥水式
翔殷路（双线）	2003	11.58	1 560×2	泥水式
上中路（双线双层）	2003	14.87	1 250×2	泥水式
武汉越江盾构隧道	2004	11.00	2 000×2	泥水式（复合型）
南京长江盾构隧道	2005	14.45	3 930×2	泥水式（复合型）
杭州庆春路盾构隧道	2006	12.00	1 720×2	泥水式（复合型）

二、盾构隧道研究现状

（一）衬砌结构计算理论

盾构法修建隧道断面可分为圆形、矩形、马蹄形、半圆形、椭圆形等断面形式，但目前在各国城市地下铁道、越江隧道等建设过程中广为采用的是圆形断面。鉴于衬砌结构对隧道长期安全性、耐久性及建造成本等的影响，各国都通过理论和试验对衬砌结构设计理论进行了研究

并取得了大量成就。现根据研究时间对各国的盾构隧道衬砌结构设计理论的发展总结如下：

1922年，Hewet, B. M.[4]提出圆形衬砌结构计算中应考虑弹性抗力并根据圆形衬砌水平直径处位移等于零来计算地层抗力。其缺点在于计算中未正确考虑衬砌结构的变形。

1926年，Schmidt[5]通过引入弹性介质，提出在地下结构计算中应考虑地层和隧道衬砌间的相互作用，该方法适用于具有较厚衬砌的地下结构计算。

1936年，波德洛夫[6]根据前苏联的地铁建设，将Winkler假设用于地下结构计算，采用三角级数对衬砌结构的径向位移值进行了表述，并应用最小功能原理确定了级数的各项系数。

1939年，波德洛夫和马捷夫提出了著名的链杆法[7]，以刚性链杆代替了衬砌结构与地层间的接触作用，地层受力和变形符合Winkler假设。

1944年，Bull[8]提出圆形衬砌计算中应合理考虑弹性抗力，对拱顶部位的受拉约束忽略不计的建议。该法通过应用叠加原理求得了各种集中荷载作用下沿衬砌各等分点的径向位移。

1957年，Engelbreth[9]根据连续介质模型推导了平面应变下衬砌应力和变形的封闭解。

1960年，日本土木工程协会（JSCE）提出惯用设计法[10]，这种方法不考虑接头柔性特征，地层抗力假设仅在水平方向正负45°范围内按三角形规律分布。

1961年，Morgan[11]根据直觉假定圆形衬砌变形成椭圆形状，并忽略切向应力和与之相应的切向应变，由此得到了封闭解。此法所得弯矩在理论上是偏小的。

1964年，Schulze和Duddek[12]提出了浅埋隧道模型的通解和封闭解。

1968年，久保[13]提出了模拟圆形装配式衬砌接头效应的梁-弹簧模型。该方法将管片用梁代替，接头用弹簧代替。

1972年，Peck和Hendron[14]对基于先开挖后加载的衬砌受力状态(即超压加载状态)进行研究，得到了解析解。1974年，Dar和Bates等[15]又对超压加载条件解进行了研究。

1975年，Muir Wood[16]改进了Morgan的方法，考虑了切向地层应力、初始地应力的影响及由接头引起的衬砌刚度降低等因素。

1976年，Curtis[17]在Morgan的研究基础上考虑了切向地层应力变化引起的径向变形和刚度随时间变化所产生的蠕变现象。

1978年，村上博智和小泉淳等[18]通过在管片接头部位受压区布设受压弹簧，进一步发展了梁-弹簧模型，计算模型中除了考虑管片接头抗弯刚度外，还引入了管片接头的环向和径向剪切刚度，通过调整接头抗弯刚度来推求管片接头的抗弯能力（弹簧刚度通过受压区混凝土刚度确定）。

1982年，小泉淳、村上博智等[19]通过对纵扁平椭圆形断面盾构隧道的研究，提出了椭圆形衬砌环的正确解析方法。同年，我国侯学渊[20]教授将地层自重理想化为无限远荷载，运用弹塑性理论和位移协调方程解出了考虑衬砌刚度的地层压力值并通过对上海延安东路的圆形装配式接头进行室内模型加载试验，得出了几种不同偏心矩作用下的 M-θ 计算关系式。

1985年，半谷[21]对具有二次衬砌的隧道衬砌圆管轴向刚度进行了研究，研究中管片环间接头采用弹簧代替，该计算模型中考虑了环间压缩刚度和剪切刚度。

1987年，陆同寿、崔铁军[22]通过圆形隧道接头刚度模型试验推导出了大偏心受压情况下受压区混凝土应力矩形分布时 k_θ 的计算公式。

1988年，奚爱华[23]针对上海延安东路越江隧道装配式管片结构进行了1:1顶力试验，对管片的纵向承载、变形及破坏机理进行了深入探讨。同年，周俊英[24]通过采用均质圆环法对装配式圆形衬砌结构内力的计算，提出设计中应充分考虑衬砌环内外侧不对称刚度对结构内力的影响，同时提出了施加连接螺栓预紧力将有助于提高管片接头刚度，改善衬砌结构内力分布的观点。

1989年，崛地纪行等[25]对具有二次衬砌的隧道衬砌圆管的轴向刚度进行了研究，衬砌圆环间的接头也用弹簧代替，该模型考虑了环间压缩刚度和剪切刚度。同年，姜启元等[26]、[27]通过修正Muir Wood计算模型，在盾构隧道装配式衬砌结构动力分析中考虑了管片接头刚度的影响。

1994年，Teodor Iftimie[28]推导了接头受压区应力抛物线形分布时的k_θ计算公式。

1997年，金康宁[29~31]通过引用Winkler法向、切向抗力单元和隧道轴向效应对不同计算模型下的隧道结构进行了有限元分析。同年，周小文[32]从基于松动压力和应力重分布角度出发，利用砂土拱效应和隧道离心模型试验对盾构隧道衬砌土压力确定方法进行了深入探索。

1998年，朱合华、杨林德、陶履彬等[33~36]通过对盾构隧道管片接头部位的力学分析，提出了梁-接头模型，并通过平板管片接头计算实例与梁-弹簧模型进行了理论上的对比分析。同年，张厚美[37~40]对南水北调中线穿黄盾构隧道进行了1:1模型试验，通过试验方法提出了k_θ的经验计算公式，并对盾构隧道双层衬砌结构模型进行了理论上的探讨。

1999年，何川、小泉淳[40]采用等效刚度法对盾构隧道横断和纵断方向的地震响应及抗震设计方法进行了试验研究和理论计算，同时还采用地震模拟台对东京地铁三连体盾构车站和大型地下工程的静动力学行为和实用抗减震设计方法等进行了深入分析。同年，章青等[41]、[42]采用不连续介质变形体界面应力元建立了盾构法输水隧道计算模型，分别模拟计算了内外衬砌管片连接螺栓和各种接缝的不连续变形。

2000年，刘国彬、黄钟晖等[43~45]以上海地铁为对象，研究了软土地层中修建盾构隧道时管片厚度、管片接头位置等对隧道衬砌结构受力及使用性能的影响。

2002年，何英杰等[46~48]对盾构隧道双层衬砌结构进行了模型试验，对内水压作用下的内外衬砌变形、受力和荷载分配等进行了研究。

2003年，何川等[49~55]对地铁盾构隧道修建中采用通用管片的设计、应用和其他影响因素进行了探讨。

（二）衬砌结构计算模型

各类地层介质均具有一定的自承载能力，地下结构的安全与否在很大程度上取决于结构物周围的地层能否持续保持稳定。早期的地下工程衬砌结构设计基本上是依照经验进行的。经过长期工程实践，地下结构受力变形特点才开始得到认识并逐渐形成了以考虑地层对结构受力变形约束为特点的地下结构设计计算理论。随着电子计算技术的出现和发展以及岩土力学和工程结构等学科研究的进一步深入，地下结构计算理论也有了更大的发展。地下建筑物衬砌结构计算理论的发展可大致分为：① 刚性结构阶段；② 弹性结构阶段；③ 假定抗力阶段；④ 弹性地基梁阶段；⑤ 连续介质阶段；⑥ 数值方法阶段；⑦ 极限和优化设计阶段等7个阶段[56~58]。

国际隧道协会（ITA）通过对各会员国采用的地下结构设计模型进行归纳总结，将目前

各国所采用的隧道结构计算模型主要分为了如下 4 类,[59]即:

(1) 连续体或不连续体模型:地层可模拟成均质或异质,各向同性或异性的二维或三维弹性介质。衬砌既可模拟为具有抗弯刚度的梁单元,也可模拟为连续体。计算主要采用解析解(弹性、塑性、粘弹性等)和数值解(边界元、有限元等)。

(2) 作用-反作用模型(基础梁模型):作用的地层压力由给出的荷载表示,而地层抵抗变形的被动反作用则由 Winkler 地基模量模拟。

(3) 收敛-约束模型:根据隧道径向位移和支护反力的相互作用特征曲线,以及表示衬砌结构受力变形的支护限制线,用两者的交点表示的支护抗力值设计衬砌结构。

(4) 工程类比法(经验方法):隧道的初期支护主要通过经验选择,把从隧道修建过程中所取得的成功经验转用到与之类似的新建隧道工程上。

不同模型尽管具有各自的特点,但也有许多共同之处。ITA 又于 1978 年成立了隧道结构设计模型研究组,并于当年对各会员国的盾构隧道设计模型进行了收集整理,那些模型均反映了当时国内外隧道设计的主流方向和技术水平。1993 年,入江健二[66]再次汇总了调查结果。2 次盾构隧道管片设计方法统计结果如表 1.2 所示。

表 1.2 国内外管片结构设计计算方法简述

国 家	管片结构设计模型		设计土水压 (σ_v 和 σ_h 分别为垂直和水平土、水压力)
	入江健二(1993)	ITA(1978)	
澳大利亚	全周弹簧模型	不详	σ_v=全上覆土重 $\sigma_h=\lambda\sigma_v$+静水压力
奥地利	全周弹簧模型	弹性地基圆环法	浅埋隧道:σ_v=全上覆土重 $\sigma_h=\lambda\sigma_v$ 深埋隧道按太沙基土压力公式计算
德 国	局部弹簧模型(覆土深≤2d) 全周弹簧模型(覆土深≥2d)		σ_v=全上覆土重 $\sigma_h=\lambda\sigma_v$(λ=0.5)
法 国	全周弹簧模型或有限元法		σ_v=全上覆土重或太沙基土压力 $\sigma_h=\lambda\sigma_v$(λ 取经验值)
中 国	均质圆环法或弹性铰模型		σ_v=全上覆土重 $\sigma_h=\lambda\sigma_v$(λ 取经验值)
日 本	惯用设计法、梁-弹簧模型	惯用设计法	σ_v=全上覆土重 $\sigma_h=\lambda\sigma_v$
西班牙	考虑地层与结构相互作用的 Buqera 法	不详	不计粘聚力的太沙基土压力
英 国	全周弹簧模型法或 Muir Wood 法		σ_v=全上覆土重(+水压) $\sigma_h=(1+\lambda)\sigma_v/2$(+水压)
美 国	弹性地基圆环法		σ_v=全上覆土重 $\sigma_h=\lambda\sigma_v$(λ=0.4~0.5)(+水压)

随着国际技术合作和交流的不断增加，盾构隧道衬砌结构设计模型和管片计算方法渐趋一致，但现有大量研究成果揭示出的不同设计计算模型均存在不同程度的缺陷，其相关计算结果往往易受各种因素的作用和影响。就目前盾构法技术最为先进的日本在工程设计中广为采用的梁-弹簧计算法而言，通过使用各种不同的弹簧来模拟纵向接头、环向接头和层间接头等而成为目前国内外盾构界最为完美的盾构隧道结构计算模式，但该计算模式仍存在着诸如如何合理确定各弹簧刚度，减少计算工作量等问题。

（三）纵向结构性能研究

从宏观上看，盾构隧道是横向受力的细长结构，管片环拼装完成后存在纵向接缝，各管片环间存在环向接缝，接缝几乎均采用螺栓连接。结构设计中，一般是根据平面应变假设，取隧道某1环或邻接3环为研究对象，将研究对象的受力分析结果作为设计依据，而较少考虑隧道的纵向受力和变形行为。事实上，埋设于土层中的盾构隧道沿纵向为一个细长结构，柔性较大，当受到来自周围环境的干扰时更易发生变形，而当该变形增大到一定程度时则将导致结构的破坏性事故发生。与管片环向变形特性相比而言，盾构隧道的纵向特性更为脆弱且其后果往往对隧道结构不利，如，当纵向变形曲率达到一定量之后，隧道即可能出现环缝张开量过大而漏水或管片环纵向受拉破坏。盾构隧道的纵向受力变形与其环向结构性能密不可分，但这与隧道结构良好的横向变形适应能力相比并不突出，隧道变形的薄弱环节仍然是纵向特性，这已为大量的工程现场试验和数值计算成果所证实。

对于采用盾构法修建而成的盾构隧道施工变形主要受以下3方面因素的影响，其一是土体性质，即作为施工对象的土层压缩模量、粘聚力、内摩擦角等参数变化；其二是施工过程中隧道、盾构机和相应地层的相互作用影响；其三是盾构隧道施工因素，其中主要包括操作人员的熟练程度、机器自身结构性能、开挖仓密闭性等因素。对于特定的研究对象而言，施工对象土体性质即已确定，变化较小，而后两方面就成为了制约盾构隧道施工变形的主要因素，而这些方面已取得了大量研究成果。相关国外和国内研究成果主要包括：

Ghaboussi, J. 等人[68]、[72]、[73]采用有限元分析手段模拟了应力条件，隧道开挖和衬砌设置等各个阶段以及模拟分析了在地下通道上方施工穿越隧道的力学行为影响。Ito，T. 和 Histake, M.[69]、[71]在分析盾构周围地基土的动态特征基础上，运用积分方程理论结合有限元方法计算了作用于隧道衬砌上的外部压力，并且采用边界元法对掘进速度、开挖面位置、隧道衬砌等因素影响下浅埋隧道修建所引起的三维地面沉降进行了分析。Redendiz, D. 和 Romo, M. P.[70]对工作面前方土体位移和盾尾孔隙影响下的土体中初始应力和剪切强度随隧道埋深变化的规律进行了研究。Rowe, R. K. 和 Lo, K. Y.等人[74]、[75]通过采用孔隙（即间隙参数 gap parameter）来反映施工影响，运用平面弹塑性有限单元法模拟研究了隧道施工和土体衬砌的相互作用。Finno, R. J. 和 Clough, G. W.[76]对土压平衡式盾构机施工中的土体反应变化规律进行了研究。Lee, K. M. 和 Rowe, R. K.[78]、[79]发展了一种应用于模拟施工工序、后续地层位移、隧道开挖面周围及地表的应力状态等对地面沉降影响的三维弹塑性有限元计算方法，给出了非线性问题的求解步骤和适合于三维隧道分析的弹塑性土体本构模型。他们还使用一种三维弹塑性有限元分析模型计算了开挖所引起的地表位移。Akagi, H. 和 Komiya, K.[92]提出了考虑盾构施工过程的有限元技术用于模拟盾构机的掘进和使用开挖单元的方法。

朱合华[99]针对盾构隧道的施工阶段、注浆材料及管片接头特性提出了有限元模拟方法，并将建立的施工模拟有限元软件应用于大阪地铁 7 号线盾构隧道施工的力学分析。张玉军[100]运用平面弹塑性有限元法对盾构隧道施工过程中的周围土体动态进行了模拟，分析了土体中的塑性区、位移、应力分布及地表沉降情况，并提出了相应认识和建议。朱忠隆[101~104]对盾构施工变形人工控制系统的结构与对象进行了研究，建立了盾构隧道施工变形的模糊控制系统模型，提出了二重二维模糊推理结构形式，设计了盾构施工变形模糊控制推理规则库，初步实现了传统地下工程学科与系统学科、自动控制、人工智能、模糊数学等学科的交叉研究，为盾构隧道施工变形研究从预测阶段到主动控制阶段的过渡做了较多工作。胡珉[112]、[113]采用模糊控制法开发了上海地铁 2 号线的隧道轴线控制系统。同济大学孙钧等人[123]对盾构施工扰动与地层移动及其智能神经网络进行了预测；黄宏伟等人[115~119]通过数值计算和现场监控量测研究了盾构隧道纵向变形性态及施工过程中所引起的地表沉降、土体附加应力和隧道施工与邻近深基坑开挖的相互影响性；张庆贺等[103]对盾构推进施工所引起的围岩土体扰动和地表沉降等进行了探讨，通过采用反分析手段探讨了地表沉降的随机预测方法；朱合华等人[114]对盾构隧道的施工力学性态进行了模拟研究；刘国彬等人对上部开挖卸载情况下的地铁隧道位移进行了预测；李永胜等人[95]对盾构推进对相邻桩体力学影响实用计算方法进行了探讨；丁文其等人对盾构隧道施工过程中的材料形态进行了模拟；西南交通大学何川等人[128]、[129]结合深圳地铁建设对隧道邻接桩基的施工力学行为进行了研究，同时结合现场测试、室内模型试验和大型三维仿真计算对南京地铁盾构隧道下穿玄武湖隧道的施工进行了综合研究。

除此以外，国内外学者还对盾构千斤顶推力变化所引起的地表变形，盾构隧道施工触发周围土体位移发生规律，掘进施工中盾构隧道的轴向变形机制，盾构推进力和衬砌摩阻力等进行了探讨和研究。

第三节 面临的主要研究课题

一、管片接头抗弯刚度

目前，在采用盾构法进行隧道修建的过程中，主要采用装配式管片构筑圆形衬砌环。在装配式圆形管片衬砌结构中，管片接头不可能具有与整体现浇混凝土结构相同的刚度。管片接头的存在是造成衬砌结构整环刚度降低的主要因素，这也是盾构隧道衬砌设计中必须考虑的控制性因素之一。从力学角度出发，管片接头可假设为既能承担和传递轴力，又能承担和传递部分弯矩的弹性铰，它既非刚接，也并非完全铰接，在相邻管片和衬砌环间传递部分内力，但其所传递弯矩的大小与管片接头抗弯刚度成比例。

盾构隧道管片接头产生单位转角所需弯矩定义为管片接头抗弯刚度 k_θ。k_θ 的量值是梁-弹簧模型设计中衬砌结构受力分析必不可少的重要参数，它综合反映了盾构隧道接头性能及其在外荷载作用下的变形大小和趋势。工程设计中因设计者对 k_θ 的取值偏差将导致结构变形和内力出现极大差异，使得在条件基本近似的情况下，衬砌环厚度等重要结构参数相差甚大，导致设计过于保守或偏于不安全。

管片力学计算模型的研究和接头抗弯刚度 k_θ 的确定得到了国内外众多研究者的重视并取得了一系列成果，但现有研究成果表明，盾构隧道装配式衬砌管片接头力学行为和抗弯刚度研究尚处于起步阶段，缺乏系统性和全面性。目前，工程中 k_θ 的取值主要通过经验类比法或现场接头试验确定，尚无现成公式或图表可以利用[132]、[133]。由于 k_θ 在隧道整个施工、运营阶段容易受结构内力、尺寸等因素的影响而产生变化，k_θ 的确定工作量大且难以在工程界得到推广应用。探寻合理方法以快速、准确地得到工程设计所需的 k_θ 对于正确选择设计控制参数，缩短设计周期，提高工程经济性和安全性均具有重要意义。

根据对管片接头的不同力学模型假设，可将管片结构设计方法主要分为（修正）惯用法、多铰圆环法和梁-弹簧模型法。不同设计方法的区别主要在于对管片接头抗弯刚度的取值差异，根据管片接头抗弯刚度所衍生出的接头计算模型演变过程如图 1.3 所示。其中，（修正）惯用法中忽略了管片接头对衬砌环的局部刚度削弱影响，计算中取接头刚度 $k_\theta = \infty$；多铰圆环法假设管片接头为仅能传递轴力而不能传递弯矩的铰结构，计算中取接头刚度 $k_\theta = 0$；梁-弹簧模型法通过将管片用曲线梁或直线梁，接头用旋转弹簧和剪切弹簧替代，使得接头力学计算模型更贴近实际生活中的管片接头荷载传递，但目前对影响设计控制因素的各类刚度系数取值还主要依据经验。如何正确评价不同设计方法中管片接头抗弯刚度取值差异，以及不同拼装方式下的管片接头抗弯刚度变化规律等对设计控制因素（如弯矩、轴力、剪力、变形等）的影响，对于正确指导工程结构设计和工程长期安全性具有重要意义。

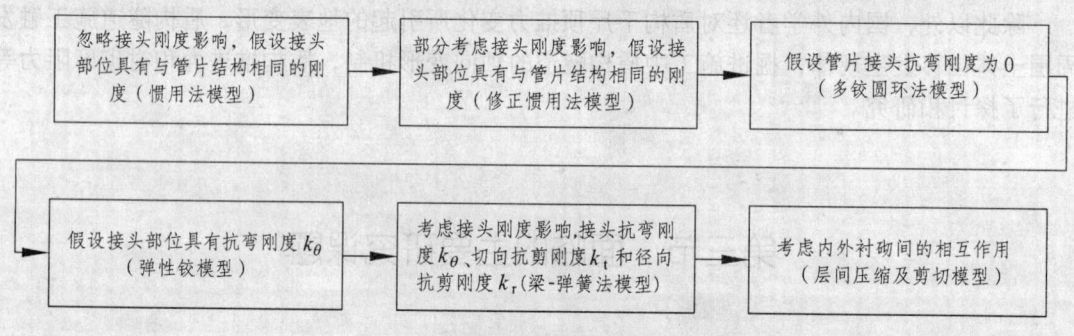

图 1.3　管片接头模型演变过程

管片接头抗弯刚度 k_θ 是盾构隧道的重要结构参数之一，但其又受诸多因素的影响，其中主要包括结构内力（如弯矩、轴力、连接螺栓预应力等）、结构尺寸（如管片幅长、幅宽、长度、接缝宽度等）、相关材料参数（如管片混凝土、连接螺栓、接缝衬垫等）、结构组成相对位置关系（如螺栓埋设位置、接缝衬垫厚度等）等。探讨不同影响因素单独或共同作用下的管片接头抗弯刚度变化规律对于控制结构内力和变形分布以及优化设计具有重要意义。

二、管片接头防水设计

盾构隧道装配式衬砌在结构内部所形成的众多接缝将引起地下水渗透通道的大量增加。以采用盾构法修建 1 km 长装配式隧道为例，其相应接缝长度接近 20.5 km（管片幅宽

1.2 m，管片环采用"1+2+3"分块模式）。由此可见，盾构隧道的防水远比一般地下建筑物困难。管片接头防水设计不周或施工过程中出现质量问题都将引起地下水的渗入，影响隧道的正常使用甚至直接导致隧道的破坏。对于城市地铁隧道而言，地下水的渗入将导致钢轨扣件的腐蚀，列车行走轨道潮湿，信号电压不稳，信号传送失灵，架线漏电和短路等；对于城市公路隧道而言，地下水的渗入还将直接影响驾驶员的视距和行车安全性，影响隧道通风及照明设施的正常运营，影响隧道内部美观等；同时，地下水的大量渗入还将溶解于水中的盐类带入隧道内壁，使得原本腐蚀性较低的地下水具有较高腐蚀性，尤其是从管片接缝中渗漏进来的地下水中的腐蚀性盐类以及空气中溶解于水的有害物质（如煤烟、油脂等）将沉淀在管片内表面，经水分蒸发浓缩对混凝土有所损坏，严重影响着隧道衬砌结构的耐久性和安全性。

盾构隧道防水设计应主要从以下3个方面考虑[134]：

(1) 壁后注浆防水。

由于盾构掘进过程中将产生盾尾孔隙，且在掘进过程中将对围岩产生扰动，故应选择合适的材料尽快注浆密实充填，以防止地层下沉，使作用于隧道上的土、水压力保持平衡。管片环壁后注浆，如果能形成一定厚度的砂浆层，不仅能有效防止由于四周土体偏压所产生的漏水，而且还能发挥较大自防水作用[135]。

(2) 管片接缝防水。

管片接缝防水是最重要的，具有很高的可靠性。高水压地层中管片接缝端面常需设置密封槽，槽内贴压各种密封材料；对于大直径隧道，管片又高又厚的情况下还需设置2条以上的密封槽进行防水。由于水膨胀性密封橡胶材料与以往的密封材料相比较而言[136]，具有厚度能变薄，对组装精度和施工性能影响较小，耐久性好，防水效果明显等优点，其被广泛应用于管片接缝防水。

大直径管片连接螺栓孔处也需要进行防水。通常做法是，在螺栓与螺栓孔之间插入用合成橡胶和合成树脂制作而成的垫圈和密封圈的填料，利用垫片压住填料进行防水。混凝土砌块中注浆孔常兼做吊装孔使用，注浆孔周围的混凝土将被剥蚀而形成通道漏水，工程中常将橡胶垫圈安设在注浆孔四周进行防水。

(3) 二次衬砌防水。

主要采用的方法有2种[137]：其一，使用二次衬砌自身作为防水层。但由于二次衬砌干燥收缩时将产生裂纹，尽管通过修补裂纹可在短期内达到较好的防水效果，但经过数年乃至10年左右的隧道二次衬砌内壁发生漏水的情况也十分常见，故当作用于隧道的水压较高时，有必要预先考虑二次衬砌所用混凝土的透水性。其二，在管片与二次衬砌混凝土之间加设防水板。设置防水板不仅具有防水方面的优点，而且还能防止二次衬砌砌筑时由于干燥收缩而产生裂纹，同时还具有可以提高隧道抗震性，带来隔离效果等优点。

在盾构隧道的各类防水设计中，管片接缝防水是最重要的，具有很高的可靠性和操作性。对接缝防水而言，确保密封材料压缩回弹力、接触面应力、使用耐久性和长期防水效果是保证管片接缝防水设计成功的关键性因素。管片接缝防水设计中对弹性密封材料的要求大致包括：① 在设计水位下不漏水，能承受千斤顶顶力、注浆压力以及衬砌使用阶段的截面内力。② 有相当的弹性，在承受往复压力后复原能力强。③ 具有足够的粘结力、耐久性、稳定性、抗老化性等。④ 施工方便，不会影响管片拼装精度，安装完成后能立即承受荷载等。⑤ 具有可靠的耐气候性、耐热耐低温性、耐气体性、耐臭氧性、耐化学性（耐酸性、耐碱性、耐海水性等）、耐生物性（耐微生物、昆虫的食害等）、耐动力疲劳性、耐干湿疲劳性、耐蠕变性和应力松弛性等。

在满足管片结构自身防水抗渗性、制作精度和接缝弹性密封衬垫各项性能指标的基础上，明确不同外荷载作用下的管片接缝端面张开角、张开高度和张开度对于管片接缝防水设计具有重要意义。管片接头抗弯刚度是影响管片接缝张开角、张开高度和张开度的主要因素。增加管片接头抗弯刚度有利于抑制管片环产生过大变形，减小接缝端面张开角、张开高度和张开度，提高管片接缝防水可靠度；但管片接头抗弯刚度的增大将引起结构内力的显著增加，工程经济性和结构安全性较差。减小管片接头抗弯刚度将有利于充分发挥柔性衬砌结构的承载能力，降低管片环结构内力，节省工程建设投资；但管片接缝将产生较大变形，从而造成接缝张开角、张开高度和张开度的显著增加，为管片接缝防水埋下隐患。

在盾构隧道结构设计中，选择合理的接头刚度对于控制管片环变形和内力大小及分布，合理调控接缝张开角、张开高度和张开度，控制工程经济性，确保工程安全具有重要意义。

三、盾构隧道纵向结构性能

盾构隧道横、纵向结构性能密切相关，相互影响，纵向结构设计中必须综合考虑衬砌结构初始条件（如螺栓预紧力、结构初始变形等），管片与连接螺栓的简化和处理，各类接缝处理等关键性问题。目前国内外对盾构隧道的纵向结构性能研究起步较晚，研究理论和计算模型都很不完善。如何正确评价盾构隧道衬砌结构性能对其纵向刚度、变形等的影响和对衬砌环附加变形和应力、环向接头连接螺栓性能（即连接螺栓拉力、剪力、伸长量等）、接缝张开度张合与防水等的影响，以及纵向结构性能的影响因素及变化规律对区间盾构隧道纵向变形设计至关重要。

等效弹性地基-梁模型[138]较为简单，单元数较少，适合于对区间隧道进行结构建模或地震影响等分析，但无法直接得出接头张开变形量等影响盾构隧道纵向防水设计的重要参数；三维骨架模型[139]对管片接头、环缝接头等进行了具体而详尽的建模分析，能够较为确切地反映出接头部位的受力及变形，但建模复杂，需求解单元数目庞大，设计参数较多且研究相对不成熟，应用于工程实践尚需时日；等效刚度模型[140]选用显式求解，计算较为方便，但在结构简化过程中存在较大不确定性。正确评价盾构隧道的纵向结构性能和变形特性，研究开发实用化的纵向结构计算模式，优化盾构隧道纵向结构设计已成为制约工程长期安全性的重要因素。

四、盾构隧道施工对邻近已建隧道的影响

盾构隧道是由管片通过接头连接而成的复杂带状空间结构体，跨越区域广，在施工和运营期间受地质、地形条件及城市频繁建设活动影响大。随着我国城市现代化建设、城市地下

管网建设的展开以及城市地铁建设的蓬勃兴起，盾构法施工隧道不但将穿越地面建筑物林立的城市已建区，而且还将跨越已建地下工程空间。盾构隧道施工所导致的地层扰动和地面沉降等问题都将影响到已建建筑物的安全性和长期性。一方面，地铁隧道施工过程中将产生涉及市政建设的工程环境问题；另一方面，地铁建设诱发的沿线地区房地产开发热潮使得邻近工程沿线地段极具商业开发价值，大量建筑物比邻而建甚至跨骑于其上，由此导致的邻近基坑开挖、地表加卸载、桩基埋设和邻近隧道交叉穿越等问题都将引起已建隧道的变位和附加内力的产生，导致隧道管片接缝过度张开甚至漏水，纵向产生不均匀变形，严重的甚至还将导致已建盾构隧道的环缝张开量过大或管片的纵向受拉破坏，给隧道的防水和正常运营造成极大威胁。

盾构隧道的纵向受力变形与其横向结构性能密切相关，工程环境变化所引起的地铁隧道纵向不均匀变形问题日益增多，使得工程技术人员对隧道结构的空间问题越来越重视，对盾构隧道与邻近建筑物的相互影响性研究正成为软土隧道理论发展的主要方向之一。引起盾构隧道纵向变形的因素很多，既有施工期的，也有地铁运行期的，有结构自身的，还有盾构隧道所处地层环境变化引起的。根据对日本东京都营地铁 12 号线土压平衡盾构施工所引起的地表沉降统计[141]可知，盾构法施工期间，隧道的地表沉降量为 3.1 mm，后期沉降量为 1.9 mm，分别占总沉降量 5 mm 的 62% 和 38%；根据泰国某土压平衡盾构施工所引起的地表沉降[142]可知，盾构隧道施工期间的地表沉降量为 36 mm，后期沉降量为 2 mm，分别占总沉降量 38 mm 的 95% 和 5%。可以看出，盾构隧道顶推施工期间的地表沉降占有很大比例。研究施工对邻近建筑物尤其是对已建隧道的结构性能和纵向变形的影响对于盾构隧道安全施工，有效确保邻近建筑物的安全使用和运行具有重要指导作用。

第二篇 盾构隧道结构设计问题研究

第二章 盾构隧道管片接头力学行为

　　盾构隧道装配式衬砌是由预制钢筋混凝土管片通过纵、横向螺栓在各类接头处联结而成，为了保证隧道接头端面受力的均匀分布，减缓端面制造和施工误差所引起的应力集中，在管片内侧设置软木受力衬垫；为了提高隧道的防水性能，在管片靠近土体侧设置弹性密封垫，在管片环内侧设置防水充填物。盾构隧道独特的接头断面形式使得管片接头力学特性更加复杂，且沿管片环径向变化很大，已有整体式地下结构计算理论已经不能切实反映管片环的整体刚度和变形特性，如何正确评价管片接头影响已经成为制约工程安全性和经济性的重要因素之一。

第一节 管片接头力学模型

一、连续梁模型

　　连续梁模型假设管片环为刚度均匀分布的圆环，计算过程中忽略管片接头对盾构隧道衬砌环受力和变形的局部影响效应，应用该接头力学模型的计算方法即为均质圆环法。均质圆环法最初提出于 1960 年日本 JSCE 的隧道工程研讨会，随后于 1969 年正式作为该协会提出的推荐设计方法并在国内外盾构隧道设计中广为采用。

根据计算中接头对管片环整环刚度影响的不同假设[143]，均质圆环法可分为惯用计算法和修正惯用计算法。惯用计算法中不考虑接头所引起的管片环局部刚度降低，假设接头与管片体的刚度相同；修正惯用计算法在惯用计算法的基础上引入了弯曲刚度有效率 η（$\eta \leqslant 1$）和弯矩提高率 ζ，以衬砌环的整环刚度降低来代表管片接头所引起的整体承载能力削弱，管片环是具有 ηEI 刚度的均质圆环。考虑到管片环向接头存在铰的部分功能，将通过环间连接螺栓向相邻管片传递弯矩 M_2，对错缝拼装管片内力进行重分配，修正惯用法在计算过程中引入了弯矩提高率 ζ，主截面设计弯矩 $(1+\zeta)M$，接头设计弯矩 $(1-\zeta)M$，环间接头处的弯矩传递如图 2.1 所示。

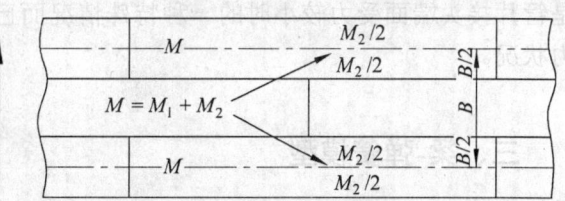

图 2.1　修正惯用法环间接头弯矩传递

二、钢筋混凝土截面模型

早期盾构隧道工程设计中对管片接头的处理主要是按照钢筋混凝土结构设计理论的截面设计方法[144]进行的，计算内容主要包括：

（1）在基本使用荷载阶段分别进行接缝变形及接缝强度计算。

（2）在基本使用荷载和特殊荷载组合阶段进行接缝强度计算。

根据接缝的实际构造不同选用不同的计算方法，分别是：

（1）对于无弹性衬垫接缝一般近似地按钢筋混凝土构件截面计算。

（2）对于有弹性衬垫接缝按照考虑衬垫效应的方法进行计算。

钢筋混凝土截面模型中将各类管片接缝端面看作是连续构件（管片环）中的一个钢筋混凝土截面，将连接螺栓当作钢筋进行计算简化，而这与工程实际中管片接头端面由垫层材料（软木衬垫、弹性密封垫和嵌缝材料等）和连接螺栓共同组合承载具有较大差异。该计算方法的缺陷在于，过分夸大了软弱截面（管片接头端面）的承载能力，即抗弯刚度、抗压刚度和抗拉刚度较大而结构变形尤其是接缝张开量较小，不利于结构承载和整体防水。

1985 年，同济大学陈三江等人[145]在考虑弹性衬垫的基础上，提出了钢筋混凝土截面管片接头力学计算模型，如图 2.2 所示。该模型中将钢筋混凝土管片结构看成刚性板，分别用弹簧 k_1 和 k_2 代表弹性密封垫和受力衬垫。弹簧 k_1 和 k_2 只能受压而不能受拉，弹性参数均取决于其代表的相关材料特性，抗压刚度随受力大小变化呈非线性规律变化。k_b 代表了螺栓与接头板沿垂直方向荷载组合作用下的总抗拉刚度，即管片接头抗拉刚度。

钢筋混凝土截面模型中假设弹性密封垫和软木受力衬垫对称于管片厚度中心，而实际工程中这 2 种材料并非完全对称于管片几何轴线布设，故此模型只能代表盾构隧道管片接头力学行

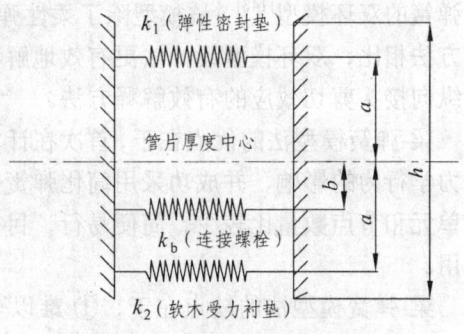

图 2.2　钢筋混凝土截面模型

为的一种特殊情况,而且,该模型无法完全反映出接头弹性密封垫的受力变形情况和管片接头端面混凝土的应力-应变关系,且目前对于连接螺栓和接头板组合作用下的管片接头抗拉刚度 k_b 的研究还不十分完善,其计算取值还不十分明确。研究结果表明,当管片所受轴力和弯矩达到一定程度时,弹性密封垫可能因承受较大外荷载作用而产生过大变形,使得管片内、外侧端面混凝土因受压接触而产生接头受压破坏。所以说,该模型所代表的仅仅是管片接头端面受力较小时的一种特殊情况而已,难以充分反映管片接头的力学行为和受力状况。

三、梁-弹簧模型

1978 年,村上博智和小泉淳等人简化了管片接头力学模型,将管片结构用梁单元代替,将接头垫层材料和连接螺栓的共同作用效果用设置于接头端面的抗拉弹簧、径向和切向抗剪弹簧变形代替,该方法即被称为梁-弹簧模型计算法[146]。根据模拟管片结构梁单元的不同形状,可将梁-弹簧模型计算法分为直梁-弹簧模型计算法和曲梁-弹簧模型计算法。计算过程中通过改变弹簧弹性系数对管片接头抗弯刚度和抗剪刚度进行调整,从而分别运用抗弯刚度 k_θ、切向抗剪刚度 k_t 和径向抗剪刚度 k_r 描述了接头的转动、切向和径向效应。梁-弹簧模型法管片接头模型如图 2.3 所示。

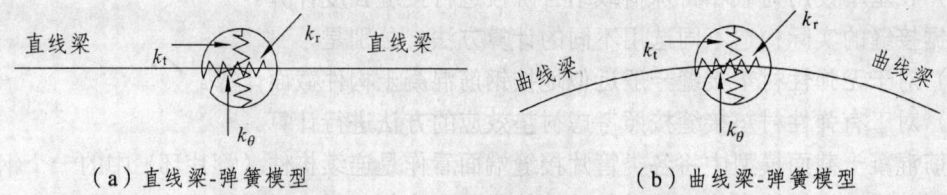

（a）直线梁-弹簧模型　　　　　　　　（b）曲线梁-弹簧模型

图 2.3　梁-弹簧模型法管片接头模型

1998 年,同济大学朱合华等人[147]在村上博智的研究基础上,从卡氏（Castiglano）第 2 定理角度出发,给出了梁-弹簧模型的矩阵式,并从理论上对直梁-弹簧模型和曲梁-弹簧模型的一致性进行了论证。

梁-弹簧模型计算过程中并没有考虑衬砌环之间的相对位移,鉴于该相对位移的重要性,1978 年,山本等人在梁-弹簧模型基础上提出了 1 个具有柔性弹簧和 2 个衬砌环之间设置剪切弹簧的双环模型[148],该模型除了柔性弹簧外,计算中还提供了径向和剪切弹簧。与已有计算方法相比,双环模型设计法更有效地解释了管片接头的转动和剪切特性,并且还给出了管片纵向接头剪切效应的有效解释方法。

梁-弹簧模型法的优点在于,首次在计算过程中较为全面地考虑了各种因素对管片接头端面力学行为的影响,并成功采用简化弹簧模型对盾构隧道管片接头力学行为进行了模拟,计算单元和节点数量比较少,简便易行,目前在日本盾构隧道结构设计内力和变形计算中广为采用。

梁-弹簧模型法的缺点在于:① 难以全面模拟管片接头效应的非线性力学状态及结构受力变形过程中接头刚度的非线性变化规律。② 盾构隧道管片接头是由连接螺栓、接缝衬垫和管片结构共同组成的,结构非线性是其自身固有属性之一,相邻管片间的转角和变形是非连续的,而梁-弹簧模型法无法描述该不连续特性。③由于管片采用梁单元进行模拟,计算过程中无法考虑管片接头端面的不完整性,无法考虑连接螺栓布设位置、螺栓预紧力、垫层材料厚度和长度等直接影响计算结果的相关影响因素,同时,计算结果中无法给出管片接头的内力分布、接缝张开量和张开高度等直接影响管片接头防水设计的重要参数。

四、梁-接头模型

鉴于梁-弹簧模型无法考虑盾构隧道管片间接头处的不连续变形,1996 年,同济大学朱合华等人[34]从结构非线性理论出发,引入了非连续介质力学数值分析古德曼(Goodman)单元的思想,认为管片接头具有拉伸作用,提出了梁-接头模型。该模型仍采用曲(直)梁单元来模拟管片而借助一维接头单元模拟管片间的接头效应,为模拟管片环在隧道纵向上的错缝拼装效应对整个系统的受力加强作用而采用了纵向剪切接头单元模型,同时,模型中还引入了地层对管片的法向和切向弹性约束作用以模拟管片结构和外荷载的非对称效应。

梁-接头模型示意如图 2.4 所示,接头单元由双节点构成,与具有转动效应的 Goodman 单元在二维空间的线性接触单元或三维空间的面接触单元类似。与梁-弹簧模型法相似,根据管片模拟梁的形状也可以将该方法主要分为直线梁-接头模型和曲线梁-接头模型 2 类。

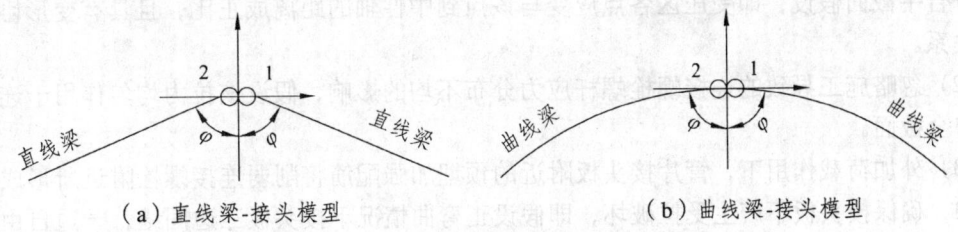

(a) 直线梁-接头模型　　　　　　　　(b) 曲线梁-接头模型

图 2.4 梁-接头模型法管片接头模型

与梁-弹簧模型相比较而言,梁-接头模型由于采用了双节点模拟管片接头,既可以模拟接头内力与变形的线性关系,也可以模拟其非线性关系,从而弥补了梁-弹簧模型仅能模拟线性关系的缺点,同时,梁-接头模型在计算过程中还可以模拟出管片间的不连续变形并在计算结果中分别给出管片内力和接头内力,从而对于研究接头螺栓的受力状态和防水设计具有重要意义,其缺点在于因提出较晚,工程实际应用较少,目前尚缺乏对计算和设计结果的实践检验。

第二节　管片接头端面变形及力学模型的建立

管片接头力学模型建立的关键在于如何对接头端面弹性密封垫、连接螺栓、软木受力衬垫等细部结构物进行处理和模型细化。模型试验和数值计算结果均表明,在外加弯矩 M 和轴力 N 的共同作用下,受外加荷载偏心距 e($e=M/N$)的影响,钢筋混凝土平板型管片接头端面将产生类似于简支梁的变形和挠曲，接头端面产生挤压和分离：上部形成受压区，下部形成受拉区。受连接螺栓拉力作用，连接螺栓附近接头端面局部突起，位移减小，位移显示为局部凹陷，如图 2.5 所示。取连接螺栓所处断面代表管片接头端面变形，将变形曲线简化为两段曲线，如图 2.6 所示，其中受压区高度 x 根据试验或计算结果确定。管片接头端面在外荷载作用下产生变形后，主要由受压区混凝土和脱离区受拉螺栓共同抵抗外荷载作用及形成变形。

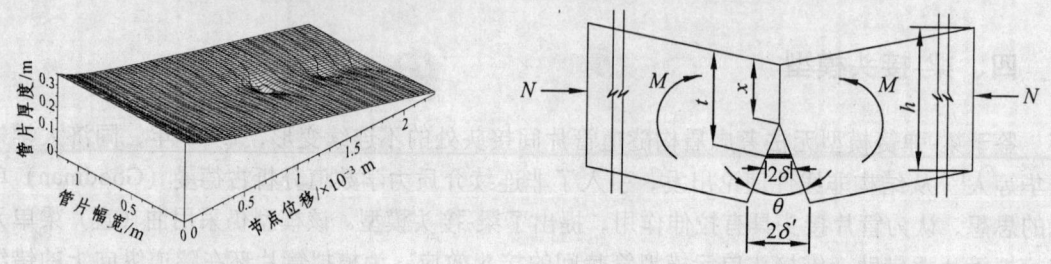

图 2.5　接头端面节点位移　　　　　　　图 2.6　简化管片接头端面变形

由图 2.5 可知，管片接头变形主要由接头板接缝材料压缩和连接螺栓变形组成，相比而言，接头端面其余部位变形较小且近乎线性变化。根据管片接头端面变形特点，本书将在弹性范围内对管片接头力学模型进行分析，并作了如下假设：

（1）接头板在连接螺栓预紧力和管片受弯所产生的拉力作用下形成变形，受压区混凝土变形符合平截面假设，即受压区各点应变与该点到中性轴的距离成正比，且具有变形协调的几何关系。

（2）忽略施工导致的连接螺栓螺杆应力分布不均的影响，假设该拉力均匀作用于连接螺栓横向全截面。

（3）外加荷载作用下，管片接头板附近的预埋加强配筋将削弱连接螺栓附近所形成的应力集中，确保接头板不产生受拉破坏，即假设正弯曲情况下接头板三边固结，一边自由，负弯曲情况下接头板四边固结，仅仅在弯矩作用下产生铅直刚体位移。

简化图 2.5 管片接头端面变形，建立小变形情况下的管片接头端面力学模型如图 2.6 所示，取对称结构如图 2.7 所示。由图 2.6 和图 2.7 可知，管片接头端面在弯矩 M 和轴力 N 的共同作用下，中性轴以下部分受拉张开，螺栓承受拉力 T；中性轴以上部分承受三角形分布压应力，合力 F 在距上边缘 $x/3$ 处。图中 h 为管片厚度，t 为螺栓中心距管片外侧距离，x 为受压区高度，θ 为接头端面转角，δ 为连接螺栓受拉产生的单侧伸长量，δ' 为接缝单侧张开量。

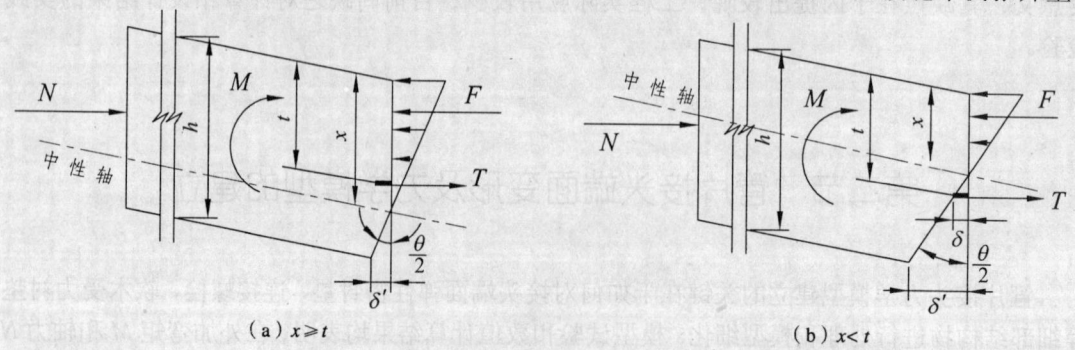

图 2.7　接头端面力学模型

在外加弯矩 M 和轴力 N 共同作用下，管片结构将产生挠曲变形，从而在接头端面形成附加弯矩，但计算和试验成果均表明，该附加弯矩较小，计算和分析过程中可忽略不计。

基于此，管片接头端面力学模型建立过程中，在重点考虑管片接头端面的结构、变形不连续性的基础上，主要引入了以下假设：

（1）变形假设：管片结构在外荷载作用下接头端面所形成的变形和转动与构件几何尺寸相比较而言非常微小，属小变形范畴；管片接头端面变形主要由弹性密封垫、连接螺栓、防水衬垫、接头端面混凝土以及端肋混凝土变形共同组成。

（2）截面假设：除管片接头端面由于受连接螺栓拉力（包括预紧力）、弹性密封垫、防水衬垫等影响形成折面且该折面上的受压区混凝土应变符合平截面假设外，其余截面变形前后均为平面。

（3）荷载分布假设：在外荷载作用下，管片接头端面受压变形，弹性密封垫、防水衬垫和端面混凝土共同承载，假设该压力呈三角形分布。

（4）材料均匀性假设：忽略材料几何制造等因素形成的差异，假设计算管片为均质各向同性材料。

（5）弯矩假设：设定使管片接头内侧张开的弯矩为正，使管片接头外侧张开的弯矩为负。

在上述假设的基础上，现分别对不同工况中轴力和弯矩作用下的管片接头力学计算式进行推导。

（一）接头闭合，未发生张开现象

管片接头端面外荷载偏心距较小时，在轴力作用下管片接缝不产生张开，全端面受压，有利于管片环的整体承载和防水。

（二）接头张开且 $x \geq t$

管片接头端面弯矩较大，接缝在轴力和弯矩共同作用下部分张开，但接缝张开角和张开高度均较小，如图 2.7（a）所示。管片受弯所引起的连接螺栓拉力小于螺栓预紧力，螺栓及其以上部分接缝端面受压，不影响结构的整体承载和防水。由力学平衡关系可得：

$$\sum F = 0, \quad F = N + T \tag{2.1}$$

$$\sum M = 0, \quad M + T(x-t) + N\left(x - \frac{d}{2}\right) = \frac{2x}{3}F \tag{2.2}$$

联立式（2.1）和式（2.2）可得：

$$M + T(x-t) + N\left(x - \frac{d}{2}\right) = \frac{2x}{3}(N+T)$$

即

$$M = T\left(t - \frac{x}{3}\right) + N\left(\frac{d}{2} - \frac{x}{3}\right) \tag{2.3}$$

用弹簧模拟管片接头抗弯刚度的计算公式为：

$$k_\theta = \frac{M}{\theta} \tag{2.4}$$

当接缝张开角 θ 很小时，有近似三角函数关系式：

$$\frac{\delta'}{d-x} = \tan\frac{\theta}{2} \approx \frac{\theta}{2} \tag{2.5}$$

联立式（2.3）、（2.4）和式（2.5），可得：

$$k_\theta = \frac{d-x}{2\delta'}\left[T\left(t-\frac{x}{3}\right) + N\left(\frac{d}{2}-\frac{x}{3}\right)\right] \tag{2.6}$$

（三）接头张开且 $x<t$

随着外荷载偏心距的逐渐增大，管片接缝端面中性轴不断上移，连接螺栓受力逐渐由最初的预紧力变为平衡外加弯矩的拉力，此时接缝张开角度增大，张开高度上移，连接螺栓受拉伸长，该处接头端面分离张开如图 2.7（b）所示。由力学平衡关系可得：

$$\sum F = 0，F = N + T \tag{2.7}$$

$$\sum M = 0，M = T(t-x) + N\left(\frac{d}{2}-x\right) + \frac{2x}{3}F \tag{2.8}$$

联立式（2.7）和式（2.8）可得：

$$M = T(t-x) + N\left(\frac{d}{2}-x\right) + \frac{2x}{3}(N+T)$$

即

$$M = T\left(t-\frac{x}{3}\right) + N\left(\frac{d}{2}-\frac{x}{3}\right) \tag{2.9}$$

当连接螺栓长为 l，断面面积为 A，受拉单侧伸长量为 δ 时，根据连接螺栓应力-应变关系可得：

$$T = k_b \delta \tag{2.10}$$

其中 $k_b = EA/l$

则

$$M = k_b \delta\left(t-\frac{x}{3}\right) + N\left(\frac{d}{2}-\frac{x}{3}\right) \tag{2.11}$$

管片接头抗弯刚度计算公式为：

$$k_\theta = \frac{M}{\theta}$$

则

$$k_\theta = \frac{k_b}{\theta}\delta\left(t-\frac{x}{3}\right) + \frac{N}{\theta}\left(\frac{d}{2}-\frac{x}{3}\right) \tag{2.12}$$

当接缝张开角 θ 很小时，有近似三角函数关系式：

$$\frac{\delta'}{d-x} = \frac{\delta}{t-x} = \tan\frac{\theta}{2} \approx \frac{\theta}{2} \tag{2.13}$$

联立式（2.12）和式（2.13）可得：

$$k_\theta = \frac{k_b}{2}(t-x)\left(t-\frac{x}{3}\right) + \frac{N}{2\delta}(t-x)\left(\frac{d}{2}-\frac{x}{3}\right) \tag{2.14}$$

或

$$k_\theta = \frac{k_b}{2\delta'}\delta(d-x)\left(t-\frac{x}{3}\right)+\frac{N}{2\delta'}(d-x)\left(\frac{d}{2}-\frac{x}{3}\right) \tag{2.15}$$

综上所述，可得不同荷载工况下的管片接头抗弯刚度计算式为：

$$k_\theta = \begin{cases} \dfrac{T}{2\delta'}(d-x)\left(t-\dfrac{x}{3}\right)+\dfrac{N}{2\delta'}(d-x)\left(\dfrac{d}{2}-\dfrac{x}{3}\right) & (x \geqslant t) \\ \dfrac{T}{2\delta}(t-x)\left(t-\dfrac{x}{3}\right)+\dfrac{N}{2\delta}(t-x)\left(\dfrac{d}{2}-\dfrac{x}{3}\right) & (x < t) \end{cases} \tag{2.16}$$

结构设计中可通过连接螺栓拉力、接缝最大张开量、轴力、弯矩等，结合管片结构尺寸、连接螺栓材料参数等即可计算得出接头抗弯刚度。

第三节 管片接头三维有限元建模

从力学特性角度出发，盾构隧道管片接头主要可分为柔性接头和刚性接头 2 类。柔性接头允许相邻管片间产生微小转动与压缩，通过结构在外加荷载作用下所形成的变形来调动衬砌结构和围岩的承载能力；刚性接头通过增加螺栓数量或焊接等手段力图构造与管片体自身刚度相同的接头。早期工程设计中主要采用刚性接头，但实践证明任何将纵缝接头制作成与管片体自身刚度相同的做法都会十分费工、费料且不经济；而在满足接头防水特性的前提下，将接头设计得具有一定柔韧度，不仅会大幅度节省工程费用，而且将显著改善衬砌管片环的承载条件和能力。

盾构隧道装配式衬砌与整体式衬砌的最大区别就在于，装配式衬砌具有的各类接头将成为影响衬砌环整体承载和防水的薄弱环节。欲探讨盾构隧道装配式衬砌结构的力学行为就必须深入研究其接头的各类力学特性指标。

盾构隧道装配式衬砌管片接头力学特性指标分析是一个较为复杂的三维空间问题，既受宏观整体上的受力特征（如在轴力和弯矩作用下的结构弯曲）影响，还受局部受力特征（如接头端面、连接螺栓、手孔等）影响。在较小空间范围内分析由不同材料（如管片混凝土、连接螺栓、橡胶衬垫）组装而成的结构体的力学特性将不可避免地涉及行为非线性、面-面接触、材料非线性等诸多问题，如何合理正确模拟各类材料及结构特性是管片接头三维有限元计算的重点和难点。

一、建模假设

由于模型对象为一个纯三维有限元问题，且分析过程中将不可避免地涉及材料和行为非线性等问题，计算建模及分析过程中主要引入了以下假设：

（1）管片体是由钢筋混凝土构成的复合材料，具有典型的材料非线性特征，鉴于研究重点和分析目的的不同，计算过程中视其为均质材料制成，忽略管片体的制作非均匀性，应力-应变符合胡克定律，其弹性模量按照《混凝土结构设计规范》（GB50010—2002）所规定的钢筋混凝土等级相应取定。本书中除特别指出外，管片体均采用 C50 钢筋混凝土，弹性模量为 $E_c = 3.45 \times 10^4$ N/mm²。

（2）本书分析的目的是为了探明管片接头尤其是接头板的变形机理，并未涉及管片衬砌结构的强度和破坏问题，即在计算过程中主要关注手孔附近的变形和应力分布，忽略管片结构其余地方，尤其是荷载施加部位的应力集中效应，假设管片结构的变形和应力分布均在合理范围内。

（3）为方便橡胶止水带和软木衬垫的埋设，工程中往往需要在管片接头端面设置密封橡胶槽；为进行管片间的剪力传递，工程中通常在管片间设置凹凸榫槽以构成剪力键。计算中忽略该密封槽和剪力键对接头端面平面的几何影响，即认为管片间为平板直接头，在接头端面密封槽处设置衬垫单元，其余端面部位采用面-面接触单元进行模拟。

（4）为方便连接螺栓的插入和预紧，工程中常常在接头板螺孔内预埋螺栓套筒，且套筒内直径略大于连接螺栓外直径，计算中假设连接螺栓外直径与螺栓孔相等，且在连接螺栓外壁和螺栓孔内侧设置面-面接触单元进行模拟。

（5）受两侧连接螺栓和相邻块的紧固效应影响，标准块与邻接块之间、标准块与标准块之间的接缝变形和力学特征就成为了影响设计的重要因素，计算选取两相邻标准块及其接缝端面为研究对象。

二、计算模型

（一）研究对象

目前，国内地铁单线区间盾构隧道内径多为 5.4~5.6 m，幅宽 1.2~1.5 m，管片厚度 0.3~0.4 m，分块主要采用"1+2+3"模式，即用 1 个封顶块、2 个邻接块和 3 个标准块构筑衬砌环。如图 2.8(a)所示即为南京地铁 1 号线玄武门—许府巷区间盾构隧道所选用的管片衬砌环示意图。

南京地铁 1 号线玄武门—许府巷区间盾构隧道埋深主要为 8.0~14.8m，局部最大埋深约 25.6 m。衬砌环采用单层装配式预制钢筋混凝土管片，混凝土标号为 C50。隧道开挖直径 6.4 m，管片外径 6.2 m，内径 5.5 m，幅宽 1.2 m。整环管片拼装采用 3 个标准块、2 个邻接块和 1 个封顶块，其中标准块圆心角为 67.5°，邻接块圆心角为 68.0°，封顶块圆心角为 21.5°。区间盾构隧道纵向采用 45°错缝拼装，共设纵向接头 16 处，按 22.5°等角度布置。选定研究标准块管片如图 2.8（b）所示。

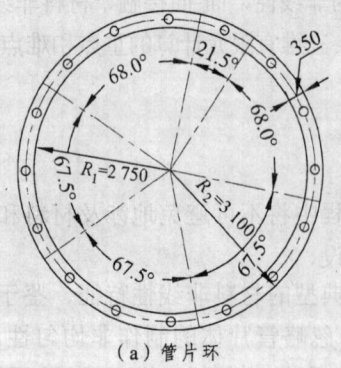
（a）管片环

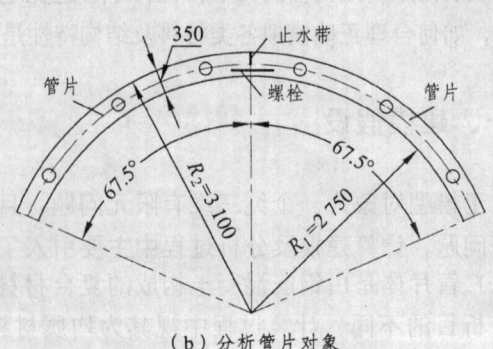
（b）分析管片对象

图 2.8 建模对象示意图

（二）计算单元

计算选用通用有限元计算软件 ANSYS 进行。计算过程中选用高精度三维实体单元模拟管片和工程中用于连接管片的预埋螺栓；采用只能承受压应力的衬垫单元模拟工程中布设于管片接头端面的橡胶止水带和软木衬垫；连接螺栓外侧与螺栓孔、螺帽与手孔内侧壁之间设置接触面，选用面-面接触单元进行模拟；工程中常对连接螺栓施加预紧力以尽早发挥连接螺栓的抗拉和紧固作用，减少管片接缝间的张开量和张开高度以加强其防水特性，计算中通过在连接螺栓中部设置预应力单元来实现预紧力效应。

计算过程中忽略了连接螺栓和螺孔边壁间的摩擦作用，选用高斯（Gauss）积分进行求解，不仅很好地解决了求解过程中由于使用不对称求解器所引起的收敛问题，而且还取得了较使用 New-Cotes/Lobatto 求解器更为精确的计算结果。现对计算过程中所选用的单元及求解器进行详细介绍。

1. 实体单元

模型分析中选用三维 8 节点 Solid45 单元对管片体和连接螺栓进行模拟，如图 2.9 所示。Solid45 单元可以通过简化积分加大计算步长，从而在满足计算结果精度的前提下缩短计算所需时间，节省计算资源。

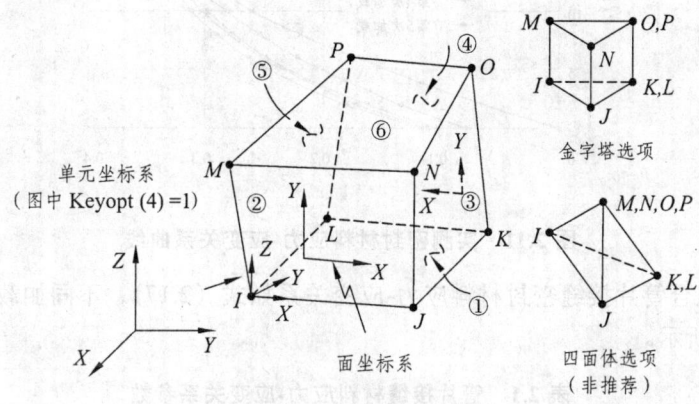

图 2.9 Solid45 单元

Solid45 单元的每一个节点均具有 x、y 和 z 方向的 3 个自由度以用于描述计算单元的空间位移。该单元具有描述结构塑性、蠕变、增大、应力强化、大变形及大应变等能力。

2. 衬垫单元

计算中选用衬垫单元 Inter195 对工程中设置于管片接头处的弹性密封止水橡胶和软木衬垫进行模拟。Inter195 是空间三维 8 节点接触单元，其每一个节点处均具有 x、y 和 z 方向的自由度。当用于连接三维结构单元时，Inter195 单元主要用于模拟其接头衬垫，如图 2.10 所示。

盾构隧道接缝变形在很大程度上都是由于接头衬垫材料受荷变形所引起的。管片环承载过程中接缝密封材料要承受不同的偏心荷载反复作用，

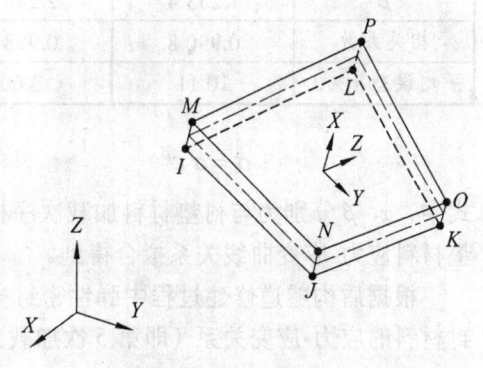

图 2.10 Inter195 单元

衬垫层因此将不断承受加载、卸载作用，为更好地模拟不同外荷载条件下管片接缝衬垫的受力变形特征，需对橡胶止水衬垫进行多次压缩回弹试验。

试验选取南京地铁 1 号线区间盾构隧道工程设计所采用的密封材料进行多次加卸载试验，试验具体步骤主要包括：

① 通过液压机对衬垫材料逐级施加压应力荷载。
② 待变形达到稳定后，读取橡胶衬垫变形量。
③ 重复步骤①、②，直到液压机达到加压极限。
④ 卸载，将橡胶衬垫所受荷载减至 0，读取塑性变形量。
⑤ 重复步骤①、②、③和④，进行多次加卸载试验。

实测管片接缝用衬垫材料轴向压缩应力-应变曲线如图 2.11 所示。由图中可知，南京地铁 1 号线所用管片接缝衬垫材料是一种典型的非线性材料，其应力-应变关系曲线与加载历史密切相关，存在明显的非线性特性。

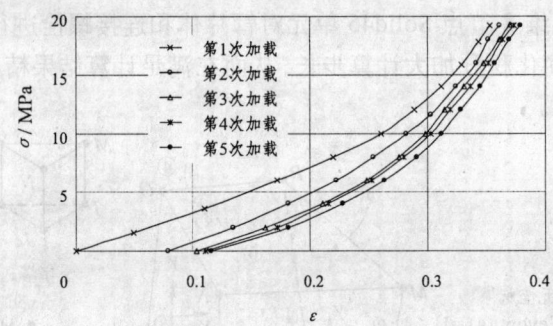

图 2.11　实测密封材料应力-应变关系曲线

由图 2.11 拟合管片接缝密封材料应力-应变关系如式（2.17），不同加载次序下的各项参数分别如表 2.1 所示。

表 2.1　管片接缝材料应力-应变关系参数

加载次序 参数	第 1 次加载	第 2 次加载	第 3 次加载	第 4 次加载	第 5 次加载
α	60.344	179.4	291.89	330.56	378.39
β	1.253 4	2.248 9	2.759 5	2.902 6	3.089 2
相关系数	0.990 8	0.998 6	0.999 1	0.999 6	0.999 3
平均误差（%）	10.11	3.60	2.86	1.93	2.58

$$\sigma = \alpha \varepsilon^{\beta} \tag{2.17}$$

式中，α、β 分别为与衬垫材料加载次序相关的拟合参数，其结果可通过不同加载次序下的衬垫材料应力-应变曲线关系拟合得到。

根据盾构隧道修建过程中弹性密封衬垫将反复承载等特性，选定稳定承载情况下衬垫密封材料的应力-应变关系（即第 5 次加载）为计算中该材料的材料参数特征，相应材料参数曲线方程为：

$$\sigma = 378.39\varepsilon^{3.089\ 2} \tag{2.18}$$

3. 接触单元

接触问题主要可分为刚体-柔体和柔体-柔体 2 种基本接触模型。当一个接触体表面为完全刚性或表面特别坚硬且不关心其变形和应力时，主要选用刚体-柔体接触模型；当研究对象具有近似或相同刚度且均由可变形单元组成时，一般选用柔体-柔体接触模型。

根据研究对象接触范围的不同，可将其分为点-点接触、点-面接触和面-面接触 3 种接触方式，不同的接触方式均有与之相对应的特定接触单元。在预先已经知道确切接触位置时，宜选用点-点接触方式，但该方式计算过程中必须确保每个表面的网格完全相同且相对滑动变形范围较小，故只对小的转动效应有效；对于单点和任意形状的面接触时，宜选用点-面接触方式，该接触方式具有不必预先知道接触的准确位置，接触对象间可以具有不同的网格划分，在接触对象间具有大的相对滑动、应变和转动情况下仍能具有较高的计算精度等优点；对于任意形状的 2 个物体表面相接触时，宜选用面-面接触方式，该方式的优点在于不必预先知道接触的准确位置，接触对象间可以具有不同网格，支持大的相对滑动，支持大应变和转动，节省计算机硬盘空间和缩短计算时间等优点。

结合盾构隧道的管片接头特征，计算时主要在连接螺栓螺帽与手孔内侧、连接螺杆外壁与螺孔内壁、管片端肋间设置了接触单元（见图 2.12）以模拟管片结构在外荷载作用下的接头力学行为。具体为：

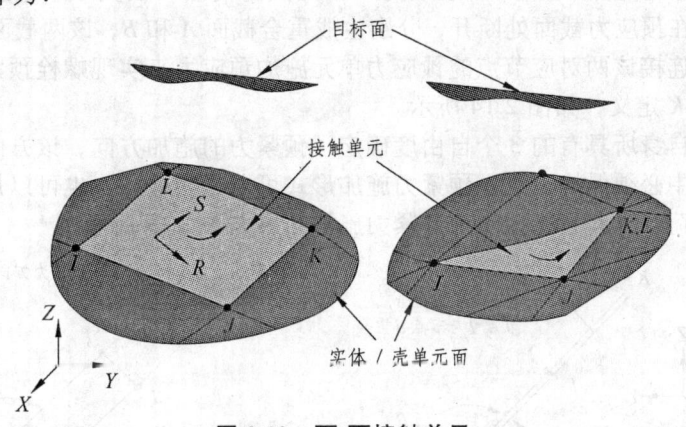

图 2.12 面-面接触单元

（1）连接螺栓螺帽与手孔内侧：选用刚体-柔体接触模型中的面-面接触单元，设定连接螺栓螺帽为刚体单元，手孔内侧为柔体单元，允许接触单元间产生相对滑动。

（2）连接螺杆外壁与螺孔内壁：选用刚体-柔体接触模型中的面-面接触单元，设定连接螺杆为刚体单元，螺孔内壁为柔体单元，允许接触单元间产生相对滑动。

（3）管片端肋间：选用柔体-柔体接触模型中的面-面接触单元，采用接触单元刚度对称矩阵和对称系统求解器以消除接触单元间可能导致的收敛性减低，仅允许接触单元间产生相对法向位移而不产生相对切向滑动。

根据计算过程中接触体之间是否存在摩擦，接触单元间将可能出现不同的相对位移，由该位移方向和发展趋势的不同，可将面-面接触分为：

（1）粘合状态：在基本库仑摩擦模型中，两个接触面在开始相互滑动之前，在它们的界面上都会有一定大小的剪应力产生，此时接触单元间存在产生相对滑动的趋势。

(2) 滑动状态：两个接触体之间发生接触变形，但变形后接触点间沿接触面切向发生相对运动，但沿接触面法线方向的对应接触点之间的坐标相同。

(3) 预接触状态：接触体之间的某些部位并未接触，但将随着物体之间相对位移和结构体变形而产生接触或接触体之间的某些部位曾经是接触着的，但随着研究对象的相对位移和结构体变形而脱离接触。该状态下接触体之间存在接触或脱离的可能性，不存在接触变形协调条件。

求解过程中选用如图 2.13 所示的 Gauss 积分方法，在各 Gauss 点处进行力和位移的传递，避免其他求解器在节点处力的离散方式，从而取得了比选用 New-Cotes/Lobatto 积分更为精确的计算结果。

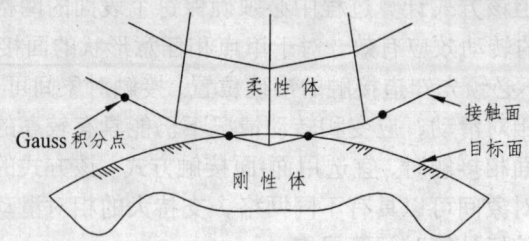

图 2.13　Gauss 积分接触点检查

4. 预应力单元

计算选用由多个预应力单元所组成的预应力截面模拟工程实际中施加于连接螺栓的预紧力。连接螺栓在预应力截面处断开，分别生成重合截面 A 和 B，该两截面具有 I、J 两个对应节点，通过对连接该两对应节点的预应力单元施加预应力来实现螺栓预紧，预紧力方向通过独立预紧节点 K 定义，如图 2.14 所示。

预应力单元自身所具有的 3 个自由度确定了预紧力的施加方向，该方向和预紧力大小在荷载步计算过程中必须保持一致。预紧力施加形式可以是力荷载，也可以是变形位移，实际作用线沿着预紧荷载方向。连接螺栓预紧力施加结果如图 2.15 所示。

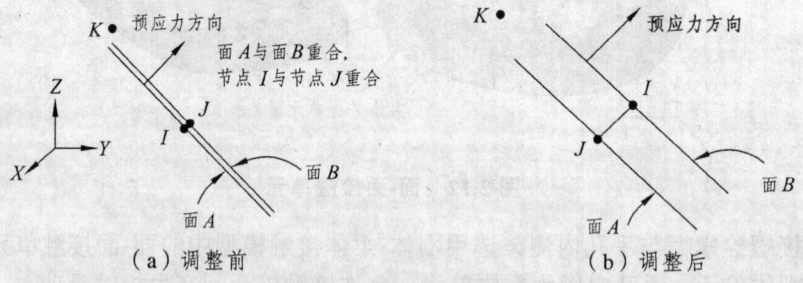

（a）调整前　　　　　　　　　　（b）调整后

图 2.14　预应力单元

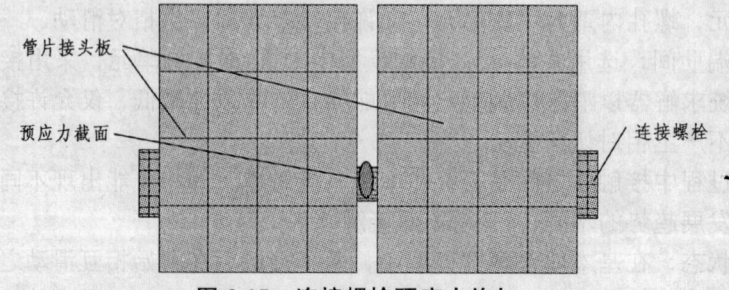

图 2.15　连接螺栓预应力施加

（三）计算模型

结合南京地铁1号线玄武门—许府巷区间盾构隧道管片及接头细部构造设计，分别采用实体单元、衬垫密封单元、面-面接触单元和预应力单元等建立管片接头三维计算图形及网格划分如图2.16所示。

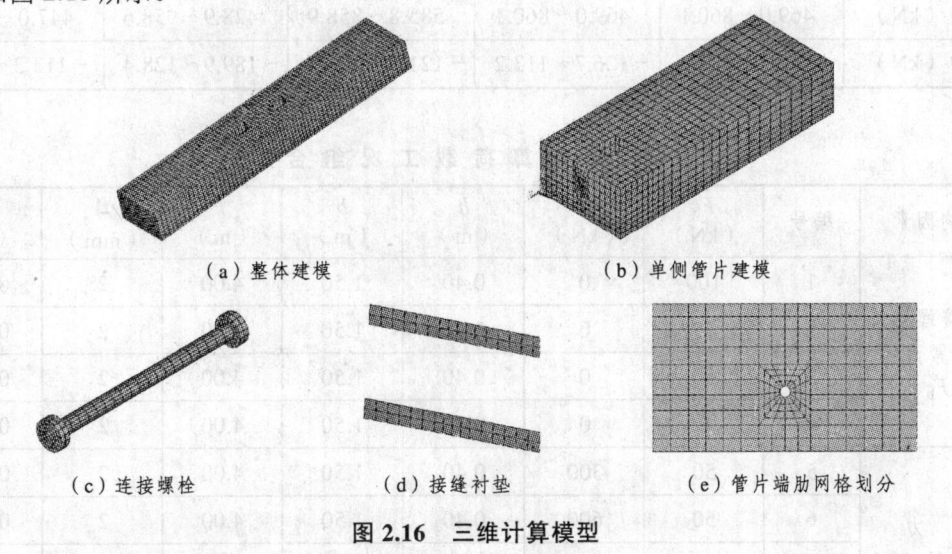

图 2.16　三维计算模型

（四）荷载施加方式

计算在整体笛卡尔坐标系中对平板直接头管片进行三维建模分析。考虑到盾构隧道管片结构的承载、变形及其影响因素，对管片内侧远离接触面底边施加铅直约束，而在水平面内允许其自由变形。计算力学模型及约束施加如图2.17所示。接合结构的几何对称性，计算选取1/2管片幅宽进行研究，而在对称面施加水平面约束。

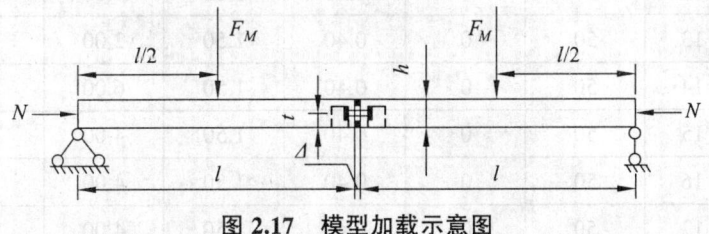

图 2.17　模型加载示意图

三、工况组合

目前，国内地铁区间盾构隧道埋深主要为 $10\sim20$ m，管片衬砌环轴力、弯矩分别在 $300\sim1\,000$ kN 和 $-150\sim200$ kN·m 之间变化，统计已建地铁的城市如上海、北京、深圳、广州和南京等地的区间盾构隧道管片结构内力值如表2.2所示。

计算中通过在管片远离接缝的两侧端面施加面均布荷载 p 以形成轴力 N；通过在单块管片中部施加均布线荷载 F_M 以形成弯矩 M；通过在连接螺栓预应力截面施加荷载以形成工程预紧力。计算荷载工况组合如表2.3所示。

表 2.2 地铁区间盾构隧道管片内力统计

内力＼地区	上 海	北 京	深 圳	广 州	南 京
弯矩（kN·m）	−80.8～98.4	−98.5～123.0	−108.4～120.9	−106.3～178.6	−130.0～114.6
轴力（kN）	469.0～860.1	469.0～860.1	585.8～858.9	428.9～958.6	447.0～852.1
剪力（kN）	−120.3～103.2	−126.7～113.2	−121.6～108.7	−189.9～128.4	−113.3～97.6

表 2.3 计算荷载工况组合

影响因素	编号	F_b（kN）	N（kN）	h（m）	b（m）	l（m）	Δ（mm）	t（m）
连接螺栓预紧力 F_b	1	100	0	0.40	1.50	4.00	2	0.40h
	2	75	0	0.40	1.50	4.00	2	0.40h
	3	50	0	0.40	1.50	4.00	2	0.40h
	4	0	0	0.40	1.50	4.00	2	0.40h
轴力 N	5	50	300	0.40	1.50	4.00	2	0.40h
	6	50	600	0.40	1.50	4.00	2	0.40h
	7	50	900	0.40	1.50	4.00	2	0.40h
	8	50	1 200	0.40	1.50	4.00	2	0.40h
管片厚度 h	9	50	0	0.30	1.50	4.00	2	0.40h
	10	50	0	0.50	1.50	4.00	2	0.40h
管片幅宽 b	11	50	0	0.40	1.00	4.00	2	0.40h
	12	50	0	0.40	2.00	4.00	2	0.40h
管片长度 l	13	50	0	0.40	1.50	2.00	2	0.40h
	14	50	0	0.40	1.50	6.00	2	0.40h
弹性衬垫厚度 Δ	15	50	0	0.40	1.50	4.00	6	0.40h
	16	50	0	0.40	1.50	4.00	10	0.40h
连接螺栓位置 t	17	50	0	0.40	1.50	4.00	2	0.30h
	18	50	0	0.40	1.50	4.00	2	0.50h

第四节 管片接头力学特性

盾构隧道管片接头力学行为分析主要包括对管片接头抗弯刚度 k_θ、接缝张开量及张开高度、连接螺栓应力等的分布和变化规律进行研究，以及探求不同弯矩、轴力、管片幅宽、厚度、长度、连接螺栓布设位置和预紧力、衬垫厚度等因素变化影响下的管片接头力学参数的分布变化规律。[150]

一、θ-M 关系曲线

（一）结构内力对 θ-M 关系曲线的影响

在管片尺寸、衬垫厚度、连接螺栓布设位置和螺栓预紧力相同的情况下，计算得不同轴力作用（即工况 4、5、6、7、8）下的 θ-M 关系曲线如图 2.18 所示。由图 2.18 可以看出：管片接头端面转角 θ 随弯矩 M 的增大而增大。曲线上各点的切线斜率即管片接头抗弯刚度 k_θ = $\mathrm{d}M/\mathrm{d}\theta$，且随着 M 的增大而逐渐减小并最终趋于稳定，而在相同轴力情况下，正弯曲时管片接头所产生的接头端面转角远大于负弯曲时的管片接头端面转角，如计算得当轴力 N = 600 kN，弯矩 M 分别为 50 kN·m、100 kN·m 和 200 kN·m 时，管片接头端面正弯曲转角分别为 0.07×10^{-2} rad、0.44×10^{-2} rad 和 1.28×10^{-2} rad，增长比值为 1∶6.2∶18.1，负弯曲转角分别为 0.11×10^{-2} rad、0.94×10^{-2} rad 和 2.89×10^{-2} rad，增长比值达到 1∶8.9∶27.3，而相应正、负弯曲转角比达 1∶1.5、1∶2.2 和 1∶2.25。由此可以看出，随着弯矩的增大，管片接头端面转角将迅速攀升，且当 θ-M 关系曲线达到稳定后，管片接头端面正负弯曲转角比值将渐趋稳定。

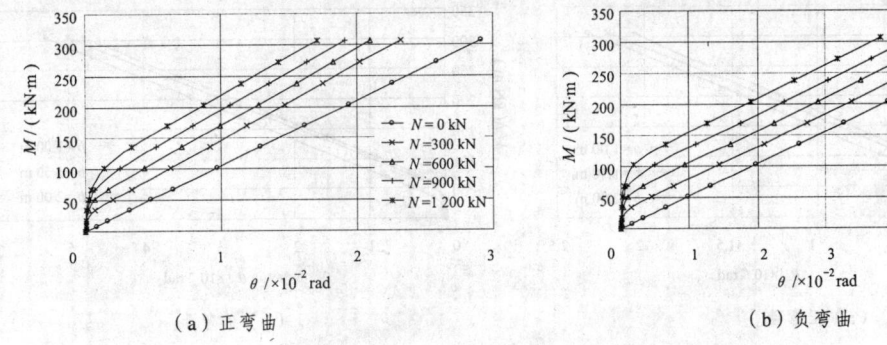

图 2.18　结构内力对 θ-M 关系曲线的影响

荷载作用初始阶段，θ-M 关系曲线呈凸面向上趋势变化，但凸面曲率逐渐减小，最终近似为直线变化。θ-M 关系曲线初始斜率无穷大，代表了轴力作用下管片接头全端面处于受压状态，张开较为困难。这是由于荷载施加初始阶段，管片轴力较大而弯矩相对较小，管片接头全端面主要承受轴力所产生的压应力。随着弯矩的增加，截面荷载作用下中性轴上移，管片挠曲，接头端面分离并开始形成局部受压区和局部受拉区，受拉区衬垫不再承受外荷载，螺栓出露并与受压区衬垫共同作用以抵抗外荷载作用。管片接头张开量和端面转角主要由连接螺栓拉力和受压区接头端面衬垫压缩量决定。

轴力为 0 时，管片产生类似于简支梁纯弯曲的变形，θ-M 关系曲线近似于直线变化；轴力增大，θ-M 关系曲线更易趋于稳定。这主要是由于轴力作用下弹性密封衬垫通过轴力预压作用后，抗压强度在一定程度上得到提高，与连接螺栓共同作用以使得接头端面变形更快达到稳定。

从理论上讲，θ-M 关系曲线反映的是管片接头抵抗外荷载作用下的接缝变形能力，它与接缝材料特性和管片结构尺寸密切相关。计算结果中客观表现为，当衬垫受压区高度和螺栓

变形达到相对稳定后，θ-M 关系曲线近似呈线性变化。

（二）管片尺寸对 θ-M 关系曲线的影响

管片结构尺寸主要包括管片厚度 h、幅宽 b、长度 l。计算得不同管片尺寸参数下的 θ-M 关系曲线的分布范围和变化规律分别如图 2.19～2.21 所示。分析研究成果可知，管片结构尺寸变化将对接头 θ-M 关系曲线的变化规律产生较大影响。

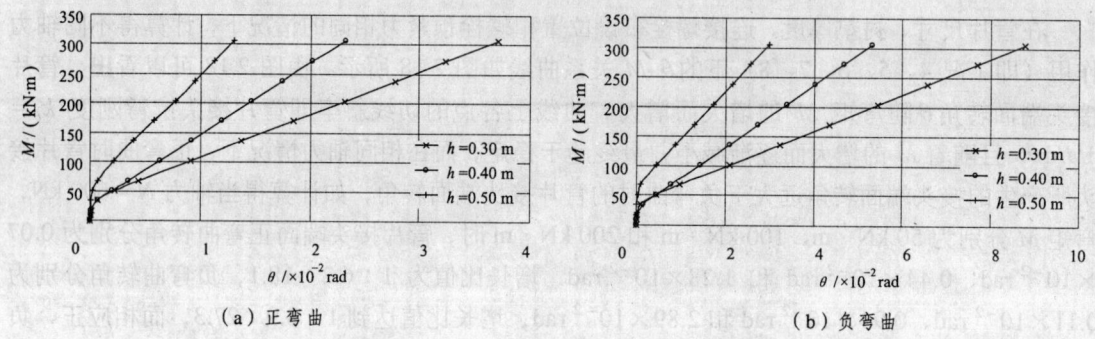

图 2.19 管片厚度 h 对 θ-M 关系曲线的影响

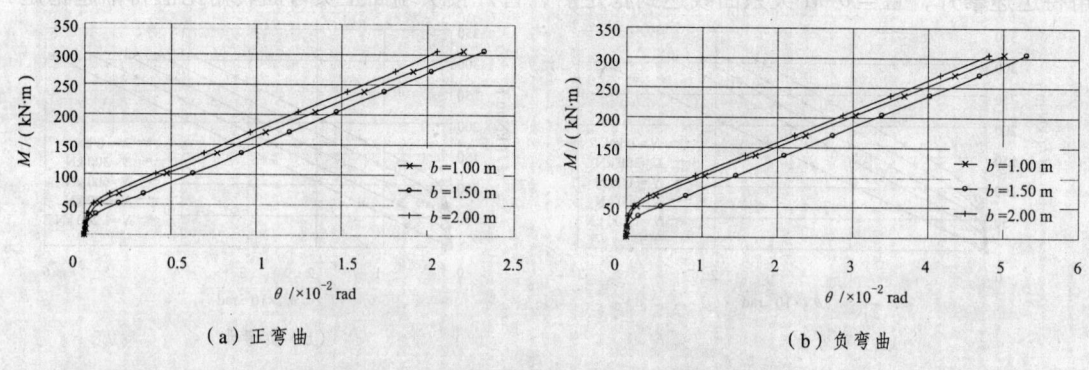

图 2.20 管片幅宽 b 对 θ-M 关系曲线的影响

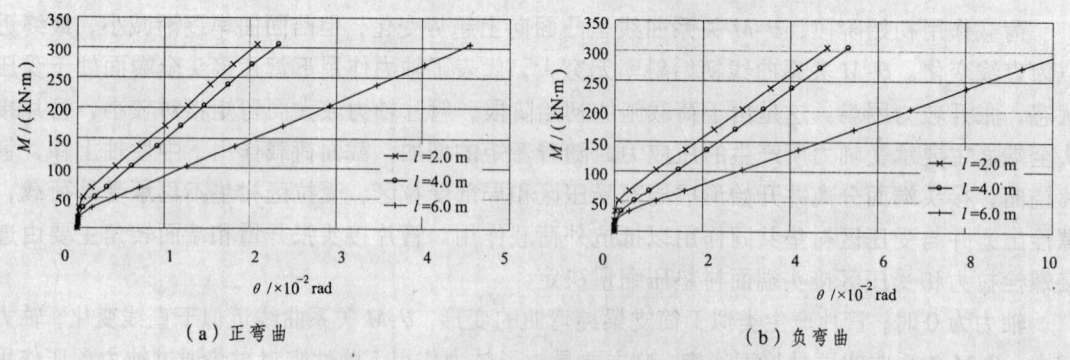

图 2.21 管片长度 l 对 θ-M 关系曲线的影响

增大管片厚度 h 将导致接头端面转角 θ 的减小，如，计算得管片连接螺栓预紧力为 50 kN，轴力为 0，弯矩为 50 kN·m，管片厚度分别为 0.30 m、0.40 m 和 0.50 m 时的接头端面正弯

曲转角分别为 0.224×10^{-2} rad、0.201×10^{-2} rad 和 0.025×10^{-2} rad，而相应负弯曲转角分别为 0.454×10^{-2} rad、0.444×10^{-2} rad 和 0.0351×10^{-2} rad。对比可知，相同情况下，管片厚度分别增加 0.10 m 和 0.20 m 将导致接头端面正弯曲转角分别减少 10% 和 89%，相应负弯曲转角分别减少 2% 和 92%。弯矩增大，如 200 kN·m 时，接头端面正、负弯曲情况下的转角减少率则分别为 37%、67% 和 38%、68%，即渐趋稳定。

增大管片幅宽 b 将导致计算所得正、负弯曲情况下的接头端面转角 θ 的减小，如当对幅宽分别为 1.0 m、1.5 m 和 2.0 m 的管片连接螺栓均施加 50 kN 预紧力，轴力为 0，弯矩为 50 kN·m 时，计算所得管片接头端面正、负弯曲转角分别为 0.201×10^{-2} rad、0.090×10^{-2} rad、0.0557×10^{-2} rad 和 0.454×10^{-2} rad、0.138×10^{-2} rad、0.0886×10^{-2} rad，即分别增加管片幅宽 33% 和 66% 时，接头端面正、负弯曲转角将分别减少 55%、72% 和 70%、80%；随着弯矩的增大，管片幅宽变化对接头端面转角的影响将逐渐降低并渐趋稳定，如，当弯矩达 200 kN·m 时，计算所得正、负弯曲转角减少率仅为 9%、16% 和 11%、16%。

随着管片长度 l 的增加，接头端面转角 θ 将迅速攀升，如计算得弯矩为 50 kN·m 时，工况 13、4 和 14 管片接头端面的正、负弯曲转角分别为 0.07×10^{-2} rad、0.20×10^{-2} rad、0.435×10^{-2} rad 和 0.106×10^{-2} rad、0.454×10^{-2} rad、0.943×10^{-2} rad，即当管片长度比达 1:2:4 时，接头端面正、负弯曲转角比分别达 1:2.87:6.20 和 1:4.28:8.90。增大管片弯矩将导致接头端面正、负弯曲转角增幅差异迅速降低并近似相等，如计算所得弯矩为 200 kN·m 时，各工况接头端面正、负弯曲转角比仅为 1:1.16:2.31 和 1:1.17:2.34。

究其原因在于，管片结构尺寸的变化直接影响着管片接头端面承载弹性密封衬垫和受压区混凝土面积的改变。管片厚度 h 和幅宽 b 的增加将直接导致管片接头端面衬垫承压面积的增大，从而使得相同弯矩作用下的接头端面转角减小，θ-M 关系曲线上移；管片长度 l 对 θ-M 关系曲线影响较大，随着管片长度的增加，θ-M 关系曲线斜率减小，即管片接头刚度相应减小，接头更易在较小弯矩作用下产生较大转角。因为管片变形在约束、外荷载和连接螺栓的共同作用下所形成的结构体类似于简支梁，结构长度的增加使得在相同外荷载作用下结构体挠度增加，从而引起接头端面转角的增大。

（三）连接螺栓对 θ-M 关系曲线的影响

① 螺栓预紧力的影响：保持管片轴力、结构尺寸、衬垫厚度和连接螺栓布设位置不变，计算得不同连接螺栓预紧力 F_b 作用下（工况 1、2、3、4）的 θ-M 关系曲线如图 2.22 所示。由图 2.22 可知，增大连接螺栓预紧力将使接头端面转角减小，而接头刚度相应增大。

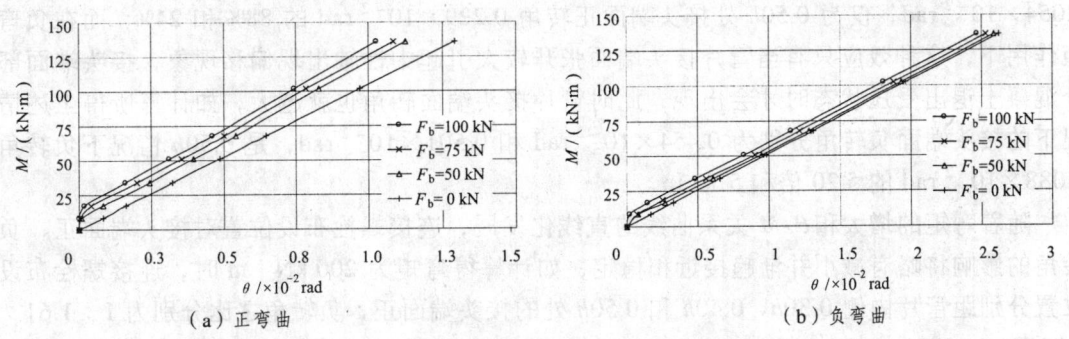

图 2.22 螺栓预紧力对 θ-M 关系曲线的影响

连接螺栓预紧力将在管片接头端面形成小偏心压力,该压力对管片手孔内侧所产生的拉紧作用将对接头端面衬垫产生间接挤压效应,使得在弯矩相同的情况下,接头端面衬垫材料弹性模量得以提高。在轴力和弯矩相同的情况下,增大连接螺栓预紧力,管片接头端面衬垫单元弹性模量提高也越大,从而使得管片结构在较小的转角情况下就能达到稳定,接头张开量减小,θ-M 关系曲线斜率增大,管片接头抗弯刚度增大。如在计算工况 1、2、3、4 中,管片结构尺寸为 $h=0.40$ m,$b=1.50$ m,$l=4.00$ m,$\Delta=2$ mm,螺栓布设于距管片内侧 0.16 mm 处,轴力 $N=0$,弯矩 $M=102$ kN·m,连接螺栓预紧力分别为 100 kN、75 kN、50 kN 和 0,管片接头发生正弯曲时,接头端面转角分别为 0.744×10^{-2} rad、0.787×10^{-2} rad、0.828×10^{-2} rad 和 0.97×10^{-2} rad;而相应管片接头发生负弯曲时,接头端面转角分别为 1.81×10^{-2} rad、1.88×10^{-2} rad、1.94×10^{-2} rad、和 1.97×10^{-2} rad。

② 螺栓布设位置的影响:为了体现连接螺栓布设位置对 θ-M 关系曲线的影响,在轴力为 0,连接螺栓预紧力为 50 kN,管片厚 0.40 m 时,计算得出了连接螺栓布设于不同位置,即连接螺栓中心分别距管片内侧 0.12 m、0.16 m 和 0.20 m 情况下(工况 4、17、18)的 θ-M 关系曲线变化规律,结果如图 2.23 所示。

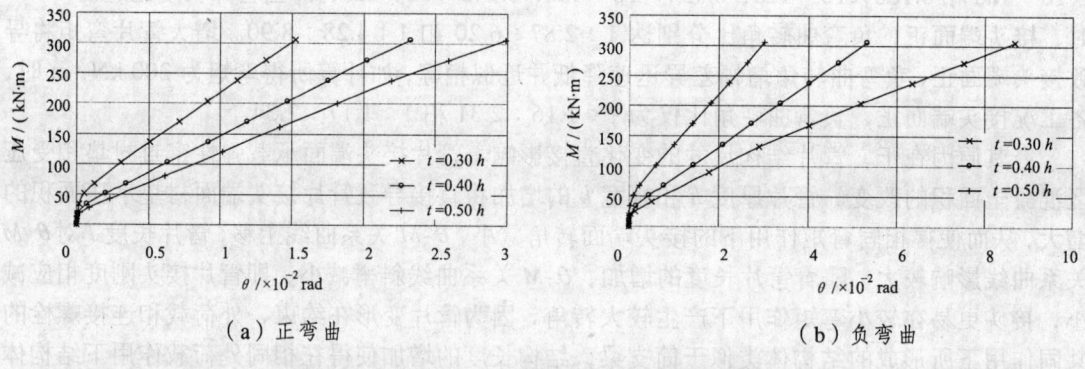

(a)正弯曲　　　　　　　　　　　　(b)负弯曲

图 2.23　螺栓布设位置对 θ-M 关系曲线的影响

分析研究成果可以看出:轴力为 0 时,θ-M 关系近似呈直线规律变化,但受连接螺栓预紧力作用而在初始阶段具有凸面向上的变化趋势。计算结果同时还表明,越靠近管片内侧布设,连接螺栓对正弯矩作用下的接缝张开量影响就越大,且将促使端头受压区的尽快形成和稳定,从而使管片正弯曲情况下的转角越小。如计算得,将连接螺栓分别布设于距管片内侧 $0.40h$ 和 $0.30h$ 处,在弯矩为 50 kN·m 时,接头端面正转角分别为 0.201×10^{-2} rad 和 0.054×10^{-2} rad,仅为 $0.50h$ 处接头端面正转角 0.229×10^{-2} rad 的 88% 和 24%;而在负弯矩作用下,这种效应只有当管片接头端面张开较大引起中性轴出现偏移现象,接头端面部分混凝土退出受压状态时才会出现,此时管片接头端面转角也就越大,如计算所得上述情况下的接头端面负转角分别为 0.454×10^{-2} rad 和 0.501×10^{-2} rad,是 $0.50h$ 情况下负转角 0.088×10^{-2} rad 的 5.20 倍和 5.70 倍。

随着弯矩的增大和 θ-M 关系曲线的直线化发展,连接螺栓布设位置对接头端面正、负转角的影响将略有减小并渐趋接近和稳定,如计算得弯矩为 200 kN·m 时,连接螺栓布设位置分别距管片内侧 $0.30h$、$0.40h$ 和 $0.50h$ 处的接头端面正、负转角之比分别为 1∶1.61∶1.99 和 1∶0.66∶0.35。

（四）衬垫厚度对 θ-M 关系曲线的影响

在管片结构尺寸、轴力、螺栓预紧力及连接螺栓布设位置等影响因素相同的情况下，计算得不同管片接头端面衬垫厚度 Δ 下的 θ-M 关系曲线如图 2.24 所示。

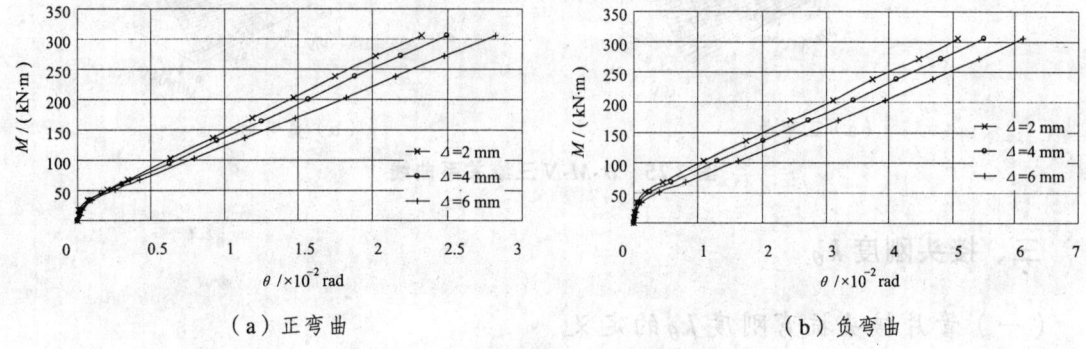

（a）正弯曲　　　　　　　　　　　　　　（b）负弯曲

图 2.24　衬垫厚度对 θ-M 关系曲线的影响

由图 2.24 可以看出：衬垫厚度及其材料的非线性应力-应变特性对不同弯矩作用下的 θ-M 曲线关系变化规律存在一定影响。增加接头端面衬垫厚度，接头端面转角相应加大，θ-M 关系曲线斜率减小，如计算得弯矩为 50 kN·m 时，工况 4、15 和 16 下的接头端面正弯曲转角分别为 0.11×10^{-2} rad、0.162×110^{-2} rad 和 0.252×10^{-2} rad，而相应的负弯曲转角分别为 0.18×10^{-2} rad、0.252×10^{-2} rad 和 0.401×110^{-2} rad，即随着不同计算工况下管片接头衬垫厚度的增加，接头端面正、负弯曲转角增幅分别达 47%、129% 和 40%、123%。随着结构所承担弯矩的增大，接头衬垫厚度对转角的影响相对减小，如计算得弯矩为 200 kN·m 时，衬垫厚度分别为 2 mm、6 mm 和 10 mm 情况下的接头端面正、负转角增幅分别仅为 7%、24% 和 10%、27%。

由于接头端面衬垫材料的弹性模量和抗压能力远远低于连接螺栓和管片体，承载能力较弱，故对于由管片体、连接螺栓和衬垫材料所组成的管片接头端面而言，增加衬垫厚度无疑将扩大衬砌结构承载的薄弱环节，从而使得相同荷载作用下的衬砌结构更易变形，接头更易张开，θ-M 关系曲线斜率也就越小，故在工程设计中，应在满足结构承载能力、管片拼装、接缝防水等要求的前提下，尽量减小接头端面衬垫厚度，削弱接头薄弱部位对结构的影响。

二、接头端面转角 θ

由上述不同工况下的管片接头 θ-M 关系曲线研究成果可知，管片接头端面转角 θ 受结构内力、管片尺寸、连接螺栓预紧力、螺栓布设位置和接头端面衬垫厚度等多种因素的共同作用影响，而轴力和弯矩对接头端面转角的影响尤为突出，为探明结构内力对接头端面转角的影响，现点绘计算所得 θ-M-N 三维关系曲线如图 2.25 所示。

从图中可以看出，轴力一定的条件下，随着弯矩的增大，管片接头端面转角将增大；弯矩一定的条件下，随着轴力的增大，接头端面转角将减小。这充分说明了管片接头端面转角 θ 随结构内力变化而凸显的非线性特性，同时也预示着随轴力和弯矩的变化，管片接头端面受压区混凝土高度和张开量的相应改变。

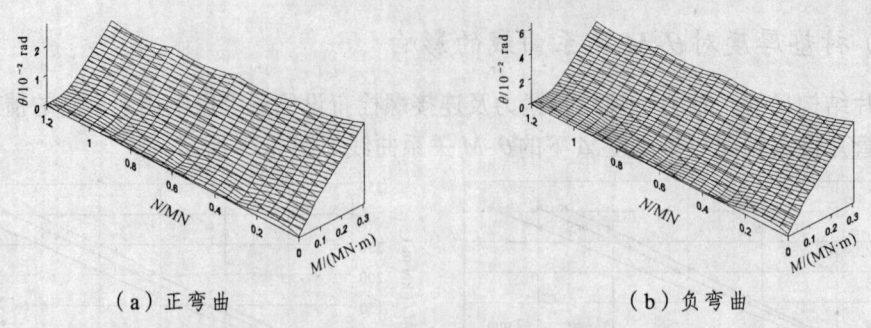

(a) 正弯曲　　　　　　　　　(b) 负弯曲

图 2.25　θ-M-N 三维关系曲线

三、接头刚度 k_θ

（一）管片接头抗弯刚度 k_θ 的定义

定义：管片接头产生单位转角所需要的弯矩即为管片接头抗弯刚度 k_θ。正弯矩作用下的管片接头抗弯刚度为正抗弯刚度，用 $k_{\theta+}$ 表示；负弯矩作用下的管片接头抗弯刚度为负抗弯刚度，用 $k_{\theta-}$ 表示。

管片接头抗弯刚度的取值是梁-弹簧模型设计中，衬砌环结构受力分析必不可少的重要参数，它综合反映了盾构隧道接头性能及其在外荷载作用下的变形大小和趋势。工程设计中因设计者对 k_θ 的取值偏差将导致结构内力值出现极大差异，使得在条件基本近似的情况下，衬砌环厚度等重要结构参数相差甚大，导致设计过于保守或偏于不安全。由于 k_θ 在隧道整个施工、运营阶段容易受结构内力、尺寸等因素的影响而产生变化，使得 k_θ 的确定工作量大且难以在工程界得到应用推广。因此，如何对 k_θ 进行合理取值就成为制约盾构隧道衬砌结构设计中结构安全性和工程经济性的重要因素。

目前，工程中关于 k_θ 的取值尚无现成公式或图表可以利用，主要还是通过经验类比法或现场接头试验来获取 θ-M 关系曲线，再通过分析对比 θ-M 关系曲线求得管片接头抗弯刚度 k_θ。实际工程中，如何从 θ-M 关系曲线中获取设计所需的 k_θ 量值还存在多种不同方法，[39]、[149]、[151]、[152] 现略述如下：

① 割线法——如图 2.26（a）所示，通过对 θ-M 关系曲线接头端面所受弯矩除以相应转角的方法得到 k_θ，该方法计算所得实际上是平均刚度。

② 切线法——如图 2.26（b）所示，求取 θ-M 关系曲线上目标弯矩处的切线斜率并以之作为设计所需的 k_θ。

③ 多段直线法——如图 2.26（c）、(d) 所示，将 θ-M 关系曲线简化为多段直线，分别将各简化直线段斜率作为该弯矩范围内的 k_θ，其理论根源在于假设弯矩较小和较大时，θ-M 关系曲线将近似按照直线规律变化。目前比较常见的有两段直线或三段直线法。

④ 曲线+直线法——如图 2.26（e）所示，该法与多段直线法相似，是将 θ-M 关系曲线简化为曲线与直线的组合。比较常见的是，假设弯矩 M 较小时 θ-M 关系按照曲线规律变化，而在弯矩 M 较大时假设 θ-M 关系按直线规律变化。不同轴力和弯矩作用下的曲线和直线方程可通过对计算结果进行公式拟合得到，相关处理过程和研究成果详见文献[149]。

方法①和方法②简单易行，多用于现场工程中管片结构内力已知的情况；方法③较好地

揭示了 $\theta\text{-}M$ 关系的非线性变化规律，但在弯矩较小时计算结果略显粗糙；方法④则在充分体现管片接头 $\theta\text{-}M$ 非线性关系的基础上，更好地揭示了弯矩较小时 $\theta\text{-}M$ 的变化规律，计算结果也就更贴近工程实际。就应用范围而言，方法①和方法②常用于 k_θ 的单点求解，方法③和方法④多用于一定荷载作用范围内 k_θ 的确定。综上所述，本书研究中选用方法④来计算管片接头抗弯刚度 k_θ。

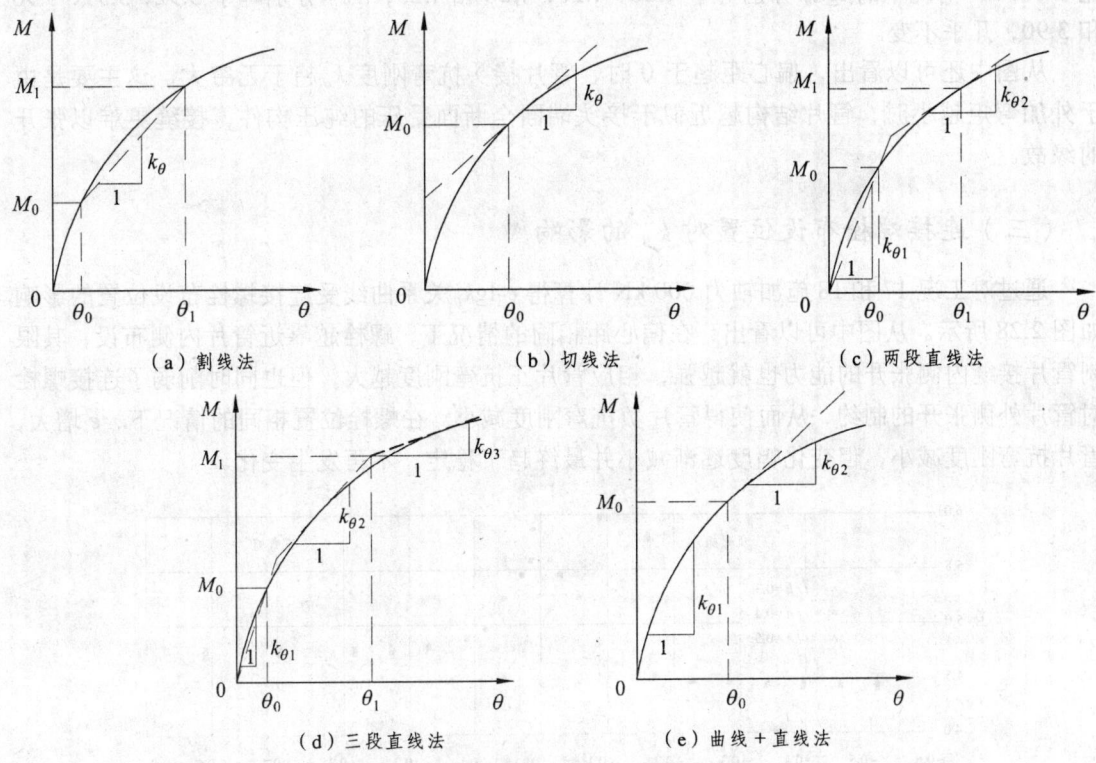

图 2.26 管片接头抗弯刚度的确定方法

（二）偏心距对 k_θ 的影响

定义：管片结构所受外荷载作用的偏心距 $e=M/N$。

点绘不同偏心距 e 下的管片接头抗弯刚度 k_θ 变化趋势如图 2.27 所示。由图中可以看出：偏心距 e 对 k_θ 的变化规律影响较大。在轴力相同的情况下，k_θ 随 e 的增大（即结构弯矩增加）

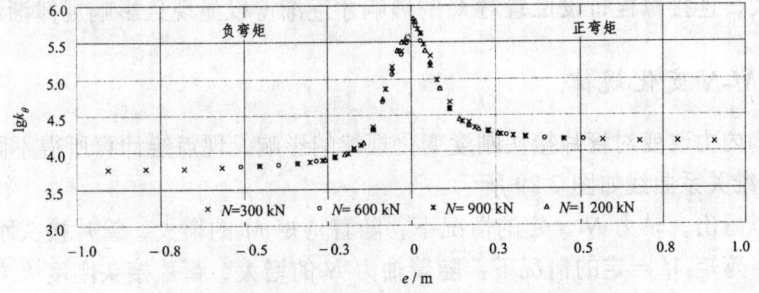

图 2.27 不同轴力作用下的 $e\text{-}\lg k_\theta$ 关系曲线

而急剧减小，但减小幅度逐渐趋于平缓并最终趋于稳定，不再随 e 的改变发生较大变化；相同偏心距情况下，轴力变化对管片接头抗弯刚度 k_θ 几乎没有影响。究其原因在于，管片环拼装完成后，接头抗弯刚度即成为结构的固有特性之一。管片接头抗弯刚度 k_θ 主要受管片结构尺寸、连接螺栓预紧力、连接螺栓布设位置、接头端面衬垫厚度及各相关材料特性等的影响，而受外荷载的影响较小。如在偏心距 $e=0.25$ m 时，结构轴力 N 分别为 300 kN、600 kN、900 kN 和 1 200 kN 情况下的 $\lg k_{\theta+}$ 分别等于 4.28、4.26、4.26 和 4.25，$\lg k_{\theta-}$ 分别等于 3.92、3.91、3.90 和 3.90，几乎不变。

从图中还可以看出，偏心距趋于 0 时，管片接头抗弯刚度 k_θ 趋于无穷大，这主要是由于外加弯矩越小时，管片结构越近似于接头端面全断面受压的纯压构件，接缝更难以张开的缘故。

（三）连接螺栓布设位置对 k_θ 的影响

通过对工况 17 和 18 施加轴力 600 kN 计算得 e-$\lg k_\theta$ 关系曲线受连接螺栓布设位置的影响如图 2.28 所示。从图中可以看出：在偏心距相同的情况下，螺栓越靠近管片内侧布设，其限制管片接缝内侧张开的能力也就越强，相应管片正抗弯刚度越大，但也同时削弱了连接螺栓对管片外侧张开的制约，从而使得管片负抗弯刚度减小。在螺栓位置相同的情况下，e 增大，管片抗弯刚度减小，但变化幅度逐渐减小并最终趋于稳定，不再发生变化。

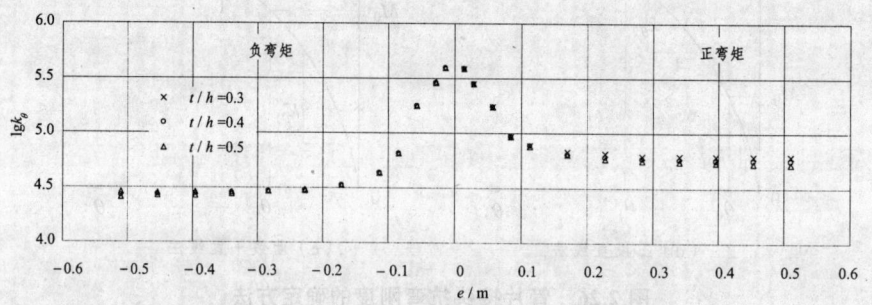

图 2.28 不同螺栓位置下的 e-$\lg k_\theta$ 关系曲线

由计算数据可知，在偏心距 $e=0.09$ m 的情况下，螺栓布设位置与管片厚度之比 t/h 分别为 0.3、0.4 和 0.5 时的 $\lg k_{\theta+}$ 分别等于 4.98、4.96 和 4.95，而 $\lg k_{\theta-}$ 分别等于 4.81、4.81 和 4.83；增大偏心距，如计算得 $e=0.40$ m 的情况下，螺栓分别布设于 t/h 为 0.3、0.4、0.5 处的 $\lg k_{\theta+}$ 分别等于 4.79、4.75 和 4.73，而 $\lg k_{\theta-}$ 分别等于 4.46、4.48 和 4.49。由此可以看出，随着偏心距 e 的不断增大，连接螺栓布设位置对 k_θ 的影响才逐渐得以显现且影响规律渐趋明显。

（四）k_θ-M-N 变化规律

为探明结构内力改变对管片接头刚度变化规律的影响，现点绘计算所得不同外荷载作用下的 k_θ-M-N 三维关系曲线如图 2.29 所示。

由图中可以看出，轴力 N 一定的情况下，随着弯矩 M 的增大，管片接头刚度 k_θ 逐渐减小且渐趋稳定；弯矩 M 一定的情况下，随着轴力 N 的增大，管片接头刚度 k_θ 相应增大。这充分说明了管片接头刚度随结构所受荷载变化而变化的规律。

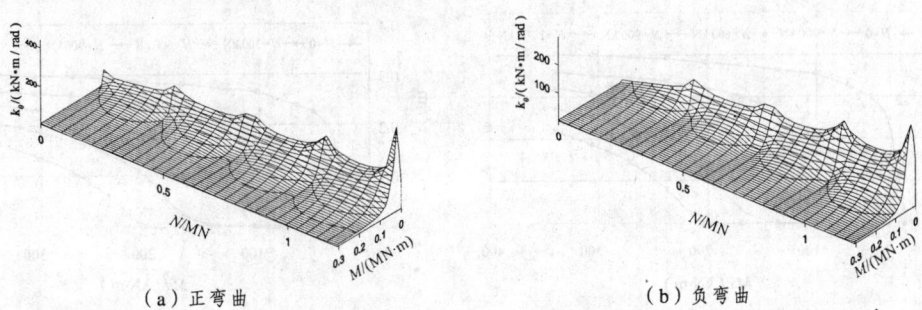

(a) 正弯曲 (b) 负弯曲

图 2.29 k_θ-M-N 三维关系曲线

四、管片接头防水

盾构隧道防水主要包括 2 个方面，即外部防水和结构防水。外部防水主要是在施工过程中采用同步注浆和壁后注浆措施在管片环外围形成环状混凝土砂浆层，或在管片环外侧涂刷防水层，以阻隔地下水与管片外壁的接触，从而达到防水的目的。

结构防水主要包括管片结构、注浆孔、连接螺栓孔、管片接缝等处。其中管片结构防水主要采用包括提高混凝土抗渗性和密实性，增加钢筋保护层厚度等措施实现；注浆孔防水措施主要包括在注浆孔四周预埋遇水膨胀橡胶衬垫等；连接螺栓孔防水主要通过采用可更换的遇水膨胀橡胶密封圈或采用环形间歇注浆体作为连接螺栓孔的加强层以达到良好的密封效果；管片接缝防水目前主要是采取将防水材料（遇水膨胀弹性密封橡胶衬垫）粘贴或套在混凝土管片的预留嵌槽内，这种密封衬垫应能适应隧道修建完成后的长期变形，或在管片内侧预留沟槽，将接缝密封剂灌注到接缝表面，采用压嵌勾缝的密封材料代替普通的填缝，以取得更好的止水效果。

大量工程实践表明，已建盾构隧道衬砌漏水主要发生在管片接缝处，在盾构隧道的不同防水部位及相应处理措施中，管片接缝防水的处理是最重要的，但这也是最容易导致工程防水失败的主要因素。评价管片接头防水设计成功与否的关键就在于如何确定并控制工作荷载作用下的接缝张开量 $2\delta'$ 和张开高度 x'（相关内容见第三章）。下面将对各不同影响因素变化下的管片接缝张开量和张开高度的相应变化规律进行研究。

（一）轴力、弯矩对接缝张开量的影响

点绘计算所得不同轴力作用下的 M-$2\delta'$ 和 M-x' 关系曲线变化规律如图 2.30 和图 2.31 所

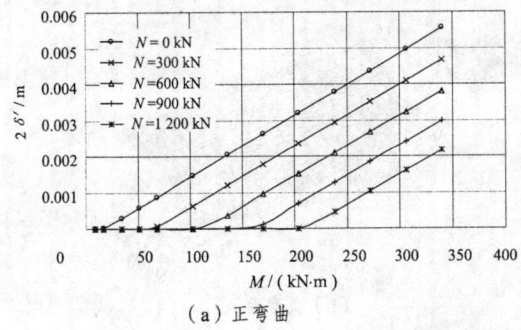

(a) 正弯曲

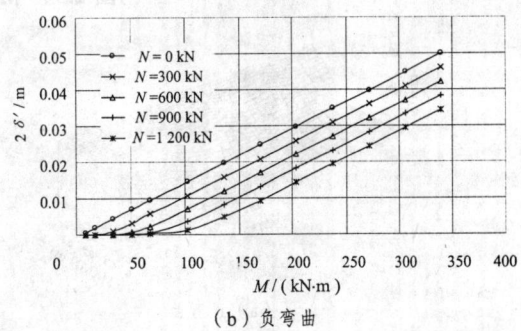

(b) 负弯曲

图 2.30 M-$2\delta'$ 关系曲线

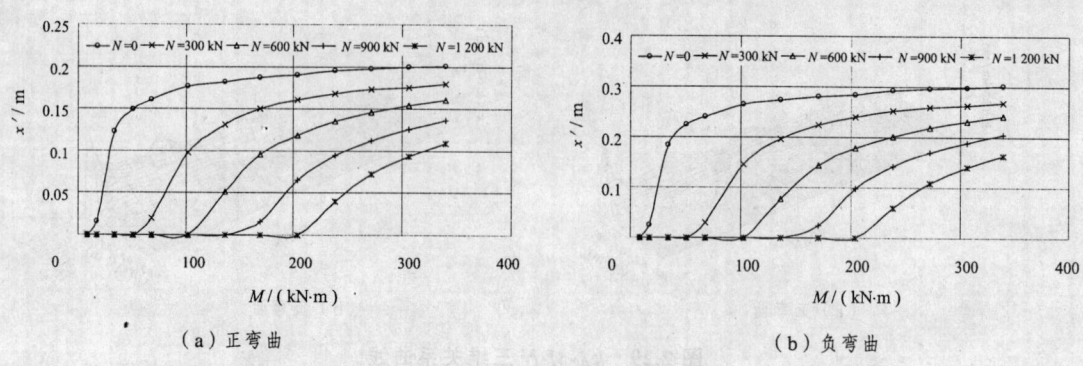

(a) 正弯曲　　　　　　　　　　　　　(b) 负弯曲

图 2.31　$M\text{-}x'$ 关系曲线

示。由图中可以看出，在轴力不变的情况下，随着弯矩的增大，接缝张开量和张开高度也相应增加；在弯矩不变的情况下，轴力增加，接缝张开量和张开高度相对减小。

荷载作用初始阶段，管片接缝张开量和张开高度几乎不发生变化（如图中 δ'、x' 为 0 的情况），且该现象还将随着结构轴力的增大持续更久。工程中连接螺栓一般靠近管片内侧布设（图中取 $t=0.40h$），负弯矩情况下接缝易于张开且产生较正弯曲作用下更大的接缝张开量。在轴力相同的情况下，弯矩作用初始阶段，管片接头端面受连接螺栓约束作用影响未产生张开，此时接缝张开高度为 0，但随着弯矩的逐渐增大，接缝张开且接缝张开高度增长迅速，随着弯矩的持续增大，接缝张开高度继续增长，但增长趋势逐渐减缓并最终缓慢变化；轴力增大，管片接缝张开高度减小。

为了更加清晰地体现轴力、弯矩共同作用下的管片接缝张开量和张开高度的变化，点绘 $M\text{-}N\text{-}2\delta'$ 和 $M\text{-}N\text{-}x'$ 三维关系如图 2.32 和图 2.33 所示。

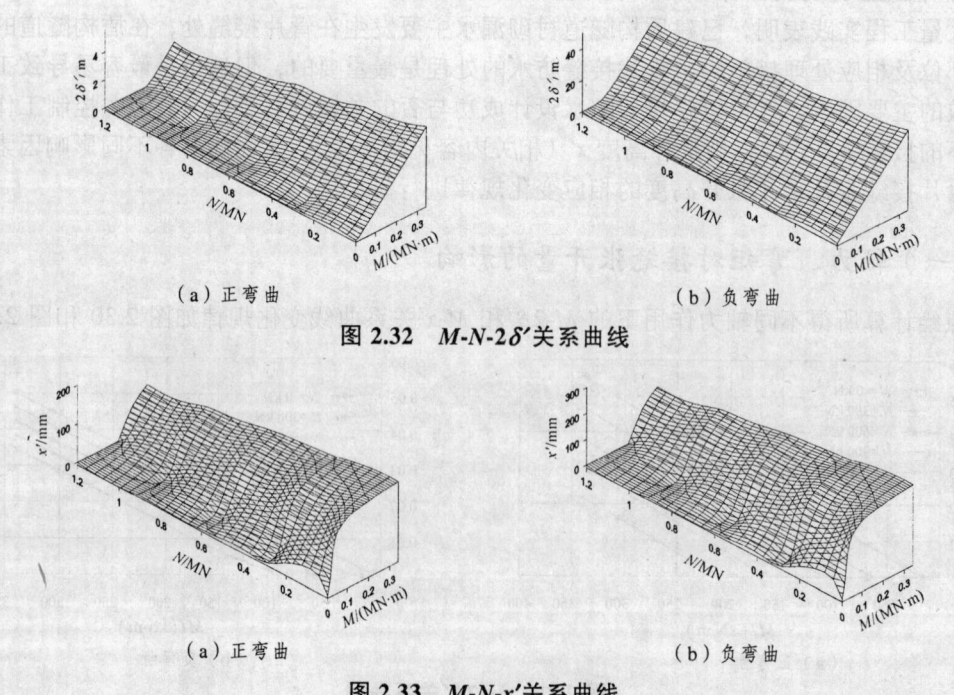

(a) 正弯曲　　　　　　　　　　　　　(b) 负弯曲

图 2.32　$M\text{-}N\text{-}2\delta'$ 关系曲线

(a) 正弯曲　　　　　　　　　　　　　(b) 负弯曲

图 2.33　$M\text{-}N\text{-}x'$ 关系曲线

图 2.30~2.33 各关系曲线的变化规律与管片接缝构造和组成材料特性密切相关。管片接头端面弹性密封衬垫在受荷初期将产生较大压缩变形以缓冲轴力和弯矩所带来的影响，受压弹性模量迅速提高，待其受压弹性模量增大至一定程度后即开始缓慢变化（如图 2.11 所示），且随着轴力、弯矩的变化呈不同趋势变化，此时管片结构挠曲，接缝张开并形成一定张开量和张开高度。

（二）偏心距对接缝张开量和张开高度的影响

偏心距综合反映了结构内力（轴力、弯矩）对管片接缝张开量和张开高度的影响，计算得不同轴力作用下的 e-$2\delta'$ 和 e-x' 关系曲线分别如图 2.34 和图 2.35 所示。

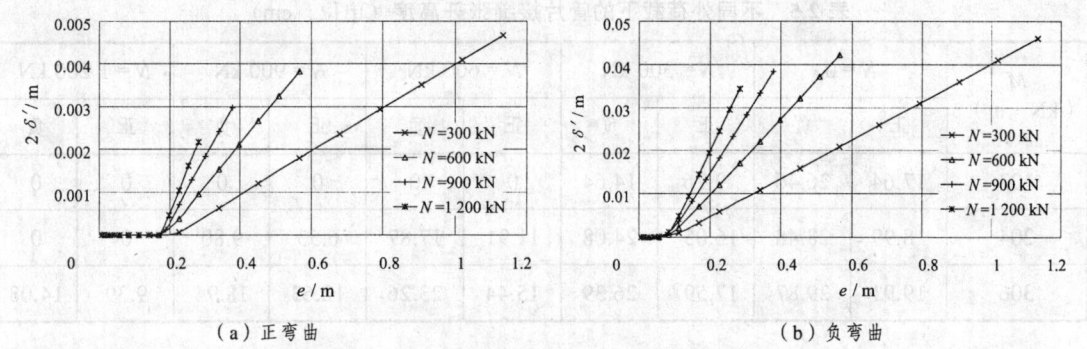

图 2.34　e-$2\delta'$ 关系曲线

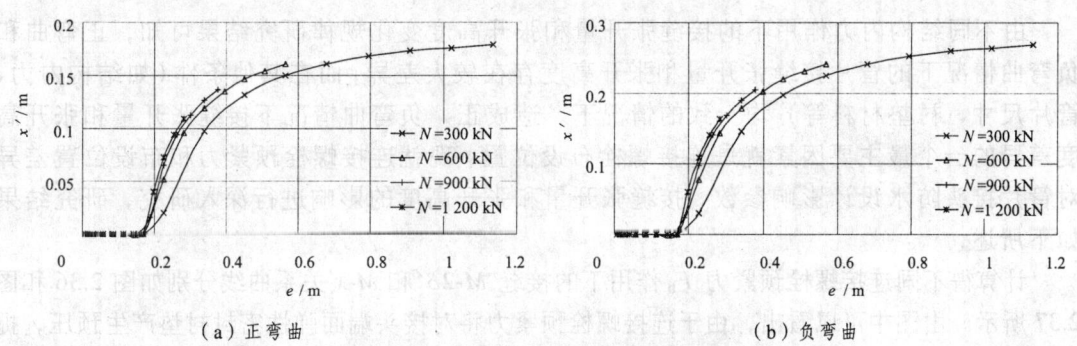

图 2.35　e-x' 关系曲线

由图中可以看出，随着所受荷载偏心距的增加，接缝张开量和张开高度起初近似为 0，且在一定范围内几乎不发生变化，而后快速增加。但关系曲线变化规律却存在较大差异：e-$2\delta'$ 关系曲线近乎线性变化，且在 e 值相同的情况下，轴力增大，关系曲线变化趋势越加陡峭，接缝张开量越大；与之相比，e-x' 关系曲线则呈较明显的非线性特性，随着偏心距的增加，x' 快速增加，但增加趋势渐趋缓慢并最终几乎不再变化。

受连接螺栓偏管片内侧布置对接缝张开量和张开高度的制约作用影响，负弯曲情况下的管片接缝张开量和张开高度均大于正弯曲情况。计算得弯矩分别为 $102 \sim 306$ kN·m，轴力分别为 $0 \sim 1\,200$ kN 时的接缝张开量和张开高度分别如表 2.4 和表 2.5 所示。

表 2.4 不同外荷载下的管片接缝张开量（单位：mm）

M (kN·m)	$N=0$		$N=300$ kN		$N=600$ kN		$N=900$ kN		$N=1\,200$ kN	
	正	负	正	负	正	负	正	负	正	负
102	1.46	14.67	0.61	10.81	0	6.97	0	3.61	0	1.28
204	3.21	29.81	2.36	25.96	1.52	22.09	0.70	18.23	0	14.37
306	4.96	44.85	4.09	40.97	3.24	37.11	2.41	33.30	1.60	29.44

表 2.5 不同外荷载下的管片接缝张开高度（单位：cm）

M (kN·m)	$N=0$		$N=300$ kN		$N=600$ kN		$N=900$ kN		$N=1\,200$ kN	
	正	负	正	负	正	负	正	负	正	负
102	17.64	26.46	9.76	14.64	0	0	0	0	0	0
204	18.99	28.48	16.05	24.08	11.91	17.87	6.53	9.80	0	0
306	19.91	29.87	17.59	26.39	15.44	23.26	12.63	18.94	9.39	14.08

（三）连接螺栓对接缝张开量和张开高度的影响

由不同结构内力作用下的接缝张开量和张开高度变化规律研究结果可知，正弯曲和负弯曲情况下的管片接缝张开量和张开高度存在较大差异，而在其他条件（如结构内力、管片尺寸、衬垫材料等）均一致的情况下，造成正、负弯曲情况下接缝张开量和张开高度差异的一个最主要因素就是连接螺栓布设位置。现就连接螺栓预紧力和布设位置差异对管片接头防水设计影响参数、接缝张开量和张开高度的影响进行深入研究，研究结果如下所述：

计算得不同连接螺栓预紧力 F_b 作用下的接缝 $M\text{-}2\delta'$ 和 $M\text{-}x'$ 关系曲线分别如图 2.36 和图 2.37 所示。由图中可以看出，由于连接螺栓预紧力将对接头端面弹性密封衬垫产生预压，提高其受压弹性模量而阻止接缝张开量和张开高度的发展，从而提高了接缝防水性。

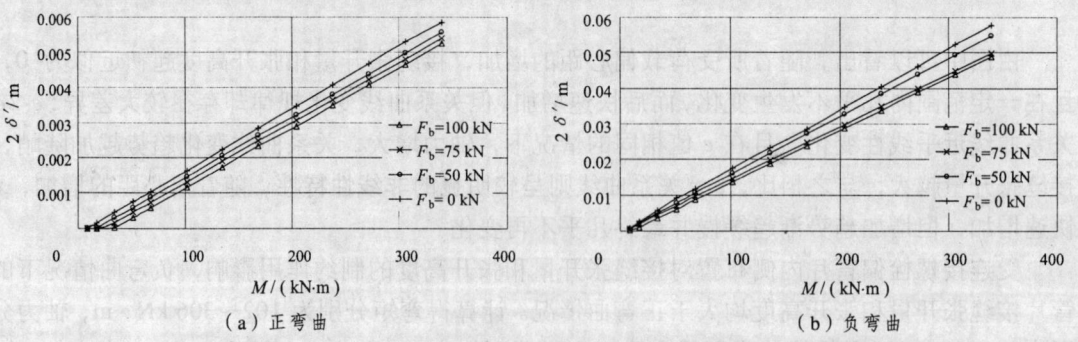

图 2.36 连接螺栓预紧力对 $M\text{-}2\delta'$ 关系曲线的影响

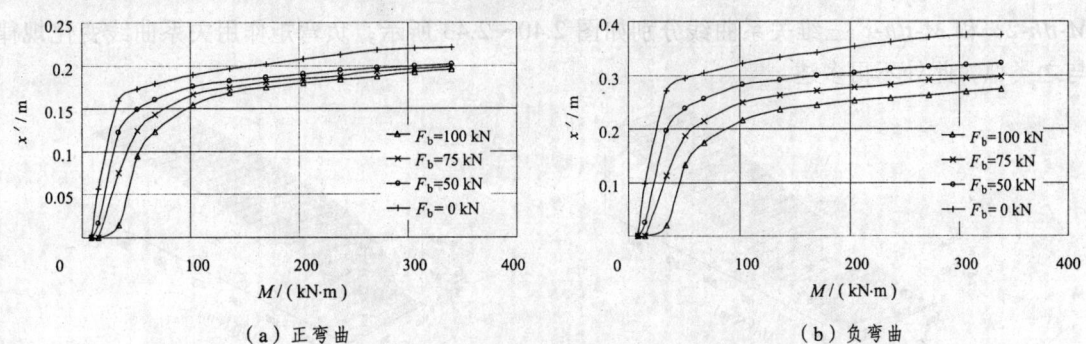

(a) 正弯曲　　　　　　　　　　　　(b) 负弯曲

图 2.37　连接螺栓预紧力对 $M\text{-}x'$ 关系曲线的影响

在连接螺栓预紧力为 50 kN 时，计算得连接螺栓布设位置 t/h 对接缝 $M\text{-}2\delta'$ 和 $M\text{-}x'$ 关系曲线的影响分别如图 2.38 和图 2.39 所示。

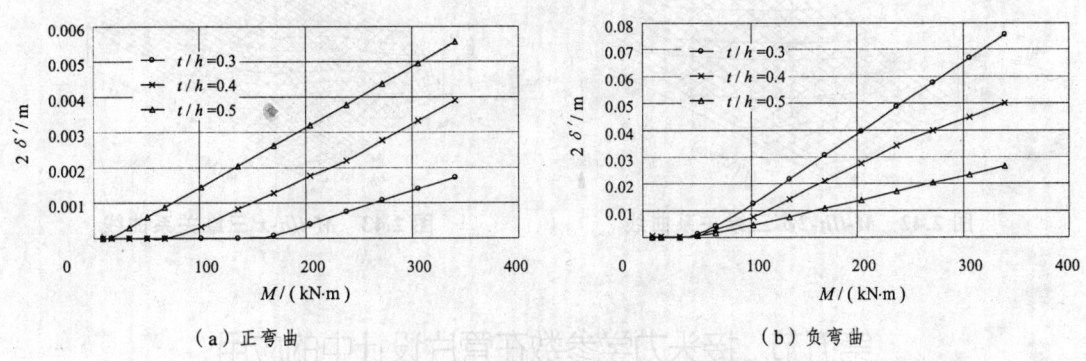

(a) 正弯曲　　　　　　　　　　　　(b) 负弯曲

图 2.38　连接螺栓布设位置对 $M\text{-}2\delta'$ 关系曲线的影响

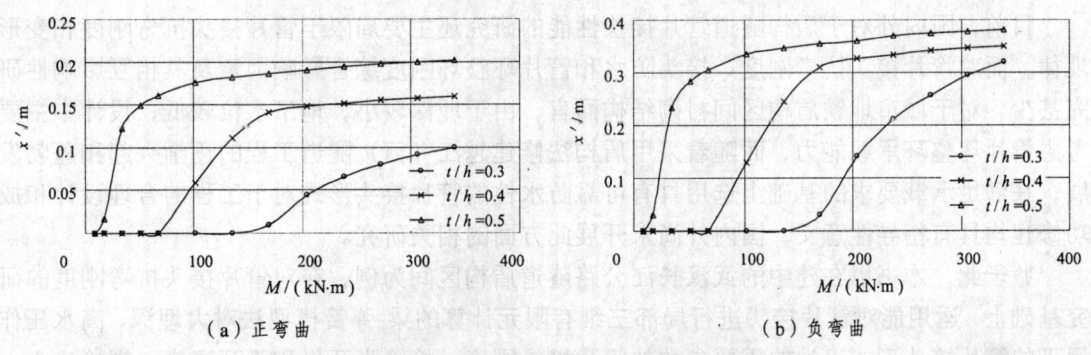

(a) 正弯曲　　　　　　　　　　　　(b) 负弯曲

图 2.39　连接螺栓布设位置对 $M\text{-}x'$ 关系曲线的影响

由图中可以看出，连接螺栓布设位置将对接缝张开量及张开高度的发展产生较大影响。越靠近管片内侧布设，连接螺栓对抑制正弯曲变形下的接缝张开现象的出现及对张开量和张开高度的影响越大，而对负弯曲变形下的接缝张开现象的出现、张开量和张开高度影响越小；远离管片内侧布设，正、负弯矩作用下的接缝张开现象的出现、张开量和张开高度间的差异逐渐减小。

为更加全面地体现不同连接螺栓预紧力和布设位置影响下的管片接缝张开量和张开高度变化规律，绘制计算得 $N=0$，螺栓布设位置 $t/h=0.4$ 时，正弯矩作用下的 $M\text{-}F_b\text{-}2\delta'$、$M\text{-}F_b\text{-}x'$、

$M\text{-}t/h\text{-}2\delta'$ 和 $M\text{-}t/h\text{-}x'$ 三维关系曲线分别如图 2.40～2.43 所示，负弯矩作用关系曲线变化规律与之类似，此处不再多述。

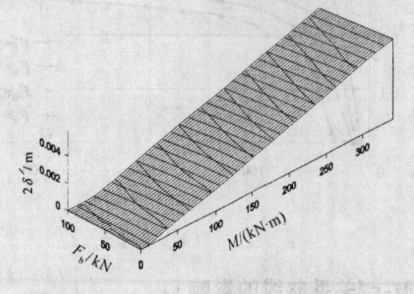

图 2.40　$M\text{-}F_b\text{-}2\delta'$ 三维关系曲线

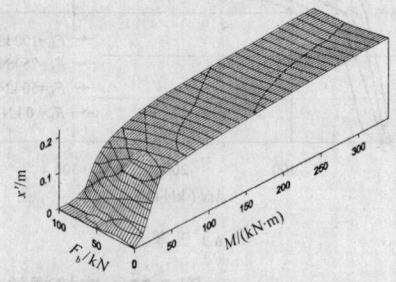

图 2.41　$M\text{-}F_b\text{-}x'$ 三维关系曲线

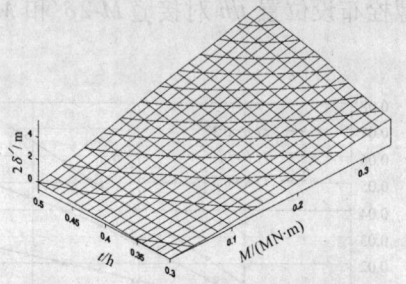

图 2.42　$M\text{-}t/h\text{-}2\delta'$ 三维关系曲线

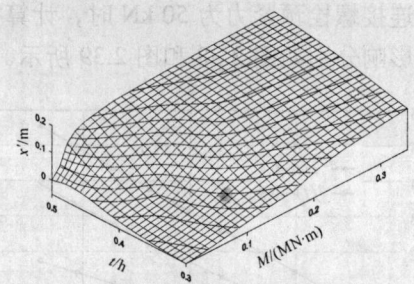

图 2.43　$M\text{-}t/h\text{-}x'$ 三维关系曲线

第五节　接头力学参数在管片设计中的应用

目前，国内外对于盾构隧道管片接头性能的研究还主要局限于管片接头抗弯刚度和变形规律，而对管片接头抗弯刚度、接头防水和管片环整环刚度综合影响因素及其相互影响性研究甚少。对于城市地铁盾构区间衬砌结构而言，由于埋深较小，地下水位较低，设计中主要考虑管片环整环承载能力，而随着采用盾构法修建越江（河）隧道工程的逐渐兴起和蓬勃发展，在满足承载要求的基础上选用具有可靠防水性的管片接头形式对于工程的合理设计和成功修建均具有指导性意义，国内外尚未开展此方面的相关研究。

鉴于此，本书以在建中的武汉长江公路隧道盾构区间为例，在对管片接头抗弯刚度的研究基础上，运用能对管片接头进行局部三维有限元计算的梁-弹簧模型法对大埋深、高水压作用下的管片接头形式设计的重要参数如管片接头刚度、接缝张开量和张开高度、螺栓应力、管片环整环变形和内力分布规律等进行深入研究，以求探明接头刚度在类似的具有特殊承载与防水要求的设计中的作用和意义。

一、工程实例概况

武汉长江公路隧道为 2 孔 4 车道市政公路隧道，穿越长江段采用盾构法施工。盾构隧道区间全长约 2 200 m，埋深为 9.50～30.0 m，局部最大埋深 40.0 m，河床水深 10.0～27.64 m，主要位于富含地下水的砂土层中,两岸段承受较高承压水,江中段承受高水压潜水,穿越地层包括中密粉细砂、密实粉细砂,底部为卵石层及强风化泥质粉砂岩夹砂岩、页岩,局部见中密中粗砂、密实中粗砂、可塑粉质粘土层。沿线土体力学指标如表 2.6 所示。

表 2.6 武汉长江隧道穿越地层土体力学参数

地层代号	厚度（m）	标贯击数 N	侧压系数 λ	容重 γ（kN/m³）	粘聚力 c（MPa）	内摩擦角 φ（°）	基床系数 k（MPa/m）	渗透系数 k_w（cm/s）
①	3.33	7	0.64	19.0	9.02	23.89	4.28	4.75×10^{-3}
④	15.75	9	0.56	18.90	15.57	11.48	18.47	4.43×10^{-4}
⑤	21.93	28	0.36	19.65	15.0	32.59	28.82	1.01×10^{-3}
⑥	1.2	40	0.32	21.00	0	40	62.24	1.20

结合隧道远期交通流量和使用净空要求,通过对不同衬砌结构方案比选,确定盾构隧道衬砌环选用通用环形式,外直径 $D_1=11.00$ m,内直径 $D_2=10.00$ m,管片厚 $h=0.50$ m,幅宽 $b=2.0$ m。管片环采用 9 等分形式,即选用 1 个封顶块＋2 个邻接块＋6 个标准块构筑衬砌环,单块管片圆心角均为 40°。管片环纵向接头 36 处,按照 10° 等分布置,如图 2.44 所示。

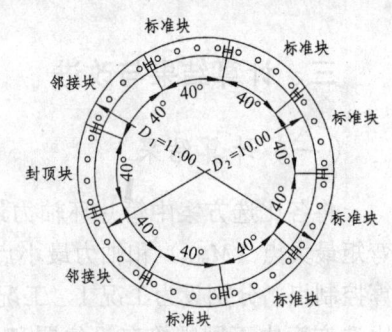

图 2.44 管片环横向图

二、比选方案及流程

（一）比选方案

管片接头选型主要包括对手孔数量、螺栓数目、尺寸及布设位置、管片接头抗弯刚度、接缝张开量和张开高度等重要设计参数进行比选。其中手孔尺寸主要根据螺栓尺寸、单孔螺栓布设数量等决定。根据不宜过大削弱管片接头承载能力的原则提出了如下 2 个比选方案,并建立不同方案下的管片接头计算模型如图 2.45 所示。

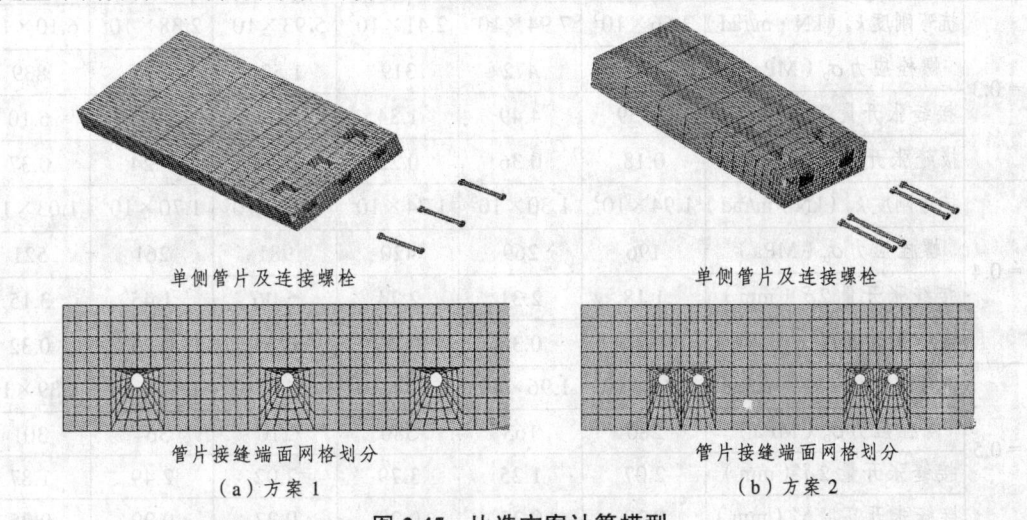

图 2.45 比选方案计算模型

方案1：沿管片幅宽方向设置3个手孔，分别放置1颗M60螺栓，共设置3颗螺栓；

方案2：沿管片幅宽方向设置2个手孔，分别放置2颗M45螺栓，共设置4颗螺栓。

（二）比选流程

结合接头刚度与管片环承载、变形、接缝张开量、接缝张开高度等的分布和变化规律的相互影响性，提出了管片接头形式比选计算流程如图2.46所示。其中，N、M 分别为盾构隧道比选断面控制设计的轴力和弯矩；i 为计算循环次数（$i \geqslant 1$）；α、β 均为相关容许误差，取5%。

三、计算结果与改进

（一）计算结果

将各比选方案中管片环轴力最大点（N_{max}）、弯矩最大点（M_{max}）和轴力最小点（N_{min}）作为计算控制点，分别设为工况1、工况2和工况3。各比选方案中不同螺栓布设位置和工况下的计算结果分别如表2.7和表2.8所示。

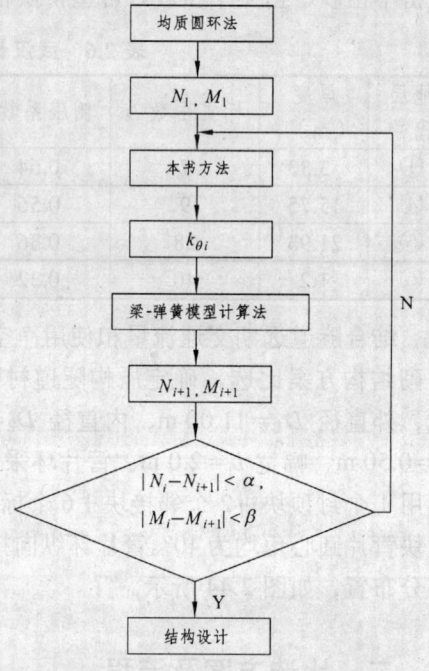

图2.46 管片接头形式比选流程

表2.7 方案1计算结果

螺栓位置	设计参数	工况1 $N_{max}=8\,206.1$ kN $M=2\,84.3$ kN·m		工况2 $M_{max}=649.3$ kN $N=7\,131.2$ kN		工况3 $N_{min}=7\,018.6$ kN $M=575.1$ kN·m	
		正	负	正	负	正	负
$t/h=0.3$	抗弯刚度 k_θ（kN·m/rad）	2.66×10^5	7.94×10^4	2.41×10^5	5.93×10^4	2.38×10^5	6.10×10^4
	螺栓应力 σ_b（MPa）	142	472	319	1 520	214	839
	接缝张开量 $2\delta'$（mm）	0.659	4.49	1.34	9.71	1.03	6.10
	接缝张开高度 x'（mm）	0.18	0.36	0.22	0.38	0.24	0.37
$t/h=0.4$	抗弯刚度 k_θ（kN·m/rad）	1.94×10^5	1.30×10^5	1.74×10^5	1.01×10^5	1.70×10^5	1.03×10^5
	螺栓应力 σ_b（MPa）	196	269	420	981	261	521
	接缝张开量 $2\delta'$（mm）	1.18	2.31	2.24	5.06	1.45	3.15
	接缝张开高度 x'（mm）	0.23	0.30	0.26	0.34	0.25	0.32
$t/h=0.5$	抗弯刚度 k_θ（kN·m/rad）	1.35×10^5	1.96×10^5	1.20×10^5	1.51×10^5	1.17×10^5	1.39×10^5
	螺栓应力 σ_b（MPa）	280	163	580	210	364	301
	接缝张开量 $2\delta'$（mm）	2.07	1.25	3.79	2.02	2.49	1.87
	接缝张开高度 x'（mm）	0.28	0.25	0.30	0.27	0.29	0.25

表 2.8　方案 2 计算结果

螺栓位置	设计参数	工况 1 N_{max} = 8 206.1 kN M = 284.3 kN·m		工况 2 M_{max} = 649.3 kN N = 7 131.2 kN		工况 3 N_{min} = 7 018.6 kN M = 575.1 kN·m	
		正	负	正	负	正	负
t/h = 0.3	抗弯刚度 k_θ（kN·m/rad）	2.39×10^5	8.04×10^4	2.15×10^5	7.51×10^4	2.13×10^5	8.10×10^4
	螺栓应力 σ_b（MPa）	183	587	297	1 160	188	602
	接缝张开量 $2\delta'$（mm）	0.79	3.85	2.85	7.48	1.76	4.43
	接缝张开高度 x'（mm）	0.19	0.32	0.25	0.37	0.24	0.36
t/h = 0.4	抗弯刚度 k_θ（kN·m/rad）	1.97×10^5	1.42×10^5	1.74×10^5	1.10×10^5	1.72×10^5	1.12×10^5
	螺栓应力 σ_b（MPa）	208	459	361	889	256	494
	接缝张开量 $2\delta'$（mm）	1.16	2.09	3.19	4.56	1.93	2.84
	接缝张开高度 x'（mm）	0.23	0.30	0.27	0.34	0.25	0.32
t/h = 0.5	抗弯刚度 k_θ（kN·m/rad）	1.62×10^5	1.76×10^5	1.33×10^5	1.46×10^5	1.35×10^5	1.49×10^5
	螺栓应力 σ_b（MPa）	241	279	490	330	313	412
	接缝张开量 $2\delta'$（mm）	1.66	1.47	3.35	1.98	2.14	1.87
	接缝张开高度 x'（mm）	0.27	0.26	0.30	0.26	0.29	0.26

随着螺栓布设位置向管片外侧的偏移（连接螺栓一般靠近管片内侧设置），接头正抗弯刚度逐渐减小，其相应变化规律为：$k_{\theta^+ (0.3)} > k_{\theta^+ (0.4)} > k_{\theta^+ (0.5)}$；而接头负抗弯刚度增加，其相应变化规律为：$k_{\theta^- (0.3)} < k_{\theta^- (0.4)} < k_{\theta^- (0.5)}$。究其原因在于，管片接头构造对于其端头截面几何中心轴而言是非对称的。越靠近受拉侧，连接螺栓对接头的张开和发展制约作用就越明显，接头抗变形能力增强，接头抗弯刚度也就越大；而对于负弯矩作用下的管片接头变形而言，螺栓由于远离管片受拉区，其限制管片接头张开变形的能力较小，接缝张开量和张开高度均较大，接头正抗弯刚度远大于负抗弯刚度。随着连接螺栓布设位置向管片外侧的偏移，螺栓对正弯矩作用下的管片接头张开制约作用减弱，而在负弯矩作用下限制管片接头张开的能力增强，从而使得相同外荷载作用下管片正、负抗弯刚度接近。

通过对方案 1 和方案 2 中不同手孔数目、螺栓数量、螺栓布设位置以及不同荷载工况控制点的接头抗弯刚度、螺栓应力、接缝张开量和张开高度计算结果比较可以看出：相同外荷载作用下计算所得管片接头抗弯刚度、接缝最大张开量和张开高度相近，但螺栓应力差别较大，其主要原因在于：相同外荷载作用下，连接螺栓、接头端面衬垫和接头端面混凝土共同作用以承担外荷载在管片接头处所产生的轴力和弯矩。螺栓尺寸直接影响着螺栓应力大小，增加连接螺栓数量将显著降低螺栓截面应力；手孔数量的增多将削减管片接头端肋的承载能力，但沿管片幅宽方向均布螺栓手孔将显著减小螺栓和手孔对管片接头端面的受力和变形影响。

（二）方案改进

根据对比分析方案 1 和方案 2 中不同螺栓布设位置下的计算结果，工程设计推荐采用方案 2 所提出的管片接头连接形式和螺栓布设方式，即沿管片环向布设 2 个手孔，单个手孔内分别布设2颗螺栓,螺栓中心距管片内侧为0.40倍管片厚度。由表2.8知方案2在工况2外荷载作用下连接螺栓最大应力略大于容许应力,现改进连接螺栓为M50型8.8级螺栓,综合考虑连接螺栓预紧力100 kN和接头端面衬垫初始压缩后的方案2改进计算结果如表2.9所示。

通过加大连接螺栓直径,计算所得连接螺栓最大拉应力为686 MPa,小于容许应力;施加连接螺栓预紧力对接头端面衬垫进行预压将有助于管片接头抗弯刚度的提高并改善管片接缝面的应力分布,延缓管片接头张开,降低接头端面的接缝张开高度,有利于结构的整体承载和防水。

应用表2.9方案2改进计算研究结果,取梁-弹簧模型法管片结构设计参数 $k_{\theta+}=4.0\times 10^5$ kN·m/rad,$k_{\theta-}=2.5\times 10^5$ kN·m/rad,结合荷载-结构计算模式和水土分算法对拟建武汉长江公路隧道盾构区间管片环结构变形及内力分布进行计算,计算结果如图2.47所示。

表2.9 方案2改进计算结果

设计参数	工况1 $N_{max}=8\,134.5$ kN $M=301.4$ kN·m		工况2 $M_{max}=663.1$ kN $N=7\,023.2$ kN		工况3 $N_{min}=7\,008.1$ kN $M=598.6$ kN·m	
	正	负	正	负	正	负
抗弯刚度 k_θ(kN·m/rad)	4.22×10^5	3.02×10^5	3.84×10^5	2.74×10^5	3.41×10^5	2.16×10^5
螺栓应力 σ_b(MPa)	107	192	260	686	143	345
接缝张开量 $2\delta'$(mm)	0.633	1.080	1.570	3.170	0.857	1.680
接缝张开高度 x'(mm)	0.167	0.247	0.233	0.269	0.192	0.263

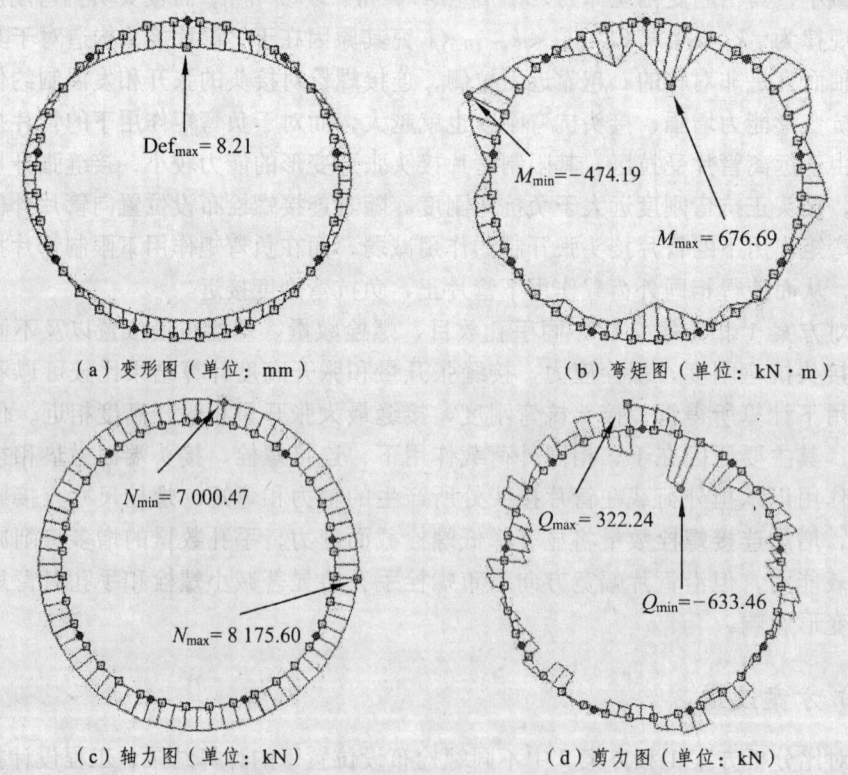

(a)变形图(单位:mm)　　(b)弯矩图(单位:kN·m)

(c)轴力图(单位:kN)　　(d)剪力图(单位:kN)

图2.47 管片环变形及内力分布

四、实例研究结论

通过对武汉长江公路隧道盾构区间衬砌结构设计中,影响管片接头选型的重要参数计算结果分析研究可得如下结论:

(1) 武汉长江公路隧道盾构区间宜选用方案 2 改进设计成果进行管片接头设计,即沿管片幅宽方向布设 2 个手孔,单个手孔内分别布设 2 颗 M50 型 8.8 级螺栓,螺栓中心距离管片内侧 0.40 倍管片厚度。

(2) 螺栓中心布设于距管片内侧 0.3 倍管片厚度位置将导致接头负抗弯刚度的减少,接缝最大张开量的加大以及接缝张开高度的上升,不利于管片接头防水;螺栓中心布设于距离管片内侧 0.5 倍管片厚度位置可适当增加接头负抗弯刚度,限制接头端面的接缝张开,但对管片接头端面削弱太大,接头端面受力和变形较为不利。管片接头连接螺栓布设位置的确定应在对管片接头端面力学特性的综合研究基础上进行。

(3) 管片变形中,连接螺栓、接头端面衬垫和接头端面混凝土共同作用抵抗外荷载作用。手孔、连接螺栓数量、尺寸和布设位置的变化将导致接头抗弯刚度、连接螺栓应力、接缝最大张开量、张开高度等的变化。施加连接螺栓预紧力对接头端面衬垫进行预压将有助于管片接头刚度的提高并改善结构接缝面的应力分布,延缓管片接头张开,降低接头端面的接缝张开高度,调整接缝张开量,有利于结构的整体承载和防水。

第六节 研究结论

在对目前我国地铁盾构隧道管片接头力学特性的研究基础上,通过对已建盾构隧道管片结构尺寸、内力等进行统计分析,结合南京地铁 1 号线玄武门—许府巷区间单线盾构隧道所采用的管片结构,运用三维有限元对轴力、弯矩、连接螺栓预紧力、管片尺寸、弹性衬垫厚度、螺栓布设位置等影响因素作用下的 $\theta\text{-}M$ 关系曲线、接头端面转角、接头抗弯刚度、接缝张开量和张开高度等变化规律进行了深入研究,得到了以下结论:

(1) $\theta\text{-}M$ 关系曲线受轴力、弯矩、连接螺栓预紧力、管片尺寸、衬垫厚度和螺栓布设位置等因素影响较大。轴力为 0 时,弯矩增大,θ 随 M 的增大呈直线增加;轴力不为 0 时,弯矩增大,$\theta\text{-}M$ 关系曲线呈凸面向上的曲线增长,但曲率逐渐减小并最终趋于稳定。轴力和连接螺栓预紧力对管片接缝张开具有制约作用,随着轴力和连接螺栓预紧力的增大,$\theta\text{-}M$ 关系曲线上扬。接头端面衬垫厚度增加,接头张开量相应增大。连接螺栓布设位置直接影响着管片接缝的张开量,螺栓靠近管片内侧布设,对正弯曲情况下的管片接缝张开约束增强,但对负弯矩作用下的管片接缝张开约束相应减弱。

(2) 接头刚度是盾构隧道衬砌结构设计的重要参数之一,反映了接缝抵抗弯矩作用产生变形的能力,与接缝自身构造密切相关,受结构外荷载影响较小。增加幅宽和厚度将加大管片接头受压区面积,从而增大管片接头刚度;管片长度的增加将加大结构挠度,引起管片接头刚度的减小;增加接头端面衬垫厚度,将加大管片接头可压缩量,接头刚度减小。外加荷载偏心距较小时，管片结构属于小偏心受压，接缝在轴力作用下难以张开，接头刚度较大，但随着荷载偏心距的加大，中性轴外移，管片接头刚度减小并最终趋于稳定。

（3）延缓接缝张开趋势的出现，减小接缝张开量和降低接缝张开高度将有助于提高结构的防水可靠度，设计中可通过采取降低结构承载偏心距，调整连接螺栓布设位置和施加连接螺栓预紧力等措施实现。

（4）盾构隧道管片接头力学行为十分复杂，具有典型的非线性特征。衬砌结构设计中，接头刚度设计过高将导致衬砌环的结构内力和管片厚度的增大，但若设计过小则将导致管片接缝变形过大，从而影响到结构的安全性和整体防水效果。工程设计可通过改变管片结构尺寸、连接螺栓布设位置、预紧力大小、接头端面衬垫厚度等因素来调整管片接头刚度，这对于衬砌结构的受力和防水都具有重要意义。

第三章 盾构隧道衬砌结构设计

第一节 衬砌结构设计方法

根据衬砌结构与地层相互作用方式的不同假设,隧道衬砌结构设计方法可大致分为2类,[56]即荷载-结构法和地层-结构法。

荷载-结构法认为地层对结构的作用只是产生作用于衬砌结构的荷载,包括主动地层抗力和被动地层抗力,并以此计算衬砌结构的内力和变形。根据计算所采用地层变形理论的不同,荷载-结构法主要可分为局部变形理论计算法和共同变形理论计算法2类。

地层-结构法认为衬砌与地层一起构成受力变形的整体,并根据连续介质力学原理来计算衬砌与周边地层的变形和内力。根据计算中所选用的地层岩土材料的本构关系的不同(如线弹性、非线性弹性、粘弹性、弹塑性和粘弹塑性等)对计算类型进行分类。

荷载-结构法和地层-结构法的求解过程均可采用有限单元法进行数值计算。由于有限单元法计算过程中能很好地体现材料非线性、几何非线性、节理和其他不连续特征以及开挖效应等许多复杂工程因素对衬砌结构变形和内力分布的影响,故在隧道衬砌结构计算中得到了广泛发展。

第二节 盾构隧道衬砌结构计算方法特征分析

目前,国内外隧道衬砌结构设计主要以荷载-结构法为主。根据计算过程中对管片接头的不同力学处理方式以及对管片接头刚度、纵向螺栓内力传递和外荷载分布形式的不同假设,盾构隧道管片衬砌结构设计方法又可以主要分为惯用法、修正惯用法、多铰圆环法和梁-弹簧模型法等4种计算方法。我国主要采用(修正)惯用法或在依据已有工程经验的基础上采用工程类比法进行衬砌结构计算,[65]而国外主要采用多铰圆环法或梁-弹簧模型法对盾构隧道管片衬砌结构进行内力计算和结构设计。[153]

不同计算方法对盾构隧道管片接头力学性能的假设也不尽相同,从而使得工程设计过程中因设计者采用不同设计方法计算所得控制衬砌结构设计的力学参数,如结构变形、内力大小及分布等产生较大差异,导致设计过于保守或偏于不安全。本节即以在建中的南京地铁1

号线区间盾构隧道管片衬砌结构为研究对象,在对盾构隧道管片接头力学特性的研究成果基础上,分别运用惯用法、修正惯用法、多铰圆环法和梁-弹簧模型法对不同埋深下的盾构隧道衬砌结构变形和内力分布等设计影响因素进行深入研究和系统比较,以探明管片接头力学特性及各项力学参数对盾构隧道衬砌结构设计的影响。[154]

由于不同计算方法中的管片接头力学假设、外荷载作用形式和工程适用范围均存在较大差异,现分别对目前盾构隧道衬砌结构设计中广为采用的惯用法、修正惯用法、多铰圆环法和梁-弹簧模型法特征进行分析。

一、(修正)惯用法

由于惯用法和修正惯用法计算过程中均忽略管片接头对衬砌环整环刚度的局部削弱影响,假设管片环是刚度均一的圆环,故而又统称为均质圆环法。

惯用法计算过程中假设管片环是与管片体弯曲刚度相等的圆环,不考虑接头所引起的管片环局部刚度降低。惯用法计算过程中假设垂直方向地层抗力为均布荷载,水平方向地层抗力为自衬砌环顶部向左右 $45°\sim135°$ 分布的均变三角形荷载。惯用法最早提出于 1960 年,并在日本得到了广泛应用。

修正惯用法是在惯用法的基础上引入弯曲刚度有效率 η 和弯矩提高率 ζ,以衬砌环整环刚度的降低来体现管片接头对衬砌结构受力影响的。该计算法中认为管片环是具有 ηEI 刚度的均质圆环。考虑到管片接头具有铰的部分功能,将向相邻管片环传递部分弯矩,导致错缝拼装管片间内力进行重分配,修正惯用法在计算过程中引入了弯矩提高率 ζ,故管片主截面设计弯矩为 $(1+\zeta)M$,接头设计弯矩为 $(1-\zeta)M$。修正惯用法计算所选用参数 η 和 ζ 主要根据试验或经验取定,其计算荷载系统与惯用法相同,参见图 3.1(a)所示,考虑环间剪切阻力的修正惯用法接头弯矩传递效应如图 2.1 所示。

二、多铰圆环法

多铰圆环法计算中假设管片接头为铰结构,鉴于多铰圆环结构自身的不稳定性,只要在隧道四周围岩的围压作用下才能稳定承载,故主要用于隧道围岩状况良好且普遍具有抗力的情况下,结构变形所引起的地基抗力一般根据 Winkler 假设进行计算。因此,结构外荷载以及围岩土抗压力的确定对于多铰圆环法内力和变形计算结果尤为重要,其计算荷载系统参见图 3.1(b)所示。

多铰圆环法计算所得管片环弯矩会有相当大的减少,有利于节省工程成本,受隧道所处围岩条件适应性限制,还需深入研究隧道施工对围岩的扰动影响以及隧道结构的防水可靠性等。

三、梁-弹簧模型法

由于将管片模拟成曲线梁或直线梁,接头采用旋转弹簧和剪切弹簧替代,梁-弹簧模

型法可以对任意一种管片环组装方式和接头位置下的衬砌环变形和内力、接头螺栓剪力等进行计算。通过在计算过程中引入抗弯刚度、抗剪刚度等接头力学参数,梁-弹簧模型法较好地评价了接头对管片环刚度的局部影响以及衬砌环的错缝拼装效应。目前,该设计方法所采用的各类刚度系数主要通过接头试验或数值计算方法确定,其计算荷载系统参见图3.1(c)所示,考虑管片接头对衬砌结构变形和内力分布影响的梁-弹簧模型法管片接头特征如图3.2所示。

衬砌结构设计方法的选用主要受隧道用途、围岩状况、目标荷载、管片结构及所要求的计算精度等影响。荷载的确定对盾构隧道衬砌结构内力和变形计算结果尤为重要,上述4种计算方法所选用的目标荷载系统如图3.1所示。

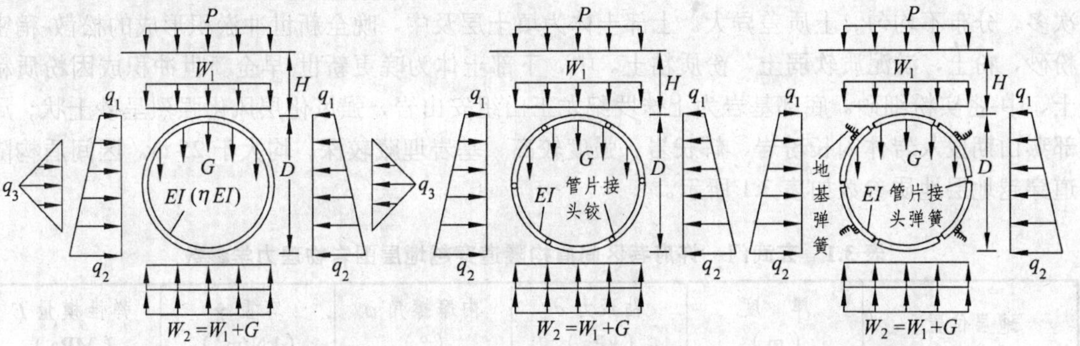

图3.1 计算方法与相应荷载系统

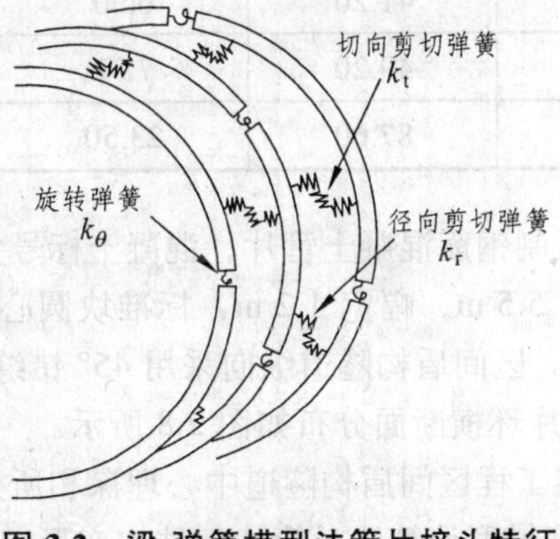

(a)(修正)惯用法　　(b)多铰圆环法　　(c)梁-弹簧模型法

图3.2 梁-弹簧模型法管片接头特征

第三节　盾构隧道衬砌结构设计方法差异分析

不同计算方法对盾构隧道管片接头的力学性能假设不尽相同,从而使得工程设计过程中因设计者对影响衬砌结构设计的重要力学参数-抗弯刚度 k_θ 的不同取值计算所得控制衬砌结构界面设计的重要参数,如结构变形、内力大小及分布等产生较大差异,导致设计过于保守或偏于不安全。

鉴于此，有必要在对盾构隧道管片接头刚度进行深入研究的基础上，[149]、[150]、[155]分别运用（修正）惯用法、多铰圆环法和梁-弹簧模型计算法对不同埋深下的衬砌结构整环变形和内力分布等设计控制因素进行系统研究和比较，以求探明不同计算方法中接头端面力学假设及接头刚度取值差异对工程衬砌结构设计的影响。

一、工程实例概况

南京地铁南北线一期工程 TA15 标段玄武门—许府巷区间盾构隧道主要穿越古河道漫滩地层，区间盾构隧道在淤泥质粉质粘土、粉质粘土、粉细砂中通过，地质条件复杂，覆土层次多，分布不均匀，土质差异大。上部土体为填土层及中、晚全新世冲淤积形成的松散-稍密粉砂、粉土、淤泥质软弱土、粉质粘土。中、下部土体为晚更新世-早全新世冲积成因粉质粘土、中-密实粉细砂。底部基岩为上侏罗纪龙王山组安山岩、强风化层风化强烈呈砂土状；局部燕山期侵入岩体闪长玢岩、辉长岩，强度较高，基岩埋藏较深，均大于 25 m。区间盾构隧道穿越地层地质参数如表 3.1 所示。

表 3.1　玄武门—许府巷区间盾构隧道穿越地层围岩物理力学参数

地层位置	厚　度（m）	粘聚力 c（kPa）	内摩擦角 φ（°）	容重 γ（kN/m³）	弹性模量 E（MPa）
地表浅层	10.57	17.60	21.69	19.25	8.09
隧道所在地层	12.00	41.20	6.90	19.35	4.78
隧道底部地层	4.67	49.20	7.31	19.75	6.39
深层岩体	13.33	87.60	23.50	19.62	7.24

衬砌环采用单层装配式预制钢筋混凝土管片，混凝土标号为 C50。隧道开挖直径 6.4 m，管片环外直径 6.2 m，内直径 5.5 m，幅宽 1.2 m。标准块圆心角为 67.5°，邻接块圆心角为 68.0°，封顶块圆心角为 21.5°。区间盾构隧道纵向采用 45° 错缝拼装，共设纵向接头 16 处，按 22.5° 等角度布置，衬砌管片环横断面分布如图 2.8 所示。

结合南京地铁南北线一期工程区间盾构隧道中心埋深和所处地质条件，分别采用（修正）惯用法、多铰圆环法和梁-弹簧模型计算法对管片环结构变形、弯矩、轴力、剪力、螺栓剪力等的大小和分布进行计算，计算结果比较分析如下所述。其中，C50 钢筋混凝土弹性模量 $E=3.45\times10^4$ MPa，管片弯曲刚度有效率 $\eta=0.7$，弯矩提高率 $\zeta=0.3$，接头抗弯刚度 $k_{\theta+}=6.27\times10^4$ kN·m/rad，$k_{\theta-}=5.19\times10^4$ kN·m/rad；受铰结构传力特性影响，取多铰圆环计算法中管片接头抗弯刚度 $k_{\theta+}=k_{\theta-}=0$。不同计算模型中均取管片环间剪切弹簧系数无穷大，即假设管片环间不产生相对滑移和错动。[143]

二、管片环变形分布与比较

不同设计方法计算得管片环整环变形分布规律如图 3.3 所示。

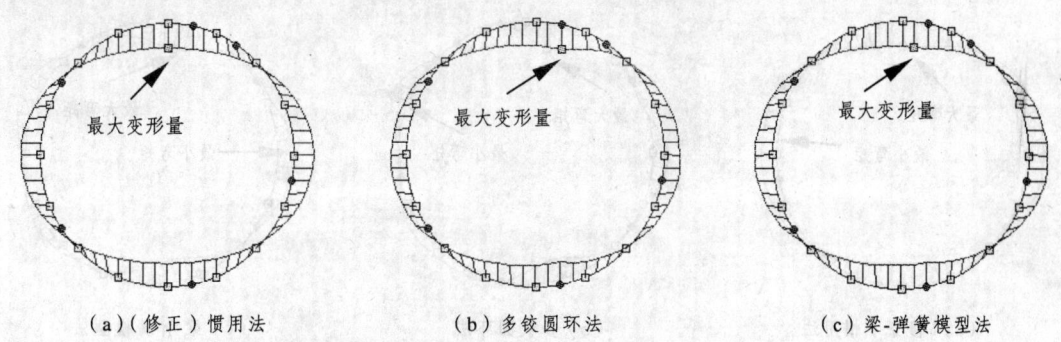

图3.3 不同设计方法下管片环整环变形比较

由图 3.3 可以看出：惯用法和修正惯用法计算所得衬砌环变形规律相同，最大位移量均位于隧道顶部；受铰结构的传力特性影响，多铰圆环法计算所得最大变形量发生在靠近隧道顶部的铰接头处；受接头抗弯刚度和邻近管片影响，梁-弹簧模型计算法计算所得衬砌环整环最大变形量发生在较多铰圆环法更靠近隧道顶部的位置。

不同设计方法计算所得衬砌环最大位移量随隧道中心埋深变化如表 3.2 所示。从中可以看出：4 种设计方法下，管片环最大位移量随隧道埋深的增大而增加，但不同设计方法所得管片环最大位移量存在较大差异：多铰圆环法管片环位移量最大，惯用法计算所得位移量最小。如在隧道中心埋深为 $4D$ 时，2 种计算所得衬砌环最大位移分别为 7.59 mm 和 3.52 mm。

表 3.2 衬砌环最大位移量随隧道中心埋深的变化（单位：mm）

隧道中心埋深 设计方法	衬砌环最大位移量				
	8.5 m	13.9 m	15.9 m	19.2 m	24.6 m
惯用法	1.222	2.721	3.277	4.293	5.692
修正惯用法	1.313	3.004	3.614	4.621	6.269
多铰圆环法	1.702	3.697	4.437	5.656	7.652
梁-弹簧模型计算法	1.330	2.939	3.534	4.515	6.160

对比不同设计方法计算所得衬砌环最大位移量可知：当隧道所处地层地质条件一致时，影响盾构隧道管片环最大变形量的主要因素即为衬砌环的整体刚度。而根据不同设计方法中对管片接头和衬砌环的假设可知，多铰圆环法中管片结构整体刚度最小，而惯用法管片结构整体刚度最大。

三、管片环弯矩分布与比较

不同计算方法下的衬砌结构弯矩分布和变化规律如图 3.4 所示。由图 3.4 可以看出，（修正）惯用法计算所得衬砌环最大正弯矩出现在隧道顶部，最小负弯矩出现在衬砌环水平直径处；受纵向螺栓和邻接环的影响，多铰圆环法和梁-弹簧模型计算法计算所得衬砌环弯矩最大值和最小值均有所偏移。

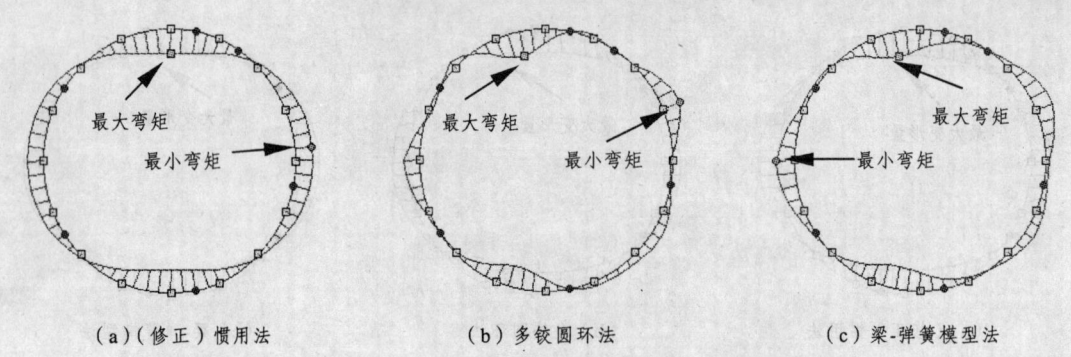

图 3.4 不同设计方法下管片环弯矩分布比较

不同设计方法下衬砌环弯矩最大值和最小值随隧道埋深的变化规律如表 3.3 所示。由表 3.3 可以看出：修正惯用法计算所得管片环正负弯矩皆较大，梁-弹簧模型计算法和惯用法计算所得管片环正负弯矩次之，而多铰圆环法计算所得管片环弯矩最小。当隧道埋深为 24.6 m 时，修正惯用法计算所得衬砌环最大正弯矩为 318.8 kN·m，最小负弯矩为 −245.5 kN·m；多铰圆环法计算所得管片环最大正弯矩和最小负弯矩分别为 279.8 kN·m 和 −229.9 kN·m。

表 3.3 衬砌环弯矩最大值/最小值随隧道中心埋深的变化（单位：kN·m）

设计方法		隧道中心埋深 衬砌环最大/最小弯矩值				
		8.5 m	13.9 m	15.9 m	19.2 m	24.6 m
惯用法	M_{max}	70.4	153.5	184.3	235.0	318.1
	M_{min}	−48.0	−107.7	−129.9	−166.6	−227.1
修正惯用法	M_{max}	72.4	155.1	185.7	236.2	318.8
	M_{min}	−59.2	−121.7	−144.8	−183.0	−245.5
多铰圆环法	M_{max}	63.2	135.3	162.3	206.9	279.8
	M_{min}	−48.6	−107.8	−130.6	−168.3	−229.9
梁-弹簧模型计算法	M_{max}	62.1	138.0	165.5	210.9	285.2
	M_{min}	−39.7	−89.9	−108.4	−138.9	−188.8

分析原因在于，衬砌环整环刚度是影响盾构隧道管片环弯矩大小及分布规律的主要因素。在外荷载和地质条件相同的情况下，较小的整环刚度将引起隧道结构的较大变形，而管片环弯矩相应减小。由不同设计方法中对接头的不同假设可知，多铰圆环法中由于假设管片接头为可以自由转动的铰而整环刚度最小，所引起的地层变位也就最大，故其弯矩也就最小。受弯矩传递系数 ζ 的影响，修正惯用法中管片由于承担了邻接接头所传递的弯矩影响而在管片环内出现了弯矩增大。

四、管片环轴力分布与比较

不同方法计算所得衬砌结构轴力分布和变化规律如图 3.5 所示。由图 3.5 可以看出，管片环的轴力变化与其整环内的刚度分布密切相关，管片环刚度分布越均匀，其轴力分布也就越均匀，而当衬砌环内出现刚度削弱区域时，轴力沿衬砌环的分布将出现较大差异，且随着这种刚度差异的增加，整环轴力分布的不均匀性越加明显。

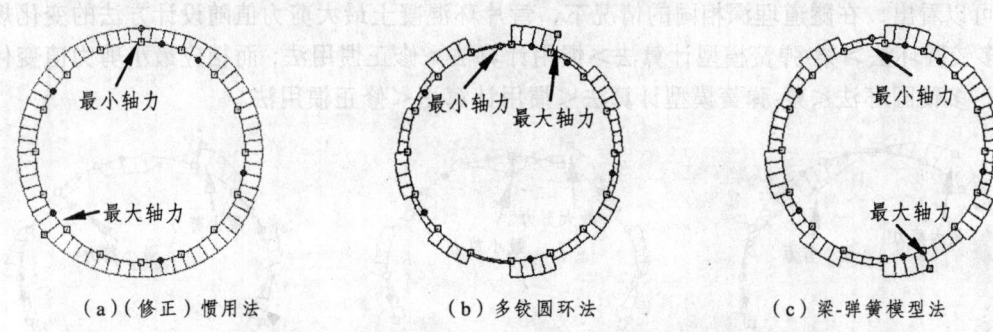

图 3.5 不同设计方法下管片环轴力分布比较

不同计算方法和隧道埋深变化下的衬砌环轴力分布及变化规律如表 3.4 所示。

表 3.4 衬砌环轴力最大值/最小值随隧道中心埋深的变化（单位：kN）

设计方法	隧道中心埋深	衬砌环最大/最小轴力值				
		8.5 m	13.9 m	15.9 m	19.2 m	24.6 m
惯用法	N_{max}	371	733	867	1 088	1 450
	N_{min}	255	497	587	735	977
修正惯用法	N_{max}	376	743	879	1 104	1 470
	N_{min}	265	514	607	760	977
多铰圆环法	N_{max}	635	1 292	1 535	1 936	2 593
	N_{min}	25	81	102	136	192
梁-弹簧模型计算法	N_{max}	437	865	1 027	1 294	1 731
	N_{min}	164	306	359	446	588

由表 3.4 可知，最大轴力和最小轴力都出现在多铰圆环计算法中，梁-弹簧模型计算法所得衬砌环最大轴力次之，而相应最小轴力值也较多铰圆环法大。在计算范围内，惯用法和修正惯用法计算所得管片环最大和最小轴力量值相差不大，而且管片环内轴力变化幅度较小。究其原因在于，惯用法和修正惯用法均假设衬砌环为不受管片接头影响的均质圆环，而多铰圆环法和梁-弹簧模型计算法均认为接头的存在将在局部降低衬砌环刚度，从而在盾构圆环中形成刚度薄弱区域。由此可以看出，提高盾构隧道管片接头抗弯刚度，减少接头所带来的衬

砌环局部刚度降低将有利于轴力在盾构隧道衬砌环的环向均匀分布，从而减少管片设计中的局部配筋量，提高结构安全度。

五、管片环剪力分布与比较

不同方法计算所得管片环剪力分布及其随隧道中心埋深的变化规律如图 3.6 和表 3.5 所示。可以看出：在隧道埋深相同的情况下，管片环混凝土最大剪力值随设计方法的变化规律为：多铰圆环法＞梁-弹簧模型计算法＞惯用计算法＞修正惯用法；而相应最小剪力值变化规律为：多铰圆环法＜梁-弹簧模型计算法＜惯用计算法＜修正惯用法。

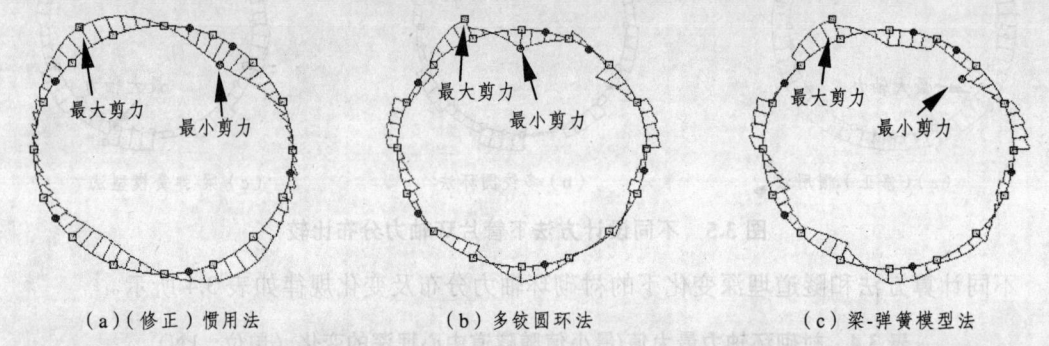

（a）（修正）惯用法　　　　　（b）多铰圆环法　　　　　（c）梁-弹簧模型法

图 3.6　不同设计方法下管片环剪力分布比较

表 3.5　衬砌环剪力最大值/最小值随隧道中心埋深的变化（单位：kN）

设计方法		隧道中心埋深 衬砌环最大/最小剪力值				
		8.5 m	13.9 m	15.9 m	19.2 m	24.6 m
惯用法	Q_{max}	51.8	110.3	132.0	167.8	226.3
	Q_{min}	−51.9	−110.5	−132.2	−168.1	−226.7
修正惯用法	Q_{max}	46.0	101.1	120.9	153.5	206.9
	Q_{min}	−46.9	−101.4	−121.2	−154.0	−207.5
多铰圆环法	Q_{max}	108.6	227.4	271.4	344.0	462.7
	Q_{min}	−92.5	−196.0	−234.4	−297.6	−401.2
梁-弹簧模型计算法	Q_{max}	60.9	128.1	153.0	194.2	261.6
	Q_{min}	−52.1	−109.3	−130.4	−165.2	−223.7

管片环剪力大小和分布规律随设计方法的不同而存在较大差异在于刚度在衬砌环内的分布。当衬砌环为刚度均匀的均质圆环时，环内剪力分布较为均一，变化幅度小，如在隧道埋深为 3D 时，修正惯用法计算所得整环内最大剪力为 55.271 kN，而最小剪力为 −55.301 kN；与之相对应的多铰圆环法计算所得衬砌环内最大和最小剪力分别为 31.207 kN 和 −31.252 kN。

六、环缝连接螺栓剪力

螺栓切向和法向剪力计算结果表明:管片螺栓最大剪力和最小剪力都发生在多铰圆环法中,而梁-弹簧模型计算法计算所得管片环螺栓最大剪力次之,最小剪力略大,且随着隧道埋深的增加,螺栓剪力也相应增大。

螺栓剪力的产生是由于接头处管片间的相对滑移。受设计方法对螺栓的考虑方式影响,惯用法和修正惯用法无法计算衬砌环螺栓切向和法向剪力。由于多铰圆环计算法中假设管片接头为只能传递轴力,而不能传递弯矩的弹性铰,受自身不稳定性所带来的大变形影响,相邻管片在接头处的相对位移较大,从而带来较大的螺栓径向和切向剪力;与多铰圆环法相比较而言,梁-弹簧模型法中加强了衬砌环在管片接头处的连接,管片接头能承受部分弯矩和轴力,相邻管片间不易产生较大相对位移,螺栓剪力也就相对较小;而惯用设计法和修正惯用法均假设管片环为弯曲刚度均质的圆环,外荷载作用下,管片环间无相对滑移和错动发生,因而也就无法计算螺栓剪力。

七、接头刚度对衬砌结构设计的影响性评价

通过采用不同力学假设对管片接头刚度进行取值,选用(修正)惯用法、多铰圆环法和梁-弹簧模型计算法对南京地铁 1 号线玄武门—许府巷区间盾构隧道管片结构设计影响因素进行了计算,研究结果表明:

(1) 管片接头抗弯刚度对衬砌结构设计影响较大。受不同管片接头力学假设影响,不同计算方法计算所得衬砌环变形、轴力、弯矩、管片混凝土剪力、螺栓剪力差异较大。

(2) 不同计算方法中衬砌环整环刚度存在较大差异。惯用计算法中衬砌环整体刚度最大,变形量最小;受弯矩传递系数影响,修正惯用法计算所得管片环弯矩最大;多铰圆环法管片环整体刚度最小,变形量最大。

(3) 管片环向刚度分布不均将导致不同计算方法计算所得衬砌结构内力分布规律差异较大。惯用法和修正惯用法中管片环刚度均匀分布,结构轴力、剪力较小且连续均匀分布;多铰圆环法和梁-弹簧模型计算法中由于存在环向刚度薄弱区域,接头附近管片和螺栓剪力跳跃发展。

第四节 管片结构受力特征现场测试分析

根据隧道所处地层围岩渗透性的不同,国内外地铁盾构隧道管片结构设计中对作用于衬砌结构的土、水压力计算提出了水土分算和水土合算 2 种模式,并对特定地层情况下修建隧道时的管片结构及围岩应力分布等进行了一系列研究。纵观已有研究成果可以发现,目前对盾构隧道管片结构性能的研究还主要集中于结构荷载和围岩应力分布的研究,而对制约结构设计的施工全过程和稳定期间的管片结构性能及其与地层共同作用下的变形和内力分布研究较少,且盾构隧道单层装配式衬砌结构设计荷载模式及结构与围岩的作用模式等都是建立于

一定的假设基础上，工程设计中常因设计者对各参数的取值差异导致衬砌结构内力和变形等出现较大差异，使得在条件基本近似的情况下，衬砌环厚度等重要结构设计参数差异较大，导致设计过于保守或偏于不安全。

本节以南京地铁 1 号线玄武门—许府巷区间盾构隧道穿越砂性和粘性地层管片环为研究对象，采用现场试验和理论计算相结合的手段，对施工全过程和稳定期的管片环受力特征进行研究，探明了砂性和粘性地层条件下的管片结构与地层之间的相互作用特征，明确了在不同围岩条件下修建盾构隧道的衬砌结构设计原则和计算方法。

一、测试断面及测点布置

（一）测试断面

试验选定许府巷—南京站右线区间盾构隧道的 2 个特征断面为研究对象，所选断面分别位于砂性和粘性地层中，具体如下：

断面 1：砂性地层，里程桩号 YK13+372，该断面隧道顶部埋深约 12 m，洞身位于粉砂夹细砂，上覆地层主要为粉砂夹细砂、粉土、淤泥及淤泥质粘土，地下水位较高且砂性土层具有良好的透水性，地质剖面如图 3.7（a）所示。

断面 2：粘性地层，里程桩号 YK13+872，该断面隧道顶部埋深约 9 m，洞身位于淤泥质粉质粘土层，隧道上覆约 4 m 淤泥质粉质粘土，表层为粉砂夹细砂，地质剖面图如图 3.7（b）所示。

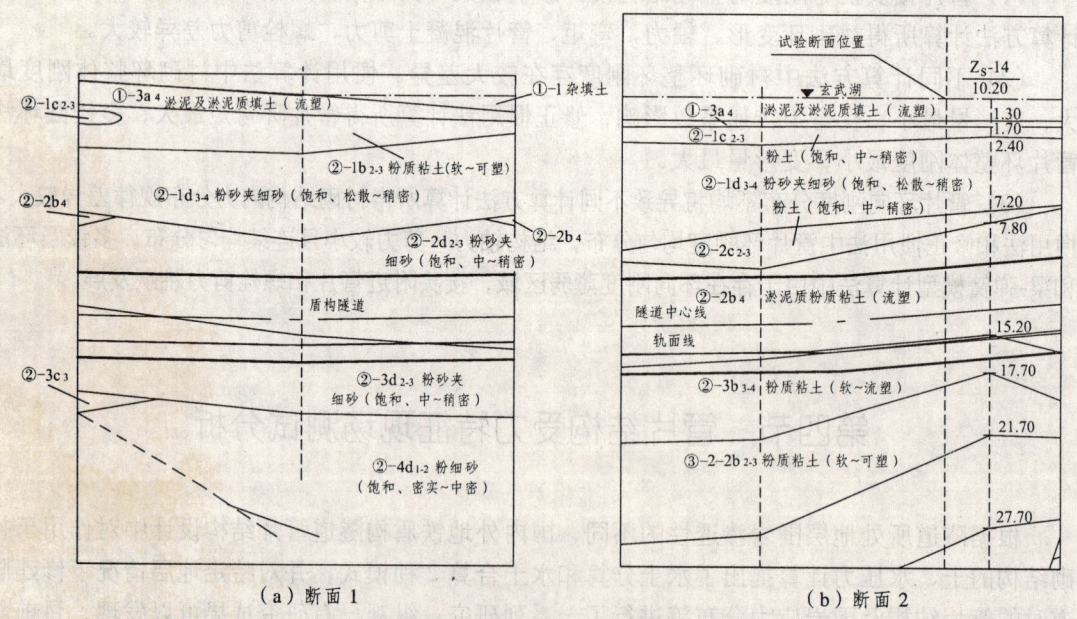

图 3.7 试验断面地质剖面

南京地铁许府巷—南京站区间盾构隧道采用错缝式拼装，测试目标环前后也采用 45° 错缝拼装，空间相对位置关系如图 3.8 所示。

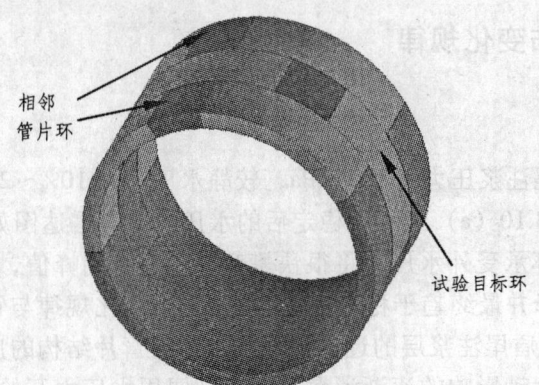

图 3.8 测试断面空间位置

（二）测试内容和测点布置

结合盾构隧道穿越地层地质条件，主要测量了管片环拼装完成、脱环瞬间及完成后的外荷载、管片环变形和内力的分布变化规律。测量内容主要包括管片环所承受的水压力、土压力、内外侧应力和应变等，相应测点布置如图 3.9 所示。

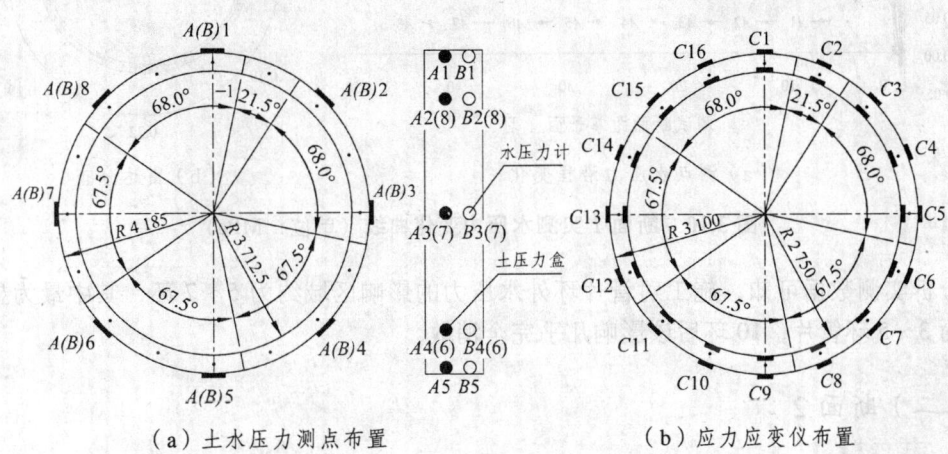

（a）土水压力测点布置　　　　（b）应力应变仪布置

图 3.9 试验管片环测点布置

注：图中字母，A—水压力计，B—土压力盒，C—应力应变仪；数字代表测点编号。

（三）测量元件

土压力测试采用 XYJ-3 型刚弦式土压力盒，量程 0.3 MPa；孔隙水压力测试采用 XJS-2 型孔隙水压力计，量程 0.2 MPa；管片内外侧应变和应力量测采用 XJH-2 型刚弦钢筋应变仪，量程 40 MPa。上述所有量测结果均通过 ZX-2 型频率巡检仪采集。

测试过程中主要将标定合格的相关测试元件（土压力盒、水压力计、钢筋应变仪）预先浇注在管片混凝土中，当盾构顶推至预定测试断面位置，按既定拼装方案安装管片环，测试工作开始。测试内容主要包括：初始值的读取，拼装后的测试，管片环脱环瞬间及全程监测，后期稳定性测试。

二、水压力分布变化规律

（一）断面1

保持施工现场盾尾注浆压力为 0.3 MPa，较静水压力大 10%～20%，实测水压力随施工进度的变化规律如图 3.10（a）所示，稳定后的水压力分布雷达图如图 3.10（b）所示。可以看出：脱模后管片环承受外水压力将很快攀升并迅速达到峰值，随着掌子面的推进，测量断面水压力逐渐下降并最终趋于稳定。管片环水压力变化规律与管片环脱模后瞬间承载、砂性地层高透水特性、盾尾注浆层的逐渐形成和土体与管片结构的应力应变调整密切相关。随着盾尾前行和施工扰动影响的逐渐消散，管片环四周水压力开始衰减并逐渐趋近于静水压力。

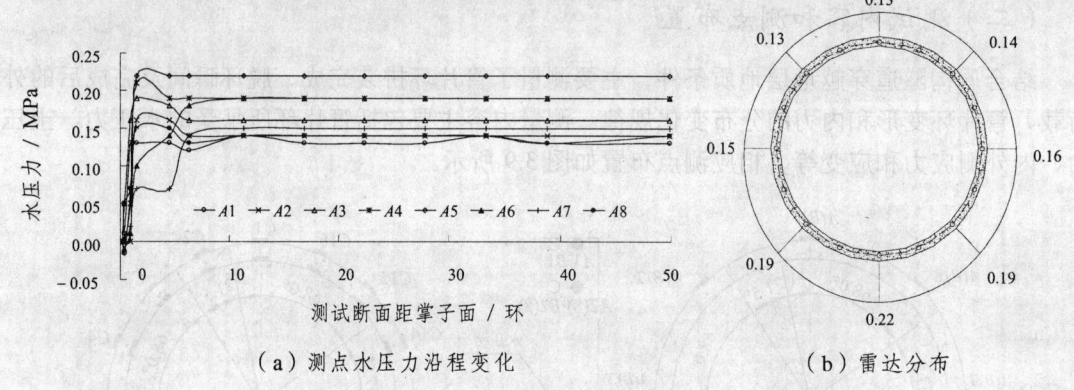

（a）测点水压力沿程变化　　　　（b）雷达分布

图 3.10　断面 1 实测水压力变化曲线（单位：MPa）

分析实测数据可知，施工对管片环外水压力的影响区域约为 5～7 环，其中最为显著的区域为 3～5 环管片，10 环后该影响几乎完全消散。

（二）断面2

实测粘性地层中目标管片环水压力随施工过程的变化情况如图 3.11 所示，从图 3.11 可以看出：从脱环开始到其后 10 环管片范围内，目标环水压力值变化幅度较大，当施工范围达到目标环 20 环以外后，作用在目标管片环上的水压力值才基本趋于稳定；从量值上看，作用在盾构管片环上的水压力局部达到 0.28 MPa，由于目标环处的拱顶埋深为 9 m 左右，由此可得，孔隙水压力计在目标环脱环开始到其后 10 环管片范围内测得的水压力还应包括作用在目标环上的注浆压力等其他荷载，图 3.11（b）为注浆压力稳定后目标管片环上的最终水压力分布情况。

从上可以得出：粘性地层条件下，由于土体渗透系数较低，注浆压力不能很快消散，盾构管片环脱环后在一定范围内（本书认为 15 环左右）施工时，作用在盾构管片环上的水压力为注浆压力和水压力的叠加值，当施工范围达到一定距离（本书认为 40～50 环）以后，随着注浆压力的逐渐减小，作用在盾构管片环上的水压力逐渐稳定直至接近理论静水压力场的数值。

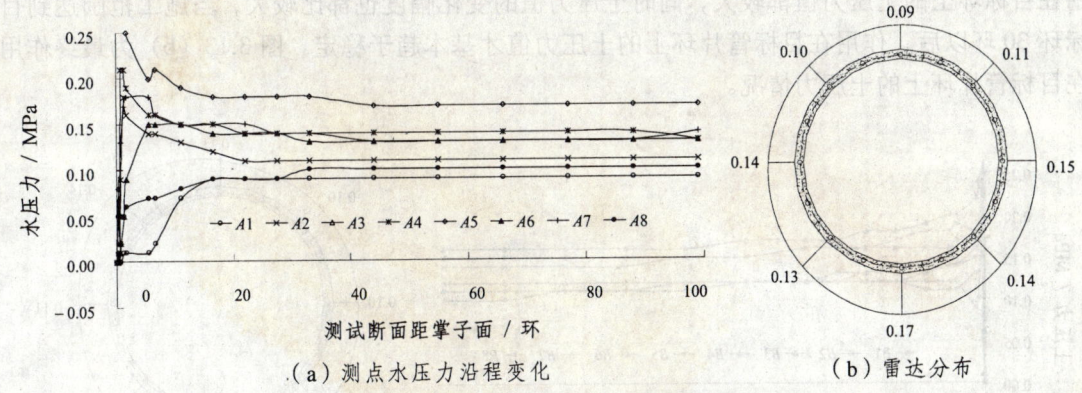

(a) 测点水压力沿程变化　　　　　(b) 雷达分布

图3.11　断面2实测水压力变化曲线（单位：MPa）

三、土压力分布变化规律

（一）断面1

由图3.12实测各点土压力变化规律和整环雷达图分布可知，管片环土压力变化规律与水压力变化规律相似，在管片环脱模瞬间陡然增加，除测点1和测点8产生较大波动外，其余测点均很快趋于稳定。

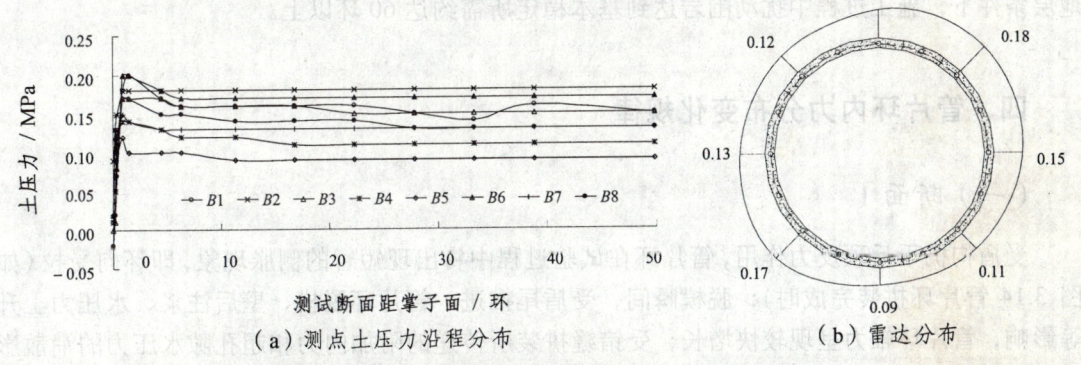

(a) 测点土压力沿程分布　　　　　(b) 雷达分布

图3.12　断面1实测土压力变化曲线（单位：MPa）

盾构隧道土压力变化规律反映了盾尾注浆、管片环壁后注浆、浆液硬化包裹层等因素对结构主体的共同作用，测量结果基本上反映了盾构隧道四周扰动土体的固结稳定和地层变位特性。由实测结果可知，土压力影响范围约在10环管片幅宽范围内，10环管片外该影响逐渐消失并于30环管片后渐趋稳定，结合工程施工进度，砂性地层中管片环土压力稳定时间约需1周左右。

（二）断面2

实测粘性地层中目标管片环土压力随施工过程的变化情况如图3.13所示，从图3.13可以看出：与水压力的变化规律基本相同，从目标环脱环开始到其后10环管片范围内施工；作用在目标环上的土压力值都较大，同时土压力值的变化幅度也都比较大，当施工范围达到目标环 30 环以后，作用在目标管片环上的土压力值才基本趋于稳定。图 3.13（b）为最终作用在目标管片环上的土压力情况。

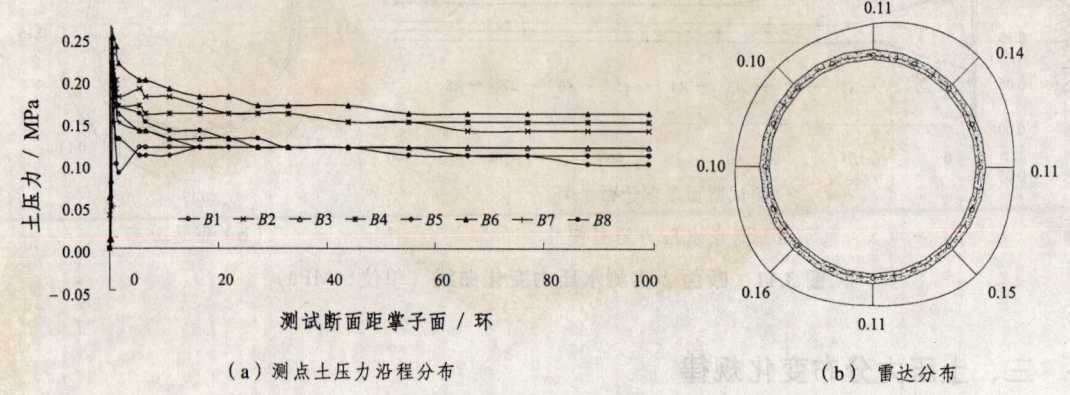

图 3.13 断面 2 实测土压力变化曲线（单位：MPa）

分析可知，粘性地层条件下，管片衬砌受盾尾注浆压力及浆液硬化后形成的包裹层等因素的制约，盾构管片环脱环后在一定范围内（本书认为 15 环左右）施工时，作用在该管片环上的土压力值为注浆压力和土压力的叠加值，当施工范围达到一定距离（本书认为 60 环）以后，随着注浆压力的逐渐减小，作用在盾构隧道管片上的土压力才逐渐趋于稳定，即在粘性地层条件下，施工过程中扰动围岩达到基本稳定所需约达 60 环以上。

四、管片环内力分布变化规律

（一）断面 1

受盾构机千斤顶反力作用，管片环在试验过程中将出现短暂的侧胀现象，即环向受拉（如图 3.14 管片环拼装完成时）；脱模瞬间，受盾尾推进、管片环脱模、壁后注浆、水压力上升等影响，管片环轴力呈现较快增长；受错缝拼装所传递的附加内力和超孔隙水压力的消散影响，各测点轴力波动性发展，即出现短暂的回落后迅速上升并渐趋稳定。实测管片环轴力变化曲线及雷达分布图分别如图 3.14 和图 3.16 所示。可以发现，受砂性地层中水压力消散较快影响，衬砌环轴力将很快趋于稳定。

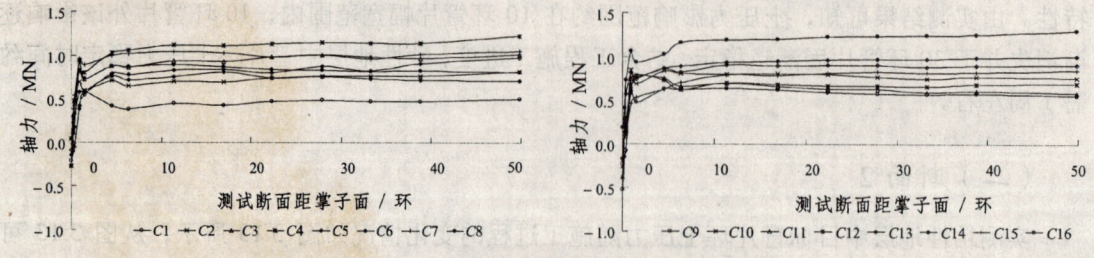

图 3.14 断面 1 实测管片环轴力变化曲线

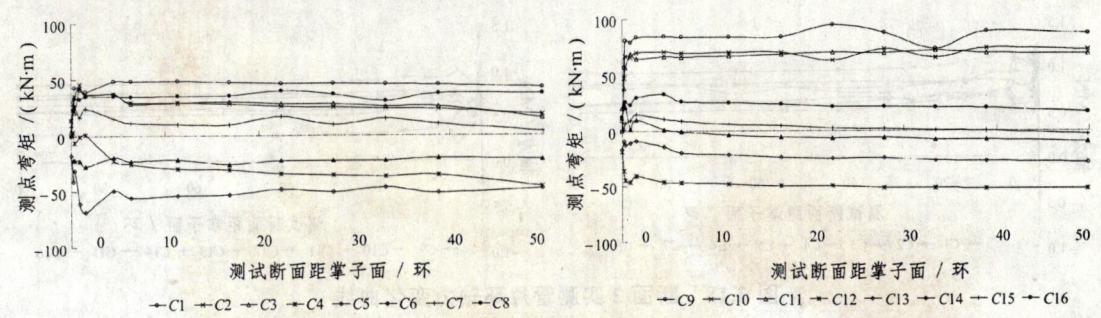

图 3.15　断面 1 实测管片环弯矩变化曲线

实测管片环弯矩变化曲线和雷达分布图分别如图 3.15 和图 3.17 所示。弯矩的增长可主要分为管片环脱模过程中水压力增长期和脱模后消散期两个阶段。受瞬间承载、壁后注浆层和错缝拼装附加内力等影响，脱模过程中错缝拼装管片环弯矩呈现一定的跳跃性，其发展趋势是急剧增长，但不会超过 80 kN·m；随着水压力的消散以及结构变形和内力的不断调整，管片环弯矩逐渐减小并渐趋稳定。

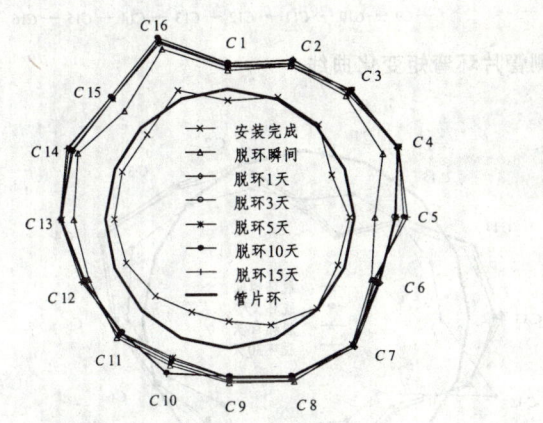 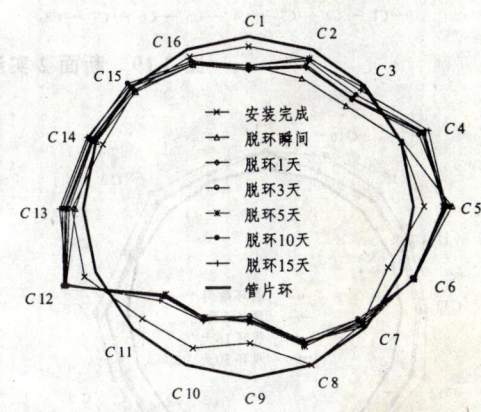

图 3.16　断面 1 轴力分布雷达图　　　　图 3.17　断面 1 弯矩分布雷达图

试验成果表明管片环弯矩最大变幅出现在盾尾后 5 环管片幅宽范围内，其后结构弯矩不断波动并很快趋于稳定。管片环弯矩变化过程中增量正负变化与测点布设位置密切相关，而受地层超孔隙水压力、扰动地层变形稳定时间等影响，砂性地层管片环弯矩将较快趋于稳定。

（二）断面 2

实测粘性地层中目标管片环内力（轴力和弯矩）随施工的变化情况如图 3.18 和图 3.19 所示，由图可以看出：目标管片环脱环后在千斤顶推力、注浆压力、地层压力和拼装方式等共同作用下，将产生较大内力，但随着盾构机不断向前推进，千斤顶顶力和注浆压力逐渐减小，目标管片环内力值逐渐减小并趋于稳定，图 3.20 和图 3.21 为典型工况目标管片环内力分布情况，此 2 图同样证明了图 3.18 和图 3.19 的结论，同时从图 3.20 和图 3.21 还可以看出：不管在脱环瞬间还是在后续地层稳定阶段，盾构隧道管片环的内力均表现出了错缝拼装的特征。

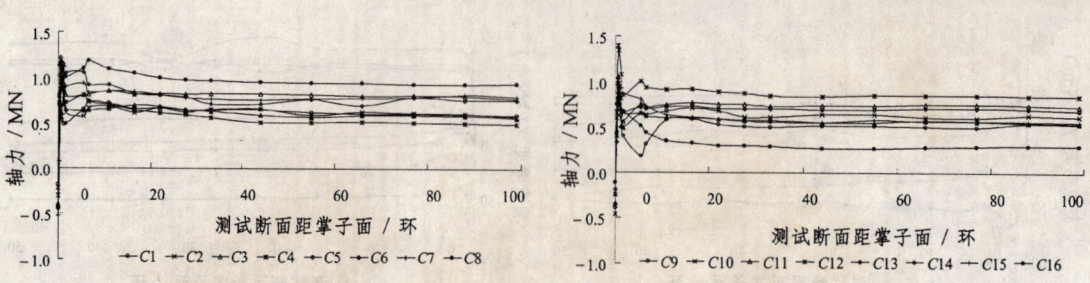

图 3.18 断面 2 实测管片环轴力变化曲线

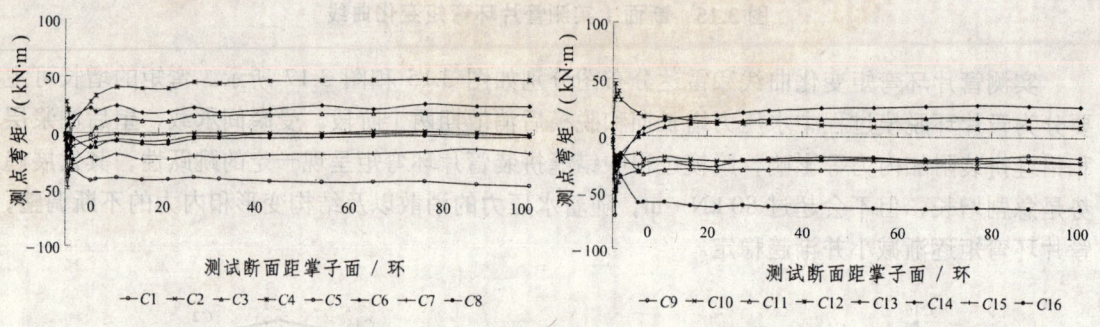

图 3.19 断面 2 实测管片环弯矩变化曲线

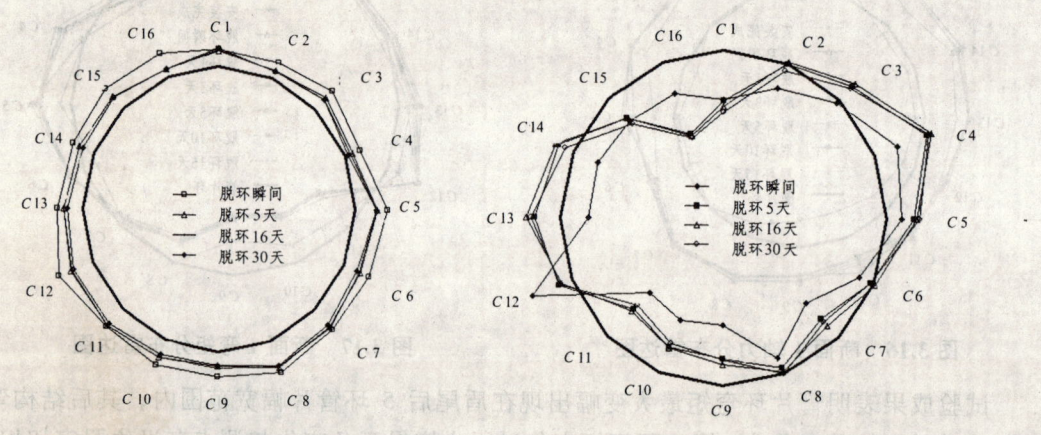

图 3.20 断面 2 轴力分布雷达图　　图 3.21 断面 2 弯矩分布雷达图

五、成果对比分析

应用梁-弹簧模型计算法对试验管片环的结构内力（轴力、弯矩）计算结果分别如图 3.22 和图 3.23 所示（图中实线为实测值，虚线为计算值）。根据前述研究成果，取管片抗弯刚度 $k_{\theta^+}=5.0\times10^4$ kN·m/rad，$k_{\theta^-}=3.0\times10^4$ kN·m/rad，取径向剪切和环向剪切弹簧刚度为无穷大。[10] 为了便于对比，图 3.22 和图 3.23 中还同时绘制了相应试验测量值，该值为实测稳定期的管片结构内力。

对比研究成果可知：试验和理论计算所得管片环内力分布及变化规律相同，这说明结合隧道所处地层地质差异而分别采用水土分算和水土合算的梁-弹簧模型荷载假设分布与

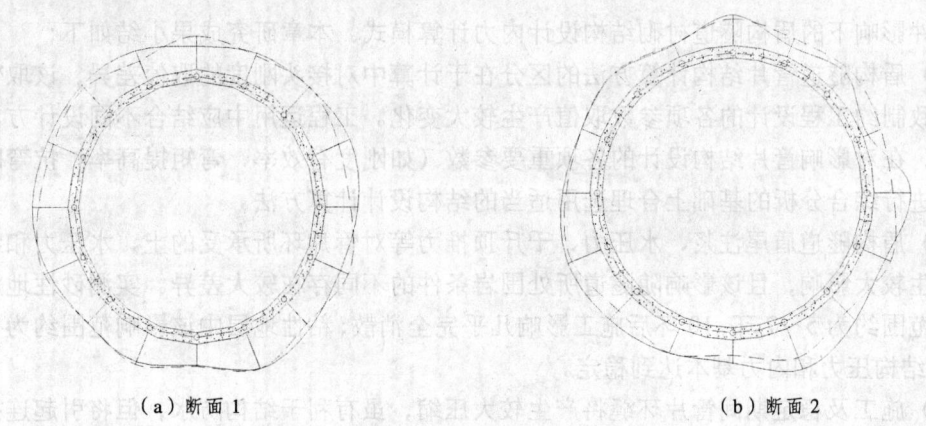

(a) 断面1　　　　　　　　　　　　　(b) 断面2

图3.22　试验和计算轴力比较

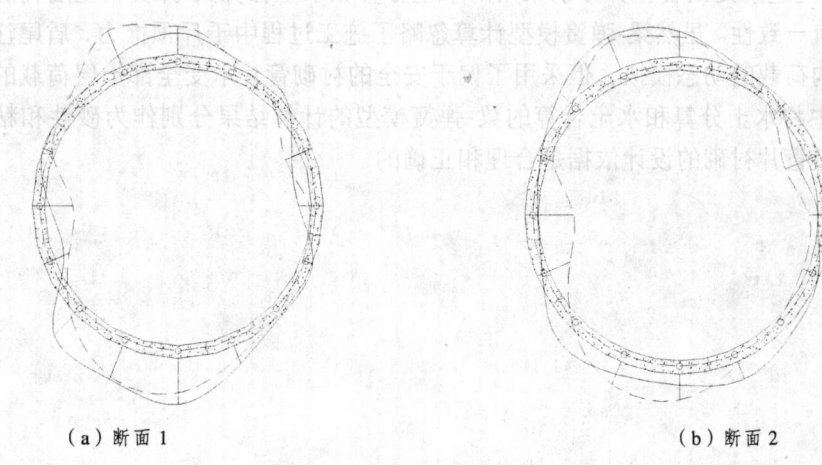

(a) 断面1　　　　　　　　　　　　　(b) 断面2

图3.23　试验和计算弯矩比较

工程实际荷载分布规律一致,但由于计算中对管片径向弹簧和切向弹簧刚度取值过大,增强了错缝式拼装管片环的内力传递效应,计算所得结构内力较稳定期偏大,而更接近于施工脱环瞬间。因此,在采用梁-弹簧模型对盾构隧道管片结构设计的内力计算中,分别将水土分算和水土合算模式内力计算结果作为砂性和粘性地质条件下的设计控制值是合理的,结构也更趋安全。

第五节　研　究　结　论

本章以南京地铁1号线区间盾构隧道为背景,研究探讨了不同计算方法中接缝端面力学机理假设影响下,接头刚度取值差异对制约区间盾构隧道管片结构设计的变形、弯矩、轴力、剪力等因素的影响;采用现场试验和理论计算分析相结合的手段对分别位于砂性和粘性地层中衬砌管片环的土(水)压力、管片环轴力和弯矩的分布变化规律进行了研究,探讨了不同围岩条件影响下的盾构隧道衬砌结构设计内力计算模式。本章研究成果小结如下：

（1）盾构隧道管片结构计算方法的区分在于计算中对接头刚度的取值差异，该取值的不同将导致制约工程设计的各项参数取值产生较大变化。工程运用中应结合不同设计方法的适用范围，在对影响管片结构设计的各项重要参数（如刚度有效率、弯矩提高率、抗弯刚度系数等）进行综合分析的基础上合理选用适当的结构设计计算方法。

（2）盾构隧道盾尾注浆、水压力、千斤顶推力等对管片环所承受的土、水压力和结构内力将产生较大影响，且该影响随隧道所处围岩条件的不同存在较大差异。实测砂性地层中施工影响范围约为5~7环，10环后施工影响几乎完全消散；粘性地层中该影响范围约为20环，60环后结构压力和内力基本达到稳定。

（3）施工及稳定期间管片环缝将产生较大压缩，虽有利于结构防水，但将引起连接螺栓预紧力的损失，建议施工过程中适时对连接螺栓进行二次预紧，增强结构整体承载能力。

（4）结合隧道所处围岩差异分别采用的水土分算和水土合算梁-弹簧模型盾构隧道荷载与实测结果具有一致性。虽然梁-弹簧模型计算忽略了施工过程中千斤顶推力、盾尾注浆压力等施工过程结构荷载的动态模拟，但采用了偏于安全的衬砌管片承受全部土层荷载的假设，工程结构设计中将水土分算和水土合算的梁-弹簧模型的计算结果分别作为砂性和粘性地层条件下盾构隧道管片衬砌的设计依据是合理和正确的。

第四章 拼装方式对盾构隧道衬砌结构的影响

盾构隧道装配式衬砌结构存在通缝和错缝2种不同的拼装方式,如图4.1所示。目前,国内地铁区间盾构隧道建设中除上海普遍采用通缝拼装方式外,其他城市如广州、深圳、北京、南京等地普遍采用错缝拼装方式。国外无论是欧美等地还是日本一般也采用错缝拼装。[148]从应用地层条件的角度出发,错缝式拼装多用于软弱和较软弱地层,而通缝式拼装多用于地质条件较好的地层。就拼装方式对管片结构刚度和受力影响角度而言,错缝式管片拼装可以通过邻接管片体对管片环承载薄弱部位(接头)的刚度产生纵向加强效应,从而达到提高盾构隧道的整体刚度,增强结构的整体性,有利于结构的正常使用等目的,但由此所带来的结构内力和管片接头数量增加将对结构的整体防水造成影响。通缝式拼装具有拼装迅速,施工效率高,方便结构防水等优点,但管片环整体刚度较低,变形量大,易对隧道的安全运营造成影响。正确评价拼装方式对盾构隧道装配式衬砌结构的变形、内力乃至正常使用的影响都具有至关重要的意义。

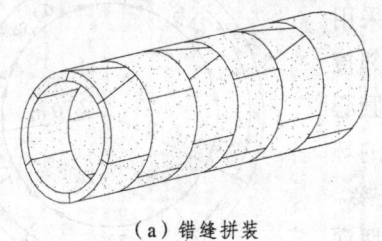 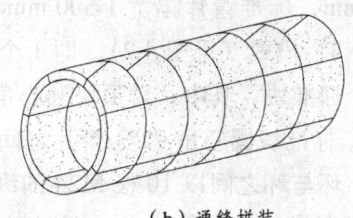

(a)错缝拼装　　　　　　　　　　　　(b)通缝拼装

图 4.1　管片环拼装方式比较

鉴于此,本节以广州地铁3号线大—沥区间盾构隧道所选用衬砌结构为例,在对管片接头刚度的研究基础上,[149]、[150]、[155]采用考虑了接头效应的梁-弹簧模型计算法对不同拼装方式下的管片环变形和结构内力分布及变化规律等进行研究,以期探明错缝拼装中邻接管片对管片接头承载能力的纵向加强效应。[156]

第一节　拼装方式对衬砌结构受力影响的理论分析

一、工程实例概况

广州市地铁3号线大—沥区间盾构隧道北起大塘站,南到沥滘站,沿线穿越大片农田和地表建筑物密集地带，其中盾构隧道右线区间全长 2 594 m，左线区间全长 2 490 m。盾构区间隧道埋深 10.8～33.7 m，主要位于中风化和微岩层内，围岩风化带层位起伏变化大。隧道进出口段位于饱和易液化的淤泥、淤泥质土和淤泥质砂中，易塌方、流砂、流泥；淤泥质砂易液化，软土易触变，自身结构性差；泥岩和粉砂质泥岩易风化开裂，遇水软化。隧道洞身地下水位较低，地下水对混凝土具有中等～强腐蚀性。大一沥区间盾构隧道所穿越地层的工程地质条件及地层物理力学参数如表 4.1 所示。

表 4.1 大一沥区间盾构隧道穿越地层围岩物理力学参数

围岩分类	容重 (kN/m³)	粘聚力 (kPa)	内摩擦角 (°)	泊松比	弹性模量 (MPa)	厚度 (m)
I 类	18.28	9.83	16.86	0.37	3.04	19.82
II 类	19.06	41.21	19.49	0.33	8.28	6.20
III 类	21.60	50.00	20.00	0.30	150.00	4.72

区间盾构隧道衬砌结构采用 C50 钢筋混凝土预制管片，管片环外直径 6 000 mm，内直径 5 400 mm，管片厚度 300 mm，标准管片幅宽 1 500 mm。管片环结构采用"1+2+3"模式（见图 4.2），即 1 个封顶块，2 个邻接块和 3 个标准块。其中，封顶块圆心角 15°，邻接块圆心角 64.5°，标准块圆心角 72°。管片之间以 12 根 M27 的环向螺栓，环与环之间以 10 根 M24 的纵向螺栓进行连接。

结合广州地铁 3 号线大一沥区间盾构隧道中心埋深和所处地质条件，采用梁-弹簧模型计算法对不同拼装方式下的衬砌环变形及结构弯矩、轴力、剪力等的大小和分布进行计算。

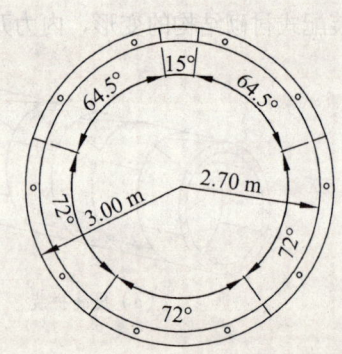

图 4.2 大一沥区间管片环横向图

考虑到研究对象地处淤泥质区间，土体物理性质变化较大，计算采用水土合算法进行，并从偏于安全的角度出发，取竖向地层压力为隧道的全部上覆地层重。管片接头旋转弹簧系数 $k_{\theta^+}=6\times10^4$ kN·m/rad，$k_{\theta^-}=3.5\times10^4$ kN·m/rad；从安全角度出发，取管片剪切弹簧系数无穷大，即假设管片及管片环间不产生相对滑移和错动。计算结果比较和分析如下所述。

二、管片环变形分布与比较

不同拼装方式下盾构隧道衬砌环的结构变形及位移分布如图 4.3 所示，不同隧道埋深下盾构隧道衬砌环最大变形量如表 4.2 所示。

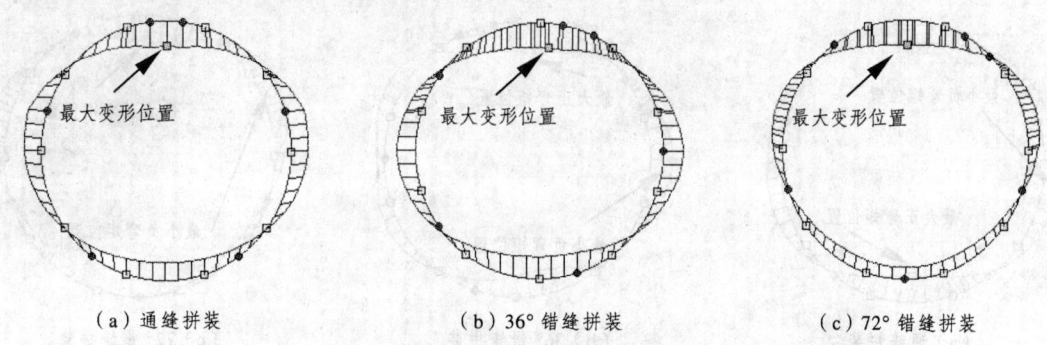

(a) 通缝拼装　　　　　　(b) 36°错缝拼装　　　　　　(c) 72°错缝拼装

图 4.3　不同拼装方式下的衬砌环变形比较

表 4.2　不同隧道中心埋深和拼装方式下衬砌环最大变形量比较（单位：mm）

设计方法 \ 隧道中心埋深	衬砌环最大位移量				
	10 m	20 m	25 m	30 m	36 m
通　缝	1.695	4.072	5.262	6.448	7.873
错缝 36°	1.330	3.333	4.308	5.280	6.447
错缝 72°	1.381	3.768	4.988	6.204	7.666

对比图 4.3 不同拼装方式下的衬砌环变形可知，拼装方式改变对衬砌环整环变形分布规律将产生一定影响，但在各种拼装方式下，衬砌环最大位移均发生在隧道拱顶附近。对比表 4.2 中不同隧道埋深下的衬砌环最大变形量可知，随着隧道埋深的加大，衬砌环最大变形量相应增加；在隧道埋深相同的情况下，通缝式拼装所引起的衬砌结构变形量最大，而在 36°错缝拼装情况下隧道变形量最小。如隧道埋深为 30 m 时，通缝拼装管片环最大变形量为 6.448 mm，36°错缝拼装下管片环最大变形量为 5.280 mm，而相应 72°错缝拼装下管片环最大变形量为 6.204 mm，三者比值为 1∶0.82∶0.96。究其原因主要在于：装配式衬砌环变形量与其整体刚度密切相关，通缝拼装情况下衬砌环刚度最小，受管片尺寸和纵向螺栓布设影响，36°错缝拼装下衬砌环整体刚度大于 72°错缝拼装情况下的衬砌环整体刚度，故在相同上覆荷载作用下，隧道衬砌环变形量呈图 4.3 和表 4.2 所示规律变化。

三、管片环弯矩分布与比较

不同拼装方式下的衬砌环弯矩分布将产生较大差异。通缝拼装情况下，隧道衬砌环弯矩呈左右对称分布，最大弯矩值产生于衬砌环底部；受相邻管片弯矩传递和刚度局部增强影响，在错缝拼装情况下管片环的弯矩分布较通缝拼装而言发生了较大差异，如图 4.4 所示。在不同拼装方式下衬砌环弯矩最大值和最小值随不同隧道埋深的变化如表 4.3 所示。

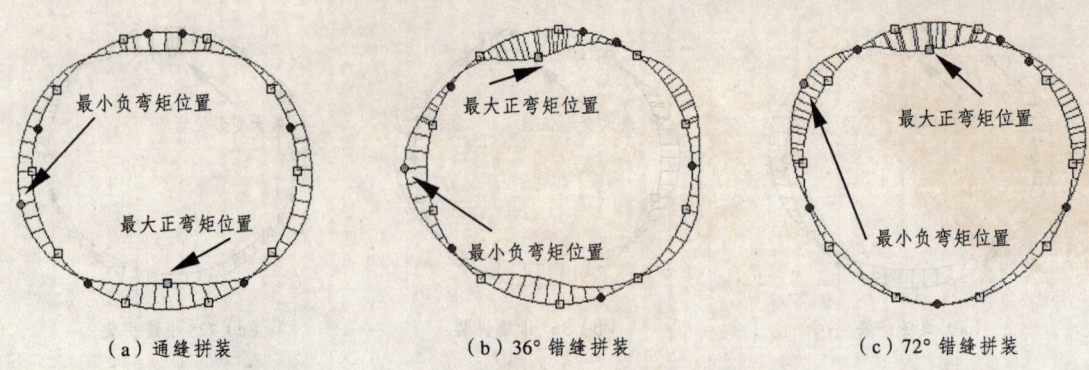

图 4.4　不同拼装方式下衬砌环内的弯矩分布比较

表 4.3　不同隧道中心埋深和拼装方式下衬砌环弯矩最大值和最小值比较（单位：kN·m）

设计方法	隧道中心埋深	衬砌环最大/最小弯矩值				
		10 m	20 m	25 m	30 m	36 m
通缝	M_{max}	32.6	98.9	133.3	167.6	208.9
	M_{min}	−22.7	−57.5	−77.1	−96.7	−120.5
错缝 36°	M_{max}	53.4	122.5	157.6	192.6	234.6
	M_{min}	−41.7	−105.6	−138.5	−171.2	−210.5
错缝 72°	M_{max}	52.3	117.7	150.4	183.0	222.1
	M_{min}	−33.6	−71.2	−90.3	−109.3	−132.1

由表4.3可知，拼装方式差异将对衬砌环弯矩最大值和最小值产生较大影响，但不同拼装方式下的衬砌环最大、最小弯矩值均随隧道埋深的加大而增加。在隧道埋深相同的情况下，通缝拼装衬砌环正、负弯矩值皆最小，36°错缝拼装所得衬砌环正、负弯矩皆最大。如在隧道埋深为25 m时，不同拼装方式下的衬砌环最大正弯矩之比为通缝：36°错缝：72°错缝＝1：1.18：1.13，而相应最小弯矩比值为通缝：36°错缝：72°错缝＝1：1.80：1.17。

四、管片环轴力分布与比较

通缝拼装时衬砌环轴力环向均匀分布，最小轴力出现在衬砌环底部；在错缝拼装方式下衬砌环轴力最小值位于衬砌环顶部附近，且环内轴力分布差异较大。不同拼装方式下的管片环轴力分布规律如图4.5所示。对比不同拼装方式下的衬砌环轴力最大、最小值可知：在隧道埋深相同的情况下，36°错缝拼装时衬砌环内最大轴力值大于通缝拼装和72°错缝拼装时的衬砌环轴力值；而相应隧道埋深下的衬砌环轴力最小值变化规律却与之相反，如表4.4所示。

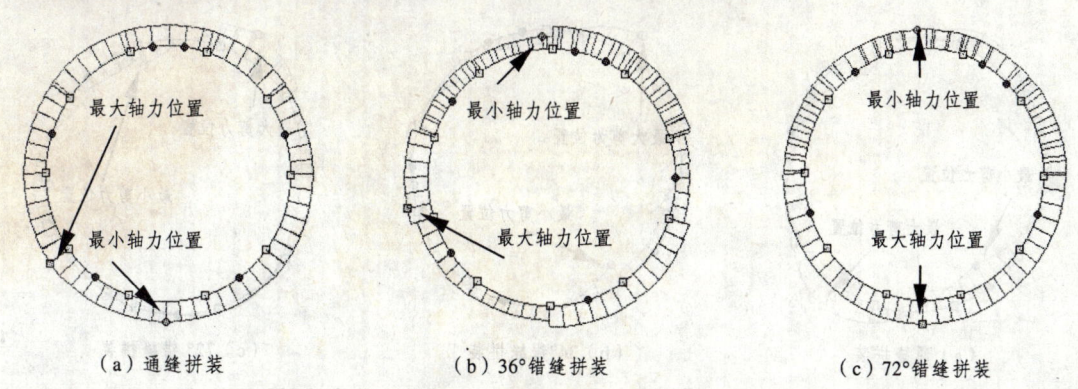

图 4.5 不同拼装方式下衬砌环内的轴力分布比较

表 4.4 不同隧道中心埋深和拼装方式下衬砌环轴力最大值和最小值比较（单位：kN）

设计方法	隧道中心埋深	衬砌环最大/最小轴力值				
		10 m	20 m	25 m	30 m	36 m
通缝	N_{max}	529.5	1 049.0	1 309.0	1 568.6	1 880.4
	N_{min}	448.6	885.5	1 104.1	1 316.5	1 562.9
错缝 36°	N_{max}	591.9	1 198.3	1 505.8	1 812.9	2 181.7
	N_{min}	342.2	637.7	784.7	931.8	1 108.4
错缝 72°	N_{max}	530.1	1 045.0	1 303.4	1 561.8	1 872.1
	N_{min}	430.8	847.7	-16.4	1 264.7	1 514.9

对比表 4.4 中不同隧道埋深和拼装方式下的衬砌环轴力最大、最小值可知，衬砌环轴力最大值和最小值均随隧道埋深的加大而增加，但衬砌环轴力值也随拼装方式的不同而存在较大差异。如在隧道埋深为 20 m 和 30 m 的情况下，通缝拼装、36°错缝拼装和 72°错缝拼装时的衬砌环轴力最大值和最小值之比分别为 1：1.142：0.996，1：0.720：0.957 和 1：1.156：0.996，1：0.708：0.961。

五、管片环剪力分布与比较

不同拼装方式下衬砌环剪力分布规律较为相似。在错缝拼装方式下，衬砌环剪力在管片接头附近形成错台现象，如图 4.6 所示。衬砌环剪力分布除了与环内管片接头位置及刚度相关外，还与相邻衬砌环间的管片接头相对位置密切相关，即错缝拼装所带来的错缝拼接效应直接影响着衬砌环的相对变形，从而引起剪力产生较大差异。衬砌结构剪力随不同隧道埋深和拼装方式的变化如表 4.5 所示。

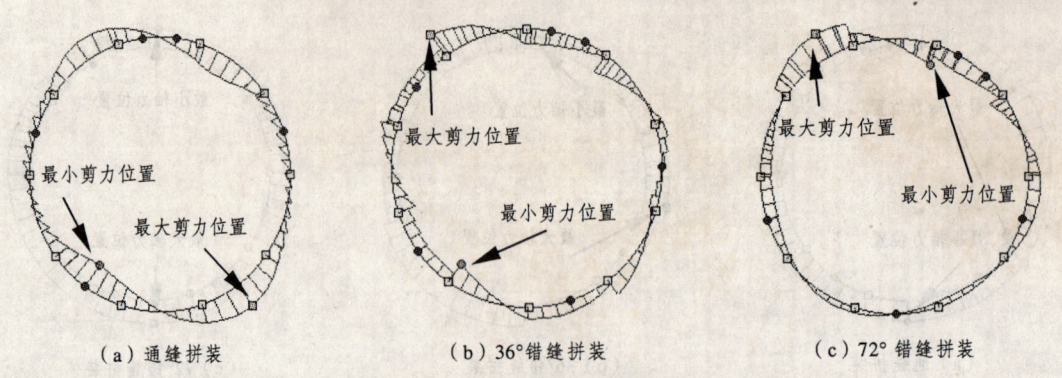

（a）通缝拼装　　　　　（b）36°错缝拼装　　　　　（c）72°错缝拼装

图 4.6　不同拼装方式下衬砌环内的剪力分布比较

表 4.5　不同隧道中心埋深和拼装方式下衬砌环剪力最大值和最小值比较（单位：kN）

设计方法	隧道中心埋深	衬砌环最大/最小剪力值				
		10 m	20 m	25 m	30 m	36 m
通缝	Q_{max}	29.4	68.7	93.5	118.1	147.8
	Q_{min}	-29.4	-68.7	-93.5	-118.2	-147.8
错缝 36°	Q_{max}	62.9	142.6	182.8	222.8	270.8
	Q_{min}	-53.4	-113.9	-144.7	-181.5	-225.7
错缝 72°	Q_{max}	49.2	106.0	134.4	162.8	196.8
	Q_{min}	-39.7	-86.1	-109.4	-132.5	-160.3

由表 4.5 可以看出，在隧道埋深相同的情况下，36°错缝拼装时衬砌环结构剪力最大而通缝拼装结构剪力最小。如在隧道埋深为 25 m 情况下，不同管片拼装方式下的衬砌环最大剪力之比为通缝拼装：36°错缝拼装：72°错缝拼装＝1：1.96：1.44；相应衬砌环最小剪力之比为通缝拼装：36°错缝拼装：72°错缝拼装＝1：1.55：1.17。衬砌结构剪力发生较大差异是由于不同拼装方式所引起的接头拼装效应不同所致。

六、拼装方式对衬砌结构设计的影响性评价

通过采用梁-弹簧模型对广州地铁 3 号线大—沥区间盾构隧道装配式衬砌分别采用通缝、36°错缝和 72°错缝拼装方式下的管片环变形、内力计算分析和量化比较，探讨其变形和内力随隧道埋深的变化规律和影响因素可知：

（1）拼装方式对盾构隧道装配式衬砌结构的整体刚度影响较大。受管片尺寸、纵向螺栓布设和错缝角度影响，36°错缝拼装对盾构隧道的整体刚度影响远大于 72°错缝拼装。分析结果表明，72°错缝拼装所带来的拼接效应仅对盾构隧道上部区域产生了影响，相对于通缝拼装而言只起到了局部刚度加强作用；而 36°错缝拼装对衬砌环整环刚度均有影响。

（2）衬砌结构变形和内力大小及分布规律受拼装方式的影响较大。受附加内力影响，错缝式拼装管片环最大内力值比通缝式拼装内力值大，而相应位移量变化规律相反；不同错缝

拼装方式下的管片环内力和位移分布也存在较大差异。通缝拼装通过产生结构变形而在一定程度上降低了外部荷载对结构的影响，从而在结构内部产生较小内力。

（3）接头旋转弹簧和剪切弹簧系数对不同拼装方式下的衬砌环变形和内力分布影响较大。工程设计中可通过改变管片接头形式和配筋设计以获得合理的弹簧系数，调整衬砌环的纵向拼装方式以获得相邻管片对接头的承载加强作用，从而将衬砌结构变形和内力分布控制在允许范围内。

第二节 拼装方式对衬砌结构受力影响的模型试验

对单层装配式盾构隧道衬砌结构的内力和变形计算，国内目前多采用以经验为主的简化分析方法，而对纵向拼装方式差异影响下的衬砌结构内力、承载以及结构体与围岩间的相互作用关系尚不十分清楚。为探明在不同围岩地质条件的影响下，盾构隧道管片结构的受力特征和合理设计参数等问题，进行了结合隧道与土体相互作用性的室内相似模型试验。

试验结合相似理论原理对衬砌管片结构的物理力学参数和结构特征进行了模拟，实现了对管片结构体的环向和纵向接头的三维空间效应模拟。

一、物理力学相似关系

试验采用几何相似比 $C_L=12$ 和容重相似比 $C_\gamma=1$ 为基础相似比，实现了在弹性范围内控制各物理力学参数的全相似性。

根据相似模型试验原理推得各相关物理力学参数原型值与模型值的相似比分别为：泊松比、应变、内摩擦角相似比 $C_\mu=C_\varepsilon=C_\varphi=1$；强度、应力、粘聚力、弹性模量相似比 $C_R=C_\sigma=C_c=C_E=12$。

二、相似材料

（一）围岩土体

根据《南京地铁南北线一期工程 TA15 标段补充工程地质勘察报告》可知，玄武门—许府巷地铁区间盾构隧道沿线土体力学参数主要在如下范围内变化：$c=9.0\sim70.0$ kPa，$\varphi=5.8\sim31.5°$，$E=3.28\sim11.76$ MPa，$\mu=0.14\sim0.68$。试验以此为依据，选择一种具有代表性的土体作为模型试验的原型土体，各项物理指标由相似关系达到相应的要求，通过相似计算，算出对应原型土体的试验土体的物理力学参数。

试验土体的相似材料为采用一定比例的重晶石粉、细砂与机油的混合物。此混合材料在其化学反应结束后，基本不受温度和湿度的影响，以特定的压力加压成型。土体模型和原型物理力学参数见表4.6，土体相似材料的配合比见表4.7。

表 4.6 试验土体模型和原型物理力学参数对比

试验土体	粘聚力 c（kPa）	内摩擦角 φ（°）	弹性模量 E（MPa）	容重 γ（kN/m³）
原 型	9.0~70.0	5.8~31.5	3.28~11.76	17.9~31.1
模 型	2.5	27	0.34	19.5
对应原型值	30.0	27	4.08	19.5

表 4.7 土体相似材料的配合比（重量比）

重晶石粉	机 油	河 砂	石英砂
1	0.105	0.720	0.100

（二）管片结构

根据《南京地铁南北线一期工程区间隧道衬砌构造图》对管片混凝土强度等级为 C50 的要求。根据《地下铁道设计规范》，并参照《公路隧道设计规范》的取值。相似材料采用比例为水：石膏 = 1：1.50 的石膏材料预制加工，现场安装的方法模拟。相似材料的力学指标以石膏终凝时的实验值为准。模筑混凝土原型与模型的力学参数见表 4.8。

表 4.8 模筑混凝土原型与模型的力学参数对比

力学参数	规范值	模型值	对应原型值
单轴抗压强度 R_b（MPa）	35.0	2.85	34.2
弹性模量 E（GPa）	35.0	3.02	36.3

（三）管片环向主筋

根据《南京地铁南北线一期工程区间隧道衬砌构造图》对管片主钢筋采用 II 级钢筋对称配筋的要求。相似材料采用直径为 1.2 mm 的铁丝对称配筋进行模拟。相似材料的力学指标以实验值为准（$E=1.64\times10^4$ MPa），通过原型与模型的等效抗弯刚度 EA 完全相似的方法进行模拟。1 环模型管片在内外侧各采用 10 根铁丝模拟管片主筋。1 环管片单侧主筋原型与模型的力学参数见表 4.9。

表 4.9 管片单侧主筋原型与模型的力学参数对比

力学参数	设计值	模型值	对应原型值
EA（N）	3.217×10^8	1.855×10^5	3.205×10^8

（四）环缝模拟

以纵向接头处不产生相对位移（此时附加内力值会稍大于实际情况）为原则模拟纵向接头的三维力学效应。

模拟的具体方法为：在模型上相应纵向接头的位置用直径为 4 mm 的钢棒从纵向进行各管片环间的连接。

（五）纵缝模拟

环向接头为具有某一特定抗弯刚度的铰接体，且一般对正、负弯矩的抗弯刚度不等值。试验根据以正抗弯刚度为主体且正负弯矩的抗弯刚度绝对值相等的原则对接头进行模拟。具体方法为：在纵缝接头处开挖一定深度槽缝以弱化该部位的抗弯刚度，槽缝深度依据与原型接头抗弯能力等效的原则进行设置，相应计算方法为：在直梁的正中开一小槽（见图 4.7）并在梁的中部施加荷载，计算槽缝转角位移，结合结构承载弯矩即可近似求得该接头处的抗弯刚度值。

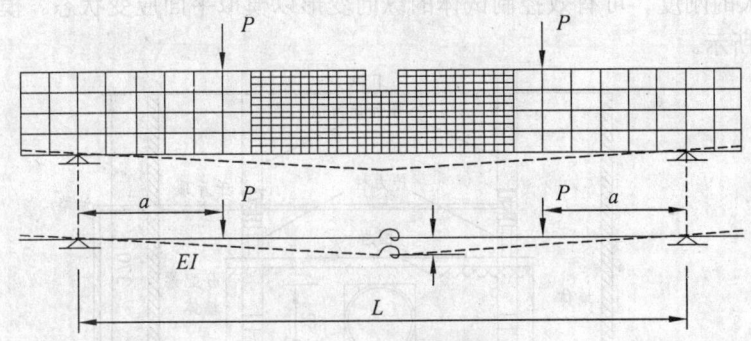

图 4.7 纵缝模拟示意图

计算公式为：

$$k_\theta = \frac{6EI \cdot PaL}{24EI\delta_c - Pa(3L^2 - 4aH^2)}$$

式中 k_θ——接头抗弯刚度；

δ_c——中央部的位移；

a——荷载与支座间的距离；

EI——管片抗弯刚度；

L——支座间距离。

根据接头螺栓的连接形式、隧道埋深范围、可能产生的轴力等因素，参照前述研究成果，原型 $k_{\theta^+} = k_{\theta^-} = 5 \times 10^4$ kN·m/rad，根据模型相似比可得 $k_{\theta模} = 2.41 \times 10^3$ kN·m/rad。下面对具体求解过程进行简略说明：

取原型标准块管片的幅宽为 1.2 m，幅长 3.5 m，厚度 0.35 m，加载点距两端支座距离 1.2 m。建模如图 4.8 所示，计算结果如图 4.9 所示，其中接头最大位移量为 0.004 729 m。

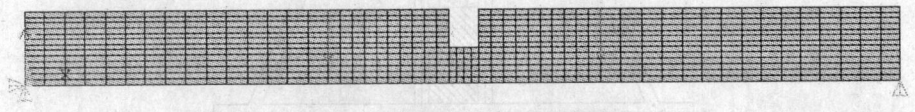

图 4.8 模型切口建模示意图

图 4.9 模型计算结果示意图

将计算结果代入上式可得 $k_\theta = 2.43 \times 10^3$ kN·m/rad，与设计要求值 $k_\theta = 2.41 \times 10^3$ kN·m/rad 相差在试验允许范围内，符合试验要求。

三、试验装置

试验在台架式钢板模型试验槽内进行。模型试验槽采用 2 组 I 80 工字钢对模型槽前后进行约束，相关尺寸为 2.8 m×1.2 m×0.2 m，试体尺寸为 0.517 m×0.517 m×0.200 m，钢板试验槽具有足够大的刚度，可有效控制试体的纵向变形以模拟平面应变状态。模型试验装置及试体如图 4.10 所示。

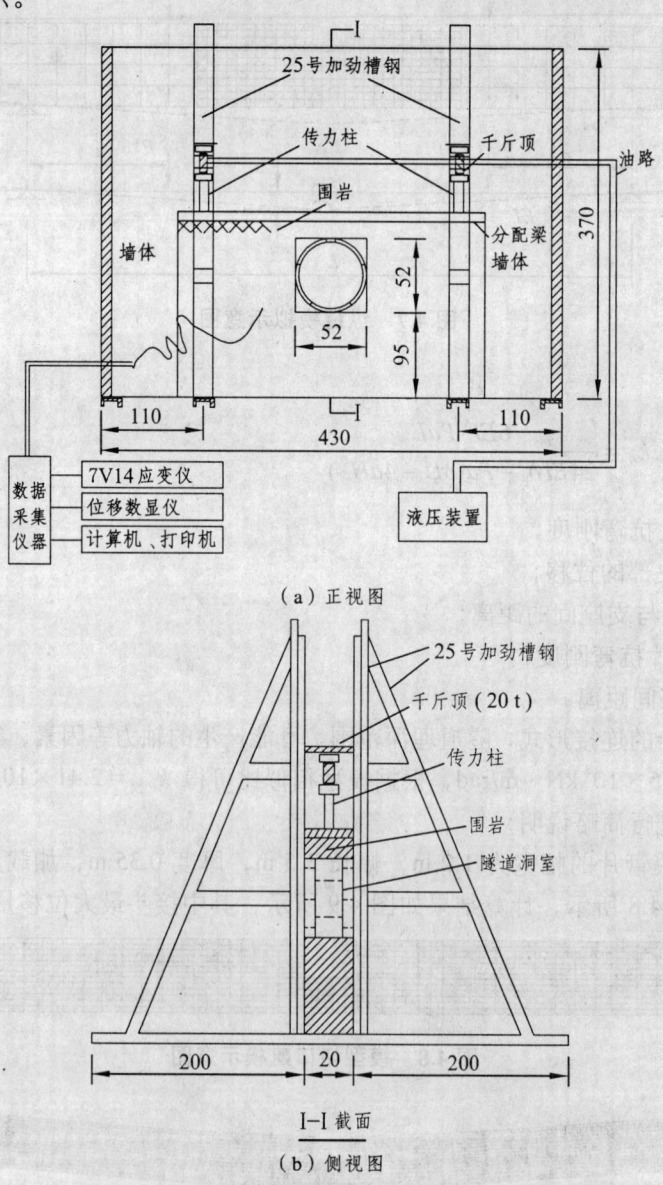

图 4.10 试验装置和加载系统图（尺寸单位：cm）

四、试验内容和量测仪器

试验首先将预先拼装完成并安置了量测系统的模型管片结构埋入横向宽度为 2.8 m 的相似围岩土体材料中,结构物上覆土体厚度 0.20 m,下部土体厚度 0.50 m,然后在土体相似材料上部添加 1 个长 2.8 m、宽 0.20 m 的承载梁,在承载梁上方使用 2 个千斤顶并通过传力柱用稳压台进行分级加载。外加荷载从 0 开始,每级荷载相当于 8 m 原型土柱自重,每级加载稳定后,通过数据采集系统采集数据并观测试验管片的破坏情况,然后逐次进行下一级荷载施加,直至试验管片结构出现肉眼能见的较大裂缝(约 1 mm,共进行了 5 级加载),结构破坏为止。

试验过程中以每 45° 的圆心角在管片环四周布置测点,采用精度为 0.001 mm 的位移数显仪量测管片结构的径向位移,单环管片内共布置了 8 个测点。以 11.25° 为单位在管片周边典型截面位置内、外侧对称布设环向电阻应变片以测定管片内外侧的应变值,以此获得管片的截面内力,单环管片内外总共布置了 32 对测点。测点布置如图 4.11 所示。

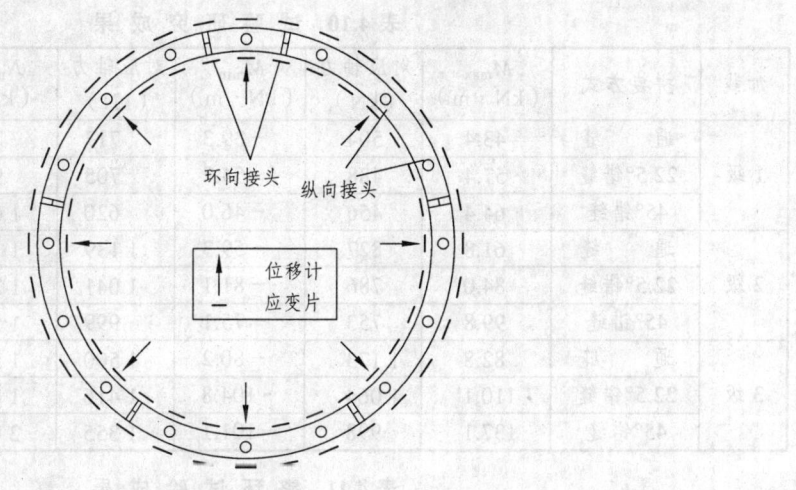

图 4.11 测点布置图

每组试验均为 3 环衬砌环组成的空间试验,其中第 1 和第 3 环的宽度为原型值的 1/2,第 2 环为原型值,试验均以第 2 环为量测对象。

五、试验系列

衬砌管片环沿纵向分别采用通缝和错缝式拼装,试验共分为 3 组,分别包括:① 封顶块管片在正上方的拼装,即通缝拼装;② 2 环 1 组,第 1 环封顶块管片左偏 11.25°,第 2 环管片右偏 11.25°,即纵向 22.5° 错缝式拼装;③ 2 环 1 组,第 1 环封顶块管片左偏 22.5°,第 2 环封顶块管片右偏 22.5°,即纵向 45° 错缝式拼装。试验各组管片环拼装方式如图 4.12 所示。

(a)通缝拼装

(b)22.5°错缝拼装

(c)45°错缝拼装

图 4.12 管片环纵向拼装方式

六、试验成果分析

试验得不同拼装方式差异影响下,各加载量级时管片环最大弯矩和对应轴力,最大轴力和对应弯矩,最大位移量如表 4.10 所示。图示第 1 荷载(相当于 10.4 m 等效土柱高)试验结果如表 4.11 所示,由表 4.10 和表 4.11 对试验成果分析如下:

表 4.10 试验研究成果

加载	拼装方式	M_{max} (kN·m)	对应轴力 (kN)	M_{min} (kN·m)	对应轴力 (kN)	N_{max} (kN)	对应弯矩 (kN·m)	δ_{max} (mm)
1 级	通 缝	43.4	504	−39.3	717	736	−29.1	4.48
	22.5°错缝	57.4	488	−54.7	705	958	5.1	4.02
	45°错缝	64.4	456	−46.0	620	1 050	−30.5	3.12
2 级	通 缝	61.8	827	−59.3	1 139	1 155	−45.0	6.82
	22.5°错缝	84.0	786	−81.1	1 041	1 390	9.4	6.41
	45°错缝	99.8	753	−75.1	999	1 534	−52.4	5.41
3 级	通 缝	82.8	1 173	−80.2	1 500	1 500	−80.3	9.63
	22.5°错缝	110.1	1 064	−104.8	1 416	1 805	13.6	8.92
	45°错缝	137.1	998	−101.1	1 355	2 021	−82.6	8.04

表 4.11 整环试验成果

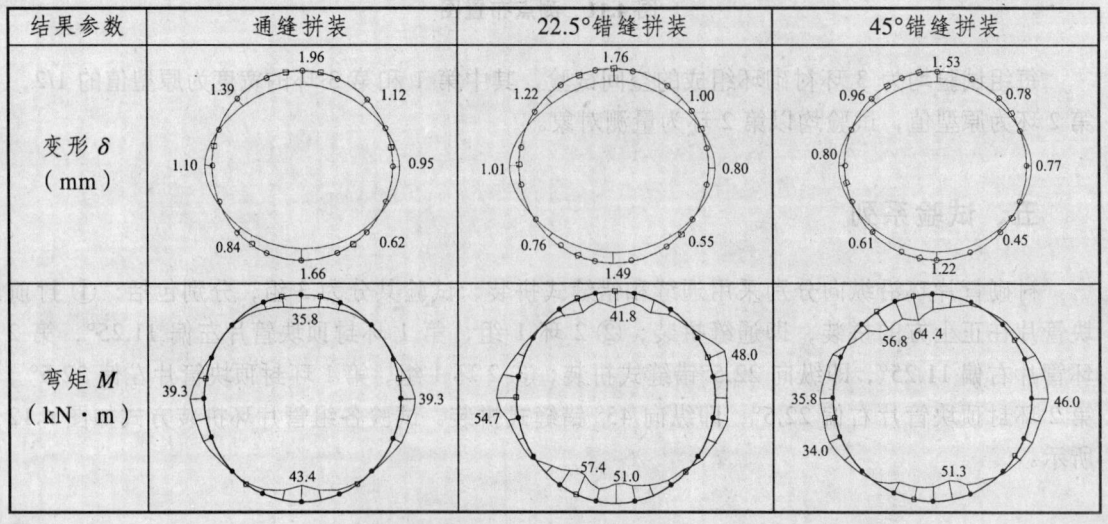

续表 4.11

结果参数	通缝拼装	22.5°错缝拼装	45°错缝拼装
轴力 N (kN)	639 639 / 736 736 / 708 708	750 / 845 920 / 875 950 / 958	948 579 / 1050 939 / 986 849
土压力 (kN)	38.5 / 43.8 43.8 / 34.0 34.0 / 52.9 52.9 / 29.5	31.4 / 48.0 43.1 / 18.6 23.5 / 55.0 58.8 / 37.2	71.4 / 55.4 49.3 / 42.2 32.4 / 66.1 61.6 / 37.9

（一）管片环内力分布变化规律

在相同荷载条件下，通缝式拼装与错缝式拼装管片环的内力分布总体规律大致相同，但通缝拼装条件下管片环内力分布较为平缓，而错缝式拼装管片环内力在管片接头处跳跃发展，结构内力出现了较大幅度的增加或减弱。如试验测得相同荷载条件下，45°错缝式拼装管片环最大弯矩较 22.5°错缝式拼装约大 10% 而相应轴力约小 5%，22.5°错缝式拼装管片环最大弯矩较通缝拼装约大 15% 而相应轴力约小 5%，究其原因还在于错缝式拼装邻接管片对接头承载力的局部提高。受管片尺寸和错缝角度影响，22.5°错缝式拼装兼具通缝式拼装和错缝式拼装的结构特点。

（二）管片环变形分布变化规律

在相同荷载条件下，试验所得不同拼装方式时的管片环均具有相同变形分布规律，即拱顶和拱底均向管片内侧移动而拱腰外扩。通缝拼装管片环最大位移量位于拱顶正中，而错缝式拼装管片环最大位移量出现位置关于拱顶对称但不相等。由试验研究成果还可看出，不同拼装方式中管片环变形量也存在较大差异，如 45°错缝式拼装管片环最大位移量较 22.5°错缝式拼装管片环约小 15%，而 22.5°错缝式拼装管片环最大位移量较通缝拼装管片环约小 10%，充分说明了错缝式拼装管片环整体刚度较大，且变形较为不易。

（三）管片环破坏特征研究

在第 3 级荷载（相当于 26.4 m 等效土柱高）作用下，管片环出现了肉眼可见的裂缝。受拼装方式差异对结构整体承载力的影响，各组试验管片环破坏过程略有不同，但规律较为近似，即管片环首先在拱顶或拱底的环向接头部位内侧出现细小纵向裂纹，随着荷载的加大，裂缝逐渐向邻接管片和外侧扩展延伸，在拱顶或仰拱出现纵向裂缝的同时或在稍后一级荷载作用下，近接拱腰环向接头外侧也开始出现细小的纵向裂缝，且随着荷载的增大，裂缝宽度和深度不断增加。随后管片其他环向接头处也开始出现纵向裂缝，且裂缝深度和宽度急剧增加，直至结构完全破坏。

管片环出现裂缝后，结构内力和位移值也相继产生突变，受内力变化所引起的接头刚度变化影响，在后几级荷载作用下的试验值并不能完全代表原型值。试验结束，管片环拱顶和拱底处的环向裂缝完全贯通，最大裂缝宽度约 1～2 mm。图 4.13 所示即为试验结束后的管片环破坏展开示意图。

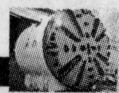

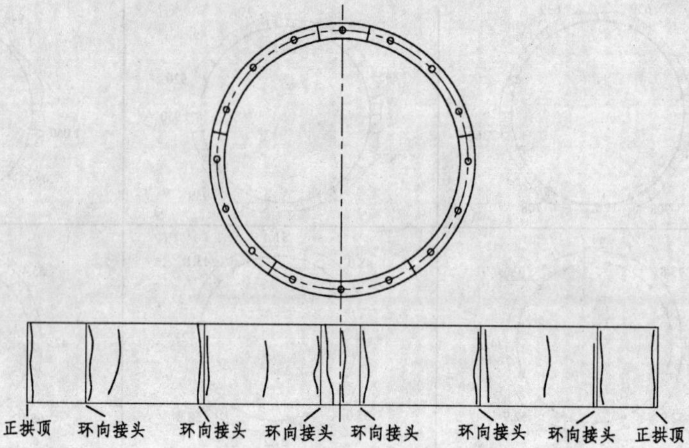

（a）通缝拼装

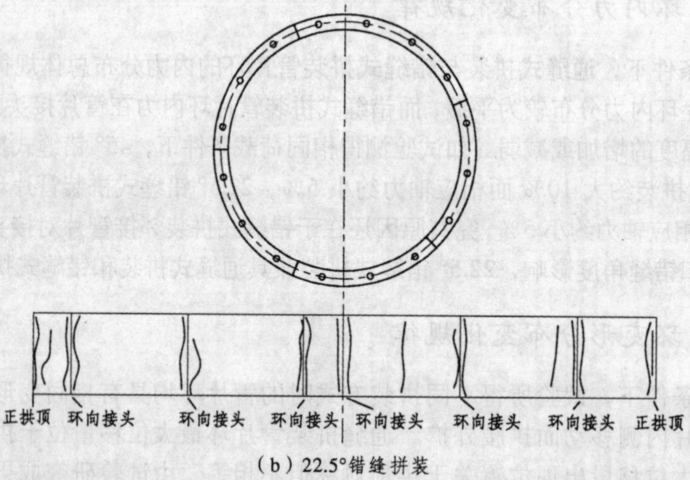

（b）22.5°错缝拼装

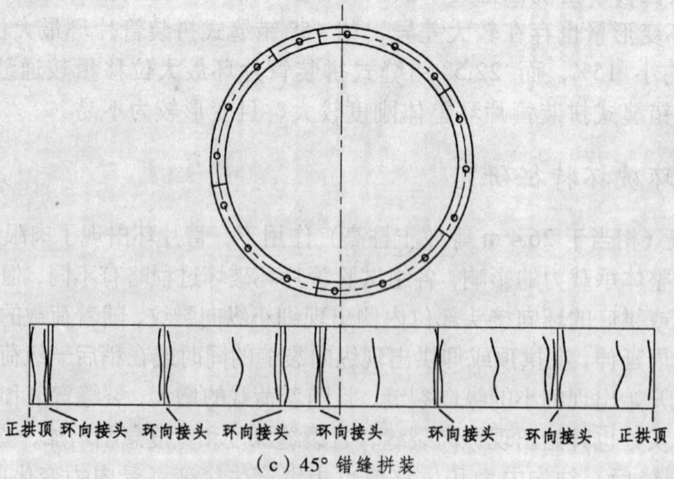

（c）45° 错缝拼装

图 4.13　管片环破坏展开示意图

由整个试验加载过程研究成果可以看出,由于现场管片实际承载不可能达到试验后阶段的荷载量级,故在类似南京地铁1号线埋深的区间盾构隧道衬砌结构设计中,应以管片结构的实际位移量作为衬砌结构的设计控制依据,同时也说明了实际的管片高配筋率在盾构隧道即使出现了细小裂缝时,也还能承受较大荷载,实际工程中出现盾构隧道坍塌的概率极其微小。

七、试验与理论结果对比分析

采用荷载-结构模式梁-弹簧模型计算理论对试验结构进行验证,计算中作用于隧道上方的地层压力取偏于安全的全土柱压力,结合隧道所处围岩条件选用水土合算荷载计算模式。土体、管片和接头刚度参数与试验一致,土压区隧道埋深为10.5 m时的荷载,一共对通缝式拼装、22.5°错缝式拼装和45°错缝式拼装进行了3组计算,计算和试验结果分别列于表4.12和表4.13中。对比分析试验和计算结果可知:

表4.12 理论计算结果

拼装方式	M_{max} (kN·m)	对应轴力 (kN)	M_{min} (kN·m)	对应轴力 (kN)	最大位移量 (mm)
通 缝	117.93	708.25	-83.915	872.41	6.27
22.5°错缝	161.52	525.92	-178.13	1 266.60	4.65
45°错缝	173.56	652.68	-182.60	868.46	3.83

注:正弯矩代表管片环内侧受拉,负弯矩代表管片环外侧受拉。

表4.13 整环试验结果

结果参数	通缝拼装	22.5°错缝拼装	45°错缝拼装
变形 δ (mm)	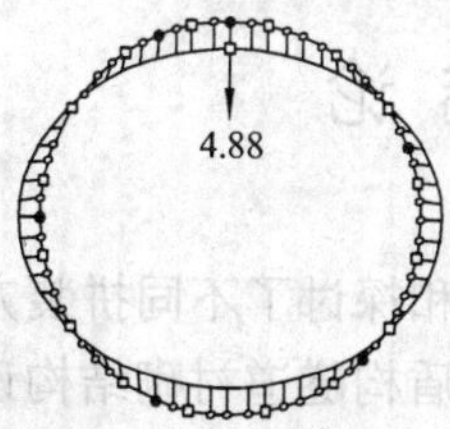 4.88	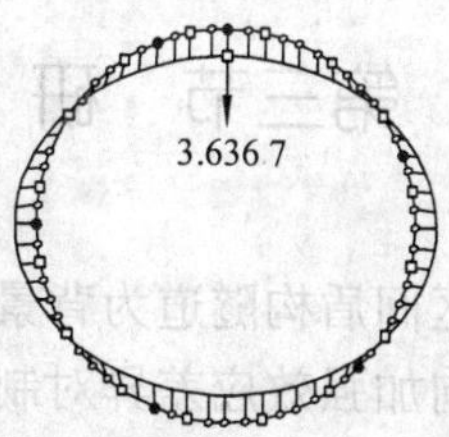 3.636 7	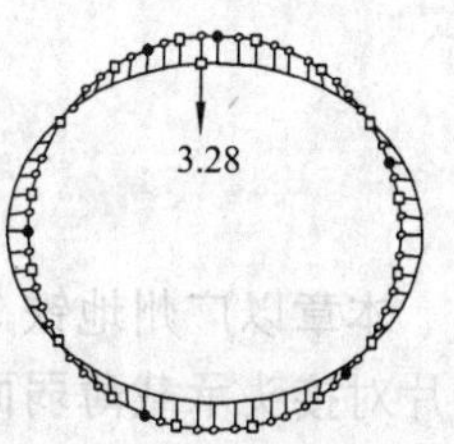 3.28
弯矩 M (kN·m)	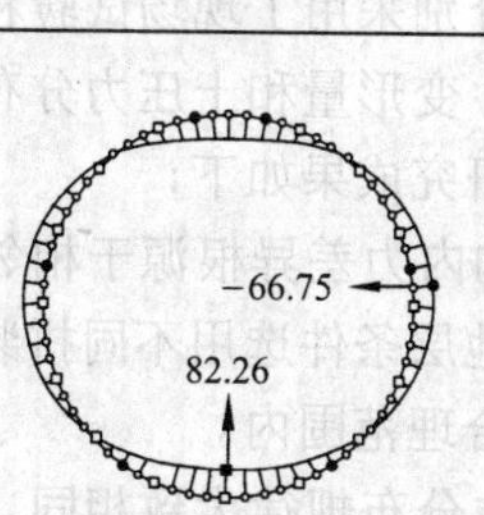 -66.75 / 82.26	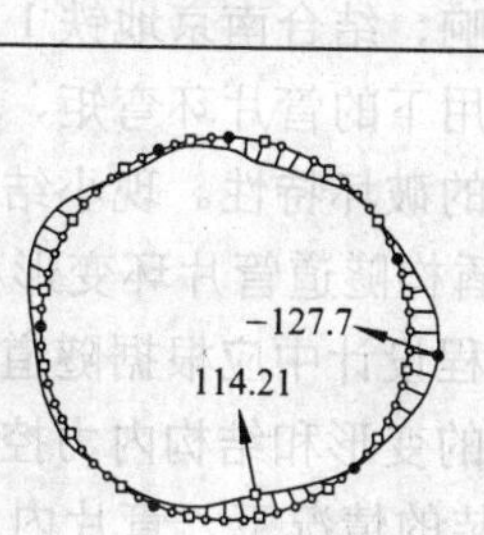 -127.7 / 114.21	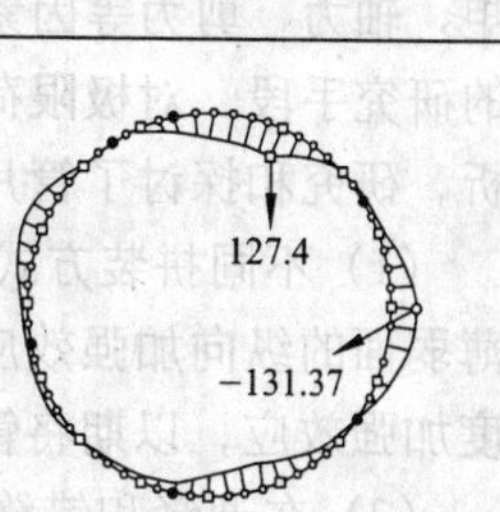 127.4 / -131.37

续表 4.13

结果参数	通缝拼装	22.5°错缝拼装	45°错缝拼装
轴力 N（kN）	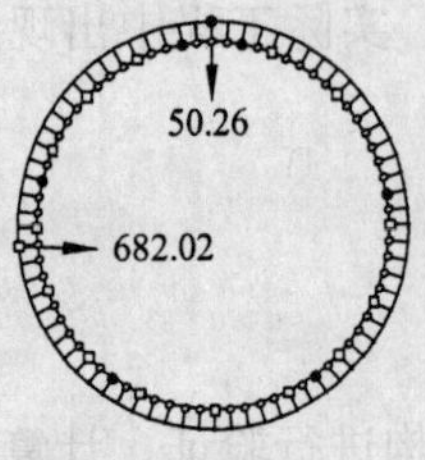 50.26 682.02	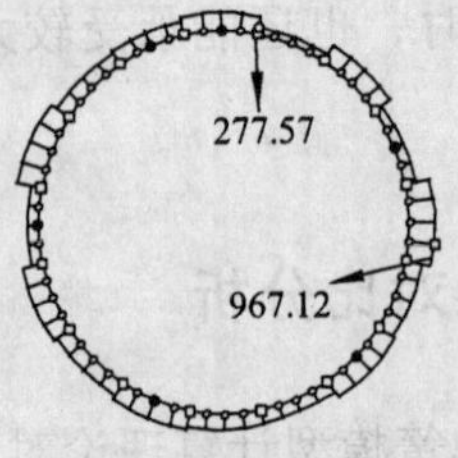 277.57 967.12	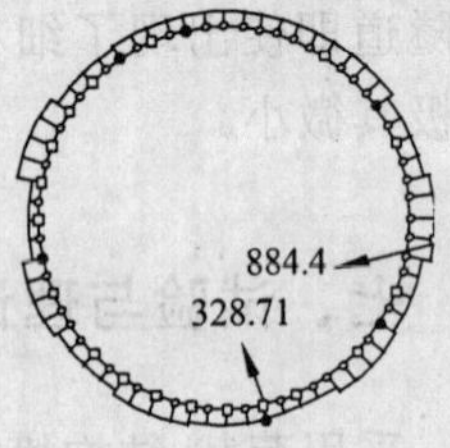 884.4 328.71
剪力 Q（kN）	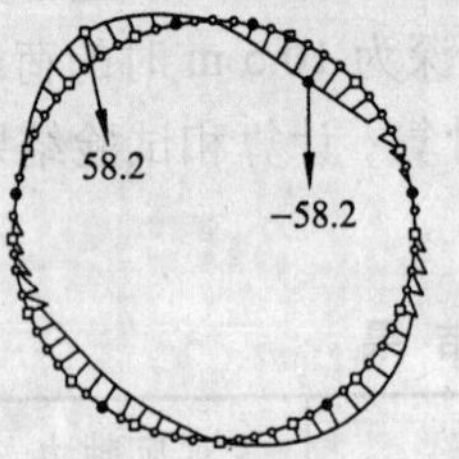 58.2 −58.2	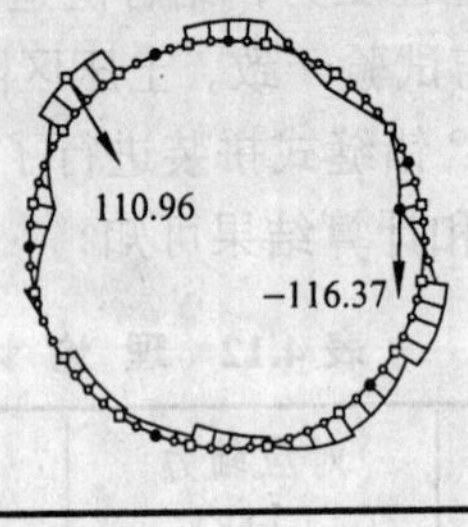 110.96 −116.37	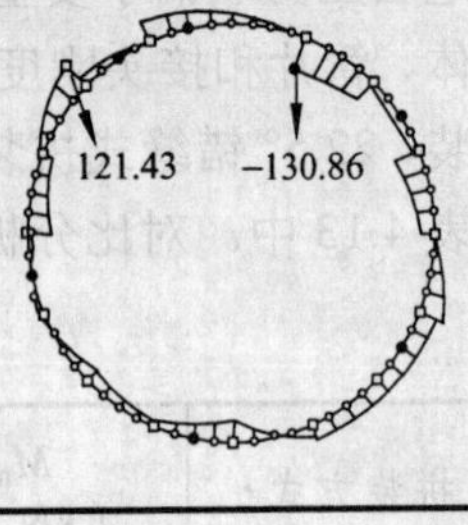 121.43　−130.86

在相同拼装方式下，模型试验成果与梁-弹簧模型理论计算分析具有一致的内力和位移分布变化规律，内力最大值出现位置相同或关于拱顶对称，由此说明作用于梁-弹簧模型隧道上的荷载与作用在试验盾构隧道管片环上的荷载具有一致的分布规律。

在相同荷载条件下，模型试验所得管片环最不利荷载较梁-弹簧模型理论分析的结果小，如最大弯矩值约小 35%，相应轴力值约小 5%，原因主要在于梁-弹簧模型计算中忽略了土体的承载能力，采用了偏于安全的上覆土柱高荷载，而将此计算结果用于实际工程结构设计则明显偏于安全。

第三节　研究结论

本章以广州地铁3号线区间盾构隧道为背景，研究和探讨了不同拼装方式影响下的相邻管片对接头承载薄弱面的纵向加强效应差异对制约区间盾构隧道衬砌结构设计的变形量、弯矩、轴力、剪力等因素的影响；结合南京地铁1号线分别采用了现场试验和数值计算相结合的研究手段，对极限荷载作用下的管片环弯矩、轴力、变形量和土压力分布等进行了对比分析，研究和探讨了管片结构的破坏特性。现小结本章研究成果如下：

（1）不同拼装方式下的盾构隧道管片环变形和结构内力差异根源于相邻管片对接头承载薄弱面的纵向加强效应，工程设计中应根据隧道所处地层条件选用不同拼装方式以调整该刚度加强效应，以期将管片环的变形和结构内力控制在合理范围内。

（2）在通缝和错缝式拼装的情况下，管片内力总体分布规律大致相同，但受错缝式拼装

影响，纵向和环向接头相互作用所产生的附加内力使得相同地质和埋深条件下的错缝式拼装管片环最大弯矩值较通缝式拼装约大 20%，而相应轴力却较通缝式拼装约小 10%，由此说明错缝式拼装所引起的管片附加内力较为明显，这虽然对管片环的整体承载较为不利，却提高了结构体的整体性，使得错缝式拼装管片环最大位移值较通缝式拼装约小 20%。

（3）对我国现行区间盾构隧道地质和埋深条件而言，即使管片结构出现了细小裂缝，衬砌结构还能承受较大荷载，从而使得实际工程中盾构隧道出现坍塌的可能性极小，因此在相关设计中应将管片环的最大变形量作为结构设计控制标准。

第三篇 盾构隧道施工对环境的影响问题研究

第五章 盾构隧道施工对环境影响的一般问题

第一节 盾构隧道衬砌结构纵向特性

盾构隧道在环向和纵向上均存在大量接缝，受环缝和纵缝接头的刚度削弱效应影响，管片与管片间、管片环与管片环间的协同受荷变形机理十分复杂。若直接对隧道管片和接头进行分析，则会遇到计算单元数量过多，需要求解的基本未知量剧增等问题，费时费力，而忽视二者关联性的相关研究成果也是不合理的。目前，国内地铁区间盾构隧道一般长数百 m 至数 km，而管片幅宽一般为 1.2~1.5 m，如广州地铁 3 号线大—沥区间盾构隧道全长约 2 550 m，管片幅宽 1.5 m，整个区间存在环向接缝 1 700 处，接头的存在严重影响着隧道的结构性能和纵向变形。因此，有必要在采用合理假设的基础上，对盾构隧道的环向和纵向结构形式进行简化，忽略次要因素并采用适当的分析模式对盾构隧道纵向变形和结构性能进行研究。

早期纵向结构性能研究中将盾构隧道视作连续介质的均质管线，不考虑接头对隧道纵向刚度的削弱，从而使得隧道等效纵向刚度增大，计算结果偏大，不利于结构安全；近年来，随着对影响隧道纵向结构性能的接头效应认识的提高，国内外在对接头的研究基础上，相继进行了一系列试验研究和理论探讨并取得了一定的研究成果。盾构隧道纵向结构理论研究成果主要可分为以有限单元法为基础的数值求解模型和理论分析解两部分。有限单元法计算繁琐，工作量大，受盾构隧道结构所固有的非连续性影响较大，衬砌管片、连接螺栓、各类接缝和周边土体等均需模拟，边界条件和初始条件难以确定等因素造成结构建模困难，数据量大以及对计算机配置标准要求较高等。

理论分析方法具有概念清晰、便于应用等优点，目前的盾构隧道纵向结构性能分析理论模型中普遍假设隧道横向为均质圆环，以弹簧模拟隧道与土体之间的相互作用。根据隧道接缝和连接螺栓简化方法的不同，理论分析方法主要可分为以村上博智与小泉淳为代表的地基-梁弹簧模型[146]和以志波由纪夫与川岛一彦为代表的等效刚度模型[158]。地基梁-弹簧模型中每个管片环均由一独立直线梁进行模拟，管片环间接缝和连接螺栓均分别采用轴向、剪切和弯曲弹簧进行模拟，其缺点在于分析过程中计算单元较多且主要适用于线性分析。等效刚度模型从管片、管片环和连接螺栓的共同受荷变形角度出发，在横向上将具有纵向接缝的不连续管片环等效为一连续均质圆环，在纵向上将具有环向接缝的不连续隧道等效为一连续均质圆筒。

一、研究对象

对于横向和纵向均不连续的盾构隧道装配式衬砌结构——管片环而言，欲将其等效为连续均质圆筒，需同时对其环向和纵向刚度进行折减，研究模型对象分为折减前和折减后，详述如下：

（1）折减前：盾构隧道包括 m 个管片环和 m 个纵向接头，各管片环幅宽 l_s，横截面面积 A_1，抗拉（压）刚度、抗剪刚度和抗弯刚度分别为 E_1A_1、G_1A_1 和 E_1I_1，根据研究对象的不同将纵向接头分别简化采用抗拉压（k_N）、抗剪（k_Q）和抗弯（k_M）弹簧代替，管片环由若干块管片和接头所组成，环向抗弯刚度为 EI。

（2）折减后：将原隧道管片环按照 $n:1$ 的比例进行折减，即将折减前同等长度的 m 个管片环经刚度折减后简化为 m/n 环管片，折减后各管片环抗拉压、抗剪和抗弯刚度分别为 $\alpha_N E_1 A_1$、$\alpha_Q G_1 A_1$ 和 $\alpha_M E_1 I_1$，该 n 个管片环间各相关弹簧的抗拉压、抗剪和抗弯刚度不折减，原管片环环向等效为一均质圆环，等效后抗弯刚度为 $\alpha_c EI$。

二、环向刚度折减系数

对于采用装配式衬砌的盾构隧道而言，即使纵向采用错缝拼装也仅能弥补部分由于环向接头存在所引起的刚度损失，合理评价不同拼装方式下的管片环环向刚度即成为制约刚度等效的重要因素。从力学角度出发，由于管片接头均存在一定的铰接功能，其刚度影响因素不仅来自于管片间的连接螺栓、手孔、衬垫厚度等结构参数的影响，还来自于管片接头与相邻环管片间剪切阻力传递效应所引起的刚度增强效应，正确评价拼接效应影响下的管片环环向刚度折减系数将有助于合理确定衬砌环的环向结构内力和变形分布。

鉴于环向刚度等效系数影响因素的复杂性和多样性，本书在修正惯用法的研究基础上引入了环向刚度折减系数 α_c，即采用修正惯用法将具有若干环向接头的管片环进行连续介质圆环化，等效结果如图 5.1 所示，环向刚度折减系数 α_c 取值参照前面错缝拼装管片荷载试验所得弯曲刚度有效率 η 进行确定[143]。修正惯用法相关系数的取定在前面相关章节已有介绍，此处不再详述。

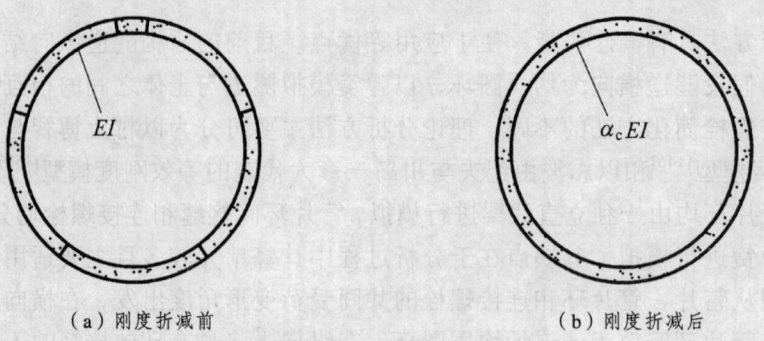

(a)刚度折减前 (b)刚度折减后

图 5.1 管片环向刚度折减

三、纵向抗拉压刚度折减系数

如图 5.2 所示，分别对刚度折减前和折减后的 m 环和 m/n 环盾构隧道施加轴向拉力 N，

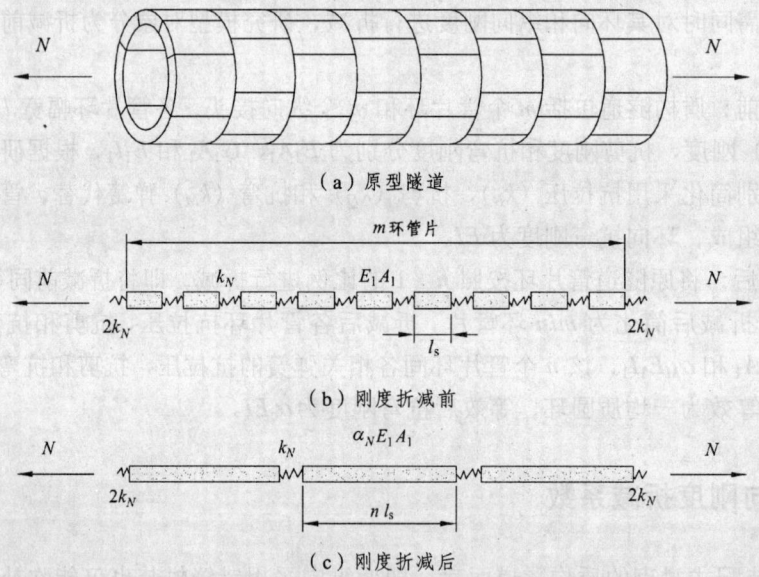

(a)原型隧道

(b)刚度折减前

(c)刚度折减后

图 5.2 纵向抗拉压刚度折减

可得刚度折减前的隧道纵向拉伸变形量 u_1 为：

$$u_1 = \frac{mN}{E_1 A_1} l_s + \frac{mN}{k_N} \tag{5.1}$$

刚度折减后的隧道纵向拉伸变形量 u_2 为：

$$u_2 = \frac{\frac{m}{n} N}{\alpha_N E_1 A_1}(n l_s) + \frac{\frac{m}{n} N}{k_N} \tag{5.2}$$

根据刚度折减前后隧道纵向拉伸变形量相等原则，即 $u_1 = u_2$，可得：

$$\frac{mN}{E_1A_1}l_s + \frac{mN}{k_N} = \frac{\frac{m}{n}N}{\alpha_N E_1 A_1}(nl_s) + \frac{\frac{m}{n}N}{k_N} \tag{5.3}$$

即可得盾构隧道纵向抗拉刚度折减系数 α_N 为:

$$\alpha_N = \frac{k_N}{k_N + \frac{E_1 A_1}{l_s}\left(1 - \frac{1}{n}\right)} \tag{5.4}$$

当隧道承受纵向压力 N 时，管片环将被压缩，纵向接头抗拉压刚度 k_N 趋于无穷大，$\alpha_N = 1$，这将有利于隧道的整体刚度、抗变形和防水性能的提高。偏于安全角度考虑，一般取 α_N 为盾构隧道的纵向抗拉压刚度折减系数。

四、纵向抗剪刚度折减系数

如图 5.3 所示，分别对刚度折减前和折减后的 m 环和 m/n 环盾构隧道施加切向剪力 Q，

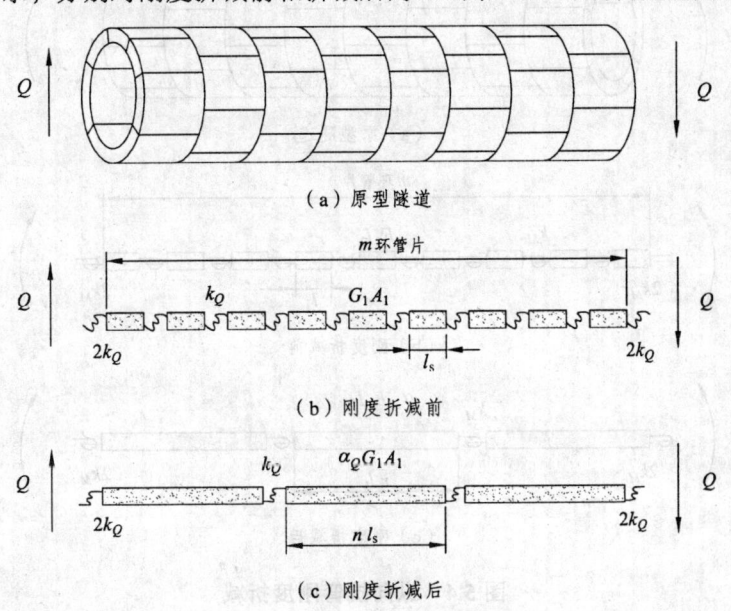

图 5.3 纵向抗剪刚度折减

可得刚度折减前的隧道切向变形量 v_1 为:

$$v_1 = \frac{mQ}{G_1 A_1}l_s + \frac{mQ}{k_Q} \tag{5.5}$$

刚度折减后的隧道切向变形量 v_2 为:

$$v_2 = \frac{\frac{m}{n}Q}{\alpha_Q G_1 A_1}(nl_s) + \frac{\frac{m}{n}Q}{k_Q} \tag{5.6}$$

根据刚度折减前后隧道切向变形量相等原则,即 $v_1 = v_2$,可得:

$$\frac{mQ}{G_1 A_1} l_s + \frac{mQ}{k_Q} = \frac{\frac{m}{n} Q}{\alpha_Q G_1 A_1}(n l_s) + \frac{\frac{m}{n} Q}{k_Q} \tag{5.7}$$

即可得盾构隧道纵向抗剪刚度折减系数 α_Q 为:

$$\alpha_Q = \frac{k_Q}{k_Q + \dfrac{G_1 A_1}{l_s}\left(1 - \dfrac{1}{n}\right)} \tag{5.8}$$

五、纵向抗弯刚度折减系数

如图 5.4 所示,分别对刚度折减前和折减后的 m 环和 m/n 环盾构隧道施加弯矩 M,可得

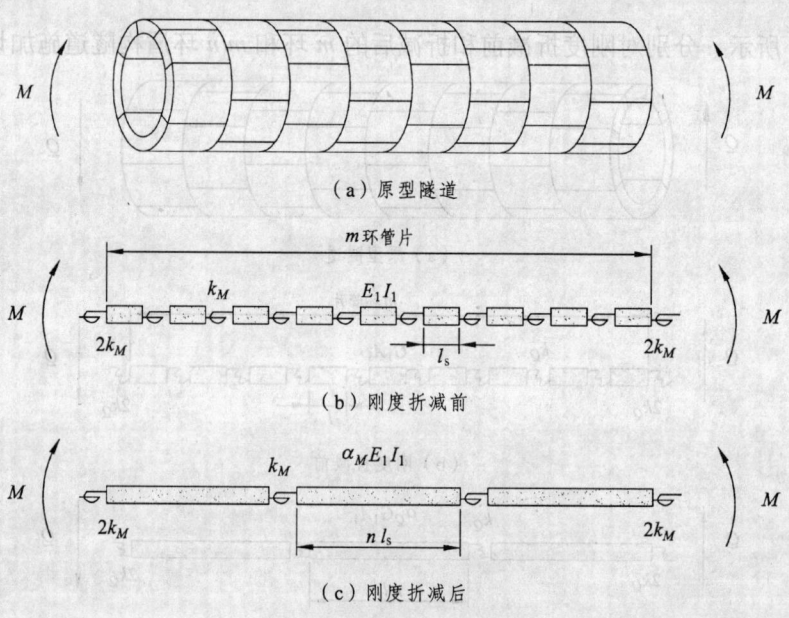

图 5.4 纵向抗弯刚度折减

刚度折减前的隧道转角 θ_1 为:

$$\theta_1 = \frac{mM}{E_1 I_1} l_s + \frac{mM}{k_M} \tag{5.9}$$

刚度折减后的隧道转角 θ_2 为:

$$\theta_2 = \frac{\frac{m}{n} M}{\alpha_M E_1 I_1}(n l_s) + \frac{\frac{m}{n} M}{k_M} \tag{5.10}$$

根据刚度折减前后隧道转角变形量相等原则,即 $\theta_1 = \theta_2$,可得:

$$\frac{mM}{E_1I_1}l_s + \frac{mM}{k_M} = \frac{\frac{m}{n}M}{\alpha_M E_1 I_1}(nl_s) + \frac{\frac{m}{n}M}{k_M} \tag{5.11}$$

即可得盾构隧道纵向抗弯刚度折减系数 α_M 为:

$$\alpha_M = \frac{k_M}{k_M + \frac{E_1 I_1}{l_s}\left(1 - \frac{1}{n}\right)} \tag{5.12}$$

目前,盾构隧道的各项等效刚度系数中,除管片环向刚度折减系数 α_c 可通过已有大量室内和现场试验所提供的设计建议值进行确定外,纵向等效抗拉压刚度折减系数 α_N、抗剪切刚度折减系数 α_Q 和抗弯刚度折减系数 α_M 公式中的各参数计算取值还主要是在结合研究管片环钢筋混凝土材料及纵向连接螺栓尺寸、数量及材料特性的基础上进行工程类比取值的。根据文献[159]中所提供的 k_N、k_Q 和 k_M,结合表5.1所示广州地铁3号线管片环各材料参数,由式(5.4)、式(5.8)和式(5.12)计算得盾构隧道各等效刚度系数如下:

等效抗拉压刚度折减系数:$\alpha_N = \dfrac{1.484}{1.484 + \dfrac{185.3}{1.5}\left(1 - \dfrac{1}{40}\right)} = 0.012$

等效抗剪刚度折减系数:$\alpha_Q = \dfrac{0.57}{0.57 + \dfrac{77.2}{1.5}\left(1 - \dfrac{1}{40}\right)} = 0.011$

等效抗弯刚度折减系数:$\alpha_M = \dfrac{5}{5 + \dfrac{755}{1.5}\left(1 - \dfrac{1}{40}\right)} = 0.010$

表 5.1 广州地铁 3 号线大—沥区间盾构隧道纵向接头材料参数表

材料类型	材料参数				
管片环	幅宽 l_s (m)	EA (N)	EI (N·m²)	GA (N·m)	n (环)
	1.5	1.85×10^{11}	7.55×10^{11}	7.72×10^{10}	40
连接螺栓	型号	$E_b A_b$ (N)	k_M (kN·m/rad)	$G_b A_b$ (N·m)	单环数量
	$\phi 30$	1.484×10^9	5×10^9	0.57×10^9	10

第二节 盾构隧道施工对环境影响的模型试验

一、相似比的确定

盾构隧道衬砌管片环是由若干预制钢筋混凝土管片拼装而成的,环向和纵向均存在大量接缝是其固有的特性，如何正确评价各类接缝对衬砌环整体性能的影响将直接影响着结构的承载和变形。环向刚度折减系数、纵向抗拉压刚度折减系数、纵向抗剪切刚度折减系数和纵向抗弯刚度折减系数分别直观反映了各类接缝对盾构隧道环向和纵向整体结构性能的影响。

本章在对等效刚度模型中影响结构性能和纵向变形的各项等效参数的研究基础上，计算出了广州地铁 3 号线大—沥区间盾构隧道的等效刚度，以几何相似比和重力相似比为基础相似比，采用模型比尺达 1∶40 的大型室内试验手段对盾构隧道的纵向结构性能及施工对环境的影响进行深入研究。

（一）相似关系推导

相似模型试验研究意图就是考察隧道修建过程中对地表沉降和已建隧道的变位和附加内力影响。为达到上述研究目的，本试验以在满足几何相似的基础上达到重力相等为原则，实现了在弹性范围内控制各物理参数的全相似性[160]、[161]。现根据相似理论原理推导各物理力学参数原型值和模型值相似关系如下所述。

现根据相似第一定理对本模型试验各项参数进行理论推导，其中分别以 p 和 m 代表试验原型和模型物理量，C 为相似比，则可定义各物理量的相似比参数如下：

几何相似比：$C_l = \dfrac{x_p}{x_m} = \dfrac{y_p}{y_m} = \dfrac{u_p}{u_m} = \dfrac{v_p}{v_m} = \dfrac{l_p}{l_m}$

应力相似比：$C_\sigma = \dfrac{(\sigma_x)_p}{(\sigma_x)_m} = \dfrac{(\sigma_y)_p}{(\sigma_y)_m} = \dfrac{(\sigma_{xy})_p}{(\sigma_{xy})_m} = \dfrac{\sigma_p}{\sigma_m}$

应变相似比：$C_\varepsilon = \dfrac{(\varepsilon_x)_p}{(\varepsilon_x)_m} = \dfrac{(\varepsilon_y)_p}{(\varepsilon_y)_m} = \dfrac{(\varepsilon_{xy})_p}{(\varepsilon_{xy})_m} = \dfrac{\varepsilon_p}{\varepsilon_m}$

弹性模量相似比：$C_E = \dfrac{E_p}{E_m}$

泊松比相似比：$C_\mu = \dfrac{\mu_p}{\mu_m}$

边界力相似比：$C_{\bar{x}} = \dfrac{\bar{x}_p}{\bar{x}_m} = \dfrac{\bar{y}_p}{\bar{y}_m}$

体积力相似比：$C_X = \dfrac{X_p}{X_m} = \dfrac{Y_p}{Y_m}$

位移相似比：$C_\delta = \dfrac{\delta_p}{\delta_m}$

容重相似比：$C_\gamma = \dfrac{\gamma_p}{\gamma_m}$

由于本试验是在弹性范围内满足原型和模型的全相似，故结合弹性范围内的各项方程（如平衡方程、相容方程、物理方程、几何方程）和边界条件可得以下几个相似比参数关系式：

$$\dfrac{C_X C_l}{C_\sigma} = 1, \quad \dfrac{C_\varepsilon C_E}{C_\sigma} = 1, \quad \dfrac{C_{\bar{x}}}{C_\sigma} = 1, \quad C_\mu = 1, \quad C_\varepsilon = 1$$

（二）相似比的确定

根据研究对象穿越地区地质、地形、地貌和环境情况并结合实验室量测仪器和场地，确定该模型试验采用几何比尺为 1∶40，以几何相似比和容重相似比为基础相似比。根据相似准则可得各物理力学参数原型值和模型值分别为：

(1) 几何相似比：$C_l = 40$

(2) 容重相似比：$C_\gamma = 1$

(3) 泊松比、应变、内摩擦角相似比：$C_\mu = C_\varepsilon = C_\varphi = 40$

(4) 强度、应力、粘聚力、弹性模量相似比：$C_R = C_\sigma = C_c = C_E = 40$

遵循上述各相似关系可得各相关试验力学参数，主要包括：

(1) 土体粘聚力 c、内摩擦角 φ、容重 γ、弹性模量 E、单轴抗压强度 R_b。

(2) 管片混凝土轴心抗压强度 R_b、弹性模量 E。

(3) 管片混凝土受拉主筋抗拉（压）强度 R_l、弹性模量 E 和等效刚度 E_A。

(4) 管片混凝土受弯主筋抗拉（压）强度 R_l、弹性模量 E 和等效刚度 E_A。

二、试验规模与装置

（一）试验规模

根据广州市轨道交通 3 号线大—沥区间盾构隧道纵断面分布图可知，该区间盾构隧道中心埋深约 1.5～5.5 D，试验分别取区间盾构隧道拱顶埋深 1D 和 2D 即 6 m 和 12 m（相应隧道中心埋深 9 m 和 15 m）。为消除边界约束效应影响，沿隧道横断面和纵断面方向各取一定长度，由此可得试验原型土体范围：横向×纵向×竖向＝64 m×60 m×40 m。由几何相似比可得相应室内模型试验土体范围为：横向×纵向×竖向＝1.6 m×1.5 m×1.0 m。

根据工程地质勘查结果及盾构隧道顶推施工对环境影响的控制因素，试验共对 1D 和 2D 拱顶埋深，0.26～0.52 MPa 顶推力作用下，盾构隧道顶推施工对地表沉隆变位的影响进行了研究。

（二）试验装置

整个试验在专门制作的试验台架和试验槽内进行。模型试验台架外轮廓由角钢、槽钢连接拼装而成，内部修砌砖墙以形成边界约束，在台架一侧镶嵌钢化玻璃以便于观察新建隧道顶推过程中已建隧道的变位和地表沉隆变化，模型试验台架结构尺寸为：长×宽×高＝2.4 m×2.4 m×1.5 m，模型试验槽结构尺寸为：长×宽×高＝2.0 m×2.0 m×1.2 m。模型试验装置简图和照片分别如图 5.5 和图 5.6（a）、(b) 所示。为了模拟隧道顶推施工状态，在模型试验槽前修建砖制反力墙以提供顶推施工所需用的顶推力，砖墙采用槽钢和角钢加固，以确保施工过程中不产生过大变形和挠曲，反力墙和施加反力所用千斤顶如图 5.6 (c) 所示。

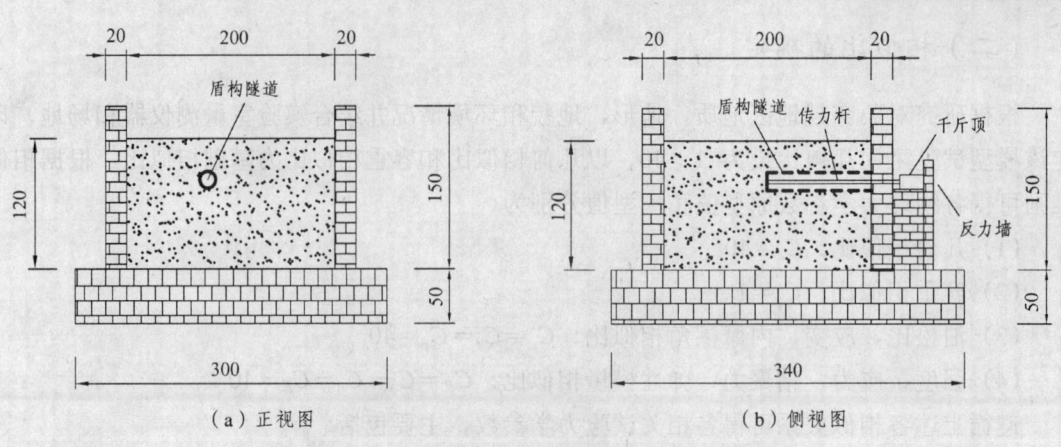

(a) 正视图　　　　　　　　　　　　　(b) 侧视图

图 5.5　模型试验装置简图（平行）

(a) 正视图

(b) 侧视图

(c) 反力墙和千斤顶

图 5.6　模型试验装置

三、相似材料

（一）土　体

综合研究对象土体各地层特性及地质勘探结果，归纳本试验区间盾构隧道穿越地层围岩如表 5.2 所示，配制完成模型试验用土体材料如图 5.7 所示。

表 5.2　土体围岩类别参数

围岩类别		容重（kN/m）	粘聚力（kPa）	内摩擦角（°）	泊松比	变形模量（MPa）	厚度（m）
Ⅰ类	原型	18.28	9.83	16.86	0.37	3.04	19.82
	模型	18.28	0.246	16.86	0.37	0.076	0.495
Ⅱ类	原型	19.08	41.21	19.49	0.33	8.28	6.20
	模型	19.08	1.03	19.49	0.33	0.207	0.155
Ⅲ类	原型	21.60	50.00	20.00	0.30	150.00	4.72
	模型	21.60	1.25	20.00	0.30	3.750	0.119

（a）Ⅰ类围岩

（b）Ⅱ类围岩

图 5.7　试验土体材料

　　相似材料的配制主要考虑了土体容重、粘聚力、内摩擦角、泊松比和变形（弹性）模量等主要因素，原材料配制过程中主要选择了重晶石粉、机油、粉煤灰、河砂等，配制方法为：常温下机械拌和，最后加压成型，根据容重相似比原则可得与原型材料相对应的模型材料特征参数值如表 5.2 所示。试验中未考虑土体分层影响，对盾构隧道所处地层分别全为Ⅰ和Ⅱ类围岩进行试验，以期探讨较不利围岩情况下盾构顶推对地表沉降和邻近隧道的影响。

（二）盾构隧道

　　广州市轨道交通 3 号线大—沥区间盾构隧道衬砌结构采用 C50 钢筋混凝土预制管片环，管片环外直径 6 m，内直径 5.4 m，厚度 0.30 m，标准幅宽 1.50 m。衬砌环整环拼装采用"1+2+3"模式，即采用 1 个封顶块、2 个邻接块和 3 个标准块构筑衬砌环，环向接头处以 12 颗环向连接螺栓相连，能有效减少纵缝张开量及结构变形；纵向接头处以 10 根纵向螺栓相连，这样使得隧道纵向既能适应一定的变形,又能将隧道纵向变形控制在列车运行及防水要求范围内。

试验主要研究盾构隧道的纵向拉压和弯曲变形特性以及隧道修建过程中对周边环境的影响,故在试验过程中应重点模拟盾构隧道沿纵向的弯曲变形。由前述计算结果可知,研究对象各等效刚度折减系数分别为 $\alpha_N=0.012$,$\alpha_M=0.010$,结合研究目的和重点,取试验综合刚度折减系数为 0.010,得衬砌管片相似材料物理力学参数如表 5.3 所示,试验用盾构隧道模型如图 5.8 所示。

表 5.3 盾构隧道材料力学参数

桩 基		弹性模量 E (MPa)	抗弯刚度 EI (MPa·m^4)	备 注
原型	管片	3.45×10^4	7.55×10^5	C50 钢筋混凝土
	刚度等效	3.45×10^2	7.55×10^3	
相似材料	模型值	6.90	5.90×10^{-5}	天然橡胶管,外直径 0.15 m,内直径 0.135 m
	对应原型	2.76×10^2	6.04×10^3	

图 5.8 试验用盾构隧道模型

四、试验研究内容及测点布置

(一) 等效刚度的确定

盾构隧道纵向刚度是影响其内力、变形和引起地表沉降的主要因素。确定盾构隧道等效后的刚度是确保试验成功的关键性因素。盾构隧道纵向等效刚度的确定是在运用地基梁-弹簧模型理论的基础上,遵循刚度等效原则进行的,对于本试验研究而言,影响研究成果的最重要因素是纵向抗拉压刚度和纵向抗弯刚度。模型盾构隧道纵向等效抗拉压刚度和纵向等效抗弯刚度的确定分别如图 5.9~5.12 所示。

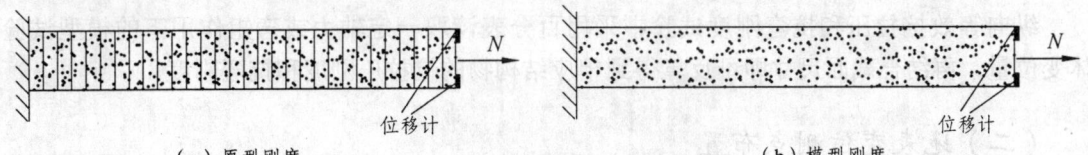

（a）原型刚度　　　　　　　　　　　　　（b）模型刚度

图 5.9　纵向等效抗拉压刚度的确定方法

图 5.10　试验中纵向等效抗拉压刚度的确定

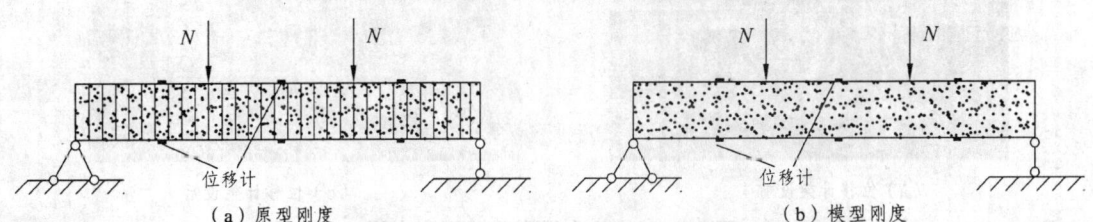

（a）原型刚度　　　　　　　　　　　　　（b）模型刚度

图 5.11　纵向等效抗弯刚度的确定方法

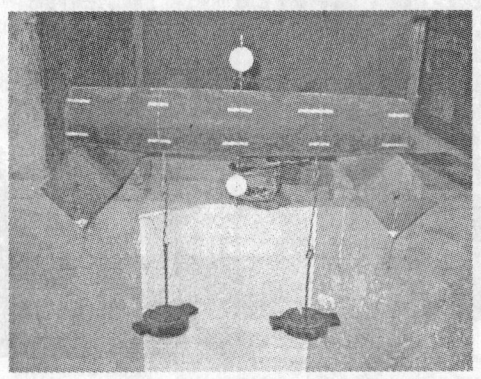

图 5.12　试验中纵向等效抗弯刚度的确定

纵向等效抗拉压和抗弯刚度试验中采用百分表读取一定轴力或弯矩作用下的模型试验体变位量,再结合截面尺寸即可反算得到相应结构物的抗拉压刚度和抗弯刚度。

(二)地表变位测点布置

为了测量盾构隧道施工对周边环境的影响,试验主要测量了隧道顶推施工过程中的地表沉隆变位。

为了测量隧道顶推施工对地表纵向沉隆曲线的影响,试验中沿隧道纵向共布设了 4 排地表位移测点,测点间距 0.30 m,对应原型 12 m;根据对称性原则,以新建隧道纵向中心线为对称轴,共布设了 5 列测点,测点与新建隧道中心线距离分别为 0、15 cm、30 cm、45 cm 和 60 cm,分别对应于原型 0、6 m、12 m、18 m 和 24 m,即试验对原型隧道顶推 48 m×36 m 范围内的地表沉隆进行了研究。地表沉隆变位测点布置分别如图 5.13 和图 5.14 所示。

图 5.13 地表位移测点布置图
(单位:cm)

地表沉隆变化采用具有 1‰ 原始精度,量程 20 mm 的差动式位移计进行量测,测量结果即为沉隆值,试验所用差动位移计如图 5.15 所示。

(a)位移计架设前

(b)位移计架设后

图 5.14 试验中地表位移测点布置

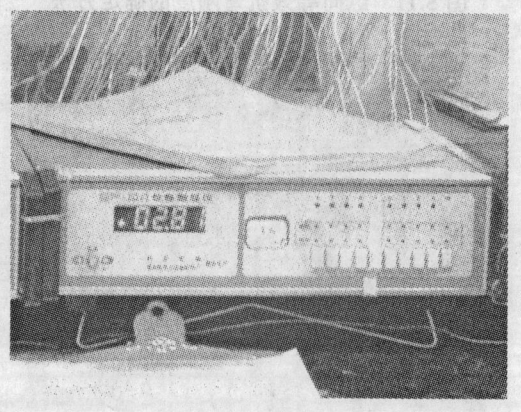

图 5.15 差动位移计

(三) 已建隧道位移及附加内力测点布置

对于平行、交叠和空间正交邻近隧道而言，新建盾构隧道顶推施工必将导致已建隧道沿纵向和环向均发生变形和滑移，并对已建隧道产生纵向附加弯矩、轴力效应，测量新建隧道顶推施工过程中的已建隧道纵向变形和附加内力的分布及变化规律，对于控制新建隧道安全施工和已建隧道的正常使用均具有十分重要的意义。试验测点布置断面分别如图 5.13 和图 5.16 所示。

为测量新建隧道顶推施工对已建隧道各特征点变位和整环变形，试验沿已建隧道纵向共布置了 9 个变形测量断面，各断面测点布置如图 5.17（a）所示。

为测量新建隧道顶推施工对已建隧道所产生的纵向弯矩和轴力影响，试验沿已建隧道纵向共布置了 11 个纵向内力测量断面，各断面应变片布置如图 5.17（b）所示，试验中已建隧道位移测点布置如图 5.18 所示。

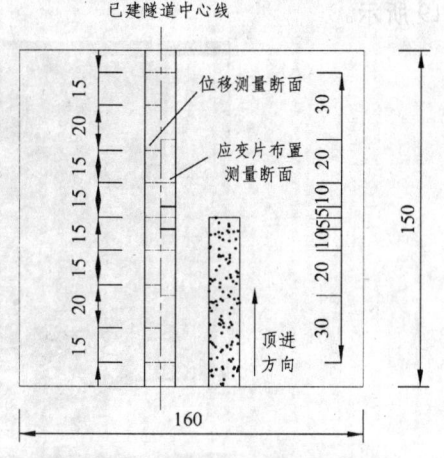

图 5.16 已建隧道位移及附加内力量测断面（平行）
（单位：cm）

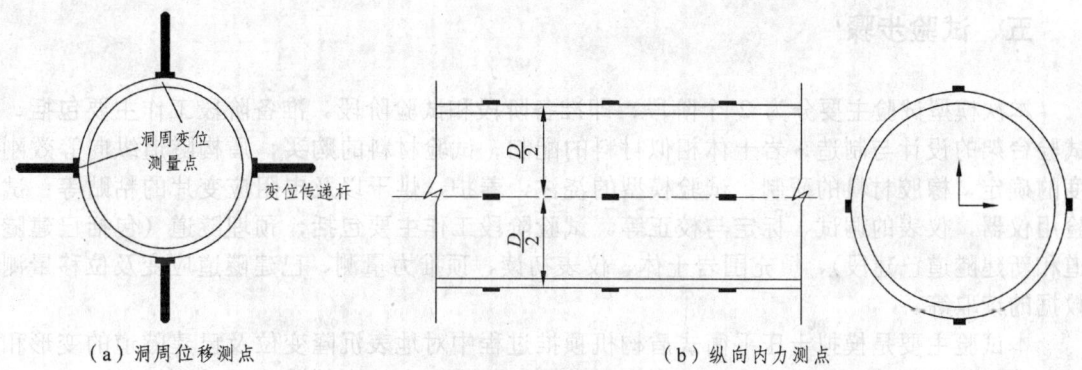

(a) 洞周位移测点　　　　　　　　(b) 纵向内力测点

图 5.17 已建隧道位移和内力测点布置

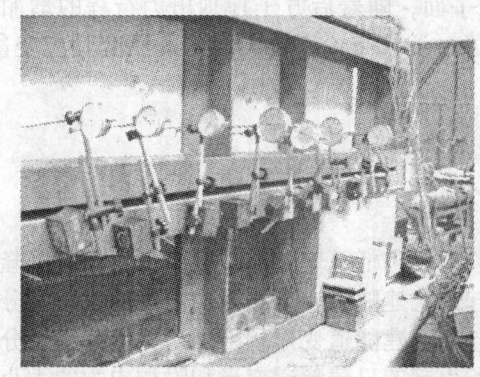 

(a) 水平位移（拱腰）　　　　　　　(b) 铅直位移（拱顶和拱底）

图 5.18 已建隧道位移测点布置

已建隧道位移和变形均采用具有1‰原始精度，量程20 mm的差动式位移计进行测量；已建隧道附加内力通过7V14应变采集仪所采集的应变片应变量，结合相关标定函数关系式和模型盾构隧道的弹性模量、结构尺寸即可换算得附加内力。试验用7V14应变采集仪如图5.19所示。

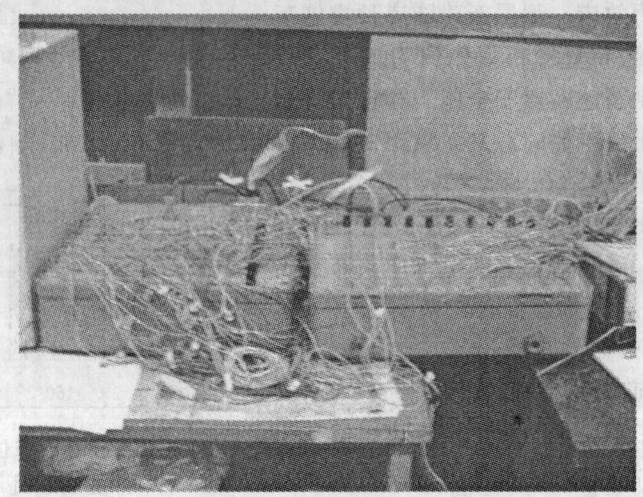

图5.19　7V14应变采集仪

五、试验步骤

本次模型试验主要分为2个阶段，即准备阶段和试验阶段。准备阶段工作主要包括：试验台架的设计与制造；岩土体相似材料的配制，试验材料的购买；盾构隧道纵向等效刚度的确定，橡胶材料的研制，试验模型的浇注、养护、烘干以及电阻应变片的粘贴等；试验用仪器、仪表的调试、标定与校正等。试验阶段工作主要包括：预埋隧道（包括已建隧道和新建隧道已建段）、填充围岩土体、仪表初读、顶推力量测、已建隧道应变及位移量测数据的读取等。

本试验主要是模拟土压平衡式盾构机顶推过程中对地表沉降变位及已建隧道的变形和附加内力的影响，刀盘掌子面顶推力通过后座设置于反力墙上的卧式千斤顶提供，千斤顶出力通过预先设置的钢筒传递至前方土体掘进掌子面，随着后方千斤顶出力行程的增加，作用于开挖掌子面的顶推力相应增大，该荷载值通过测量布设于传力筒上的应变片应变量，结合传力筒承载截面面积和材料特性计算得出。

六、试验结果与分析

根据研究对象所处空间相对位置的不同，试验内容包括：单隧道顶推施工对地表沉降变位的影响；平行状态下，新建隧道顶推施工所引起的已建隧道变形和附加内力的大小及分布影响；交叠状态下，新建隧道下穿顶推施工所引起的已建隧道变形和附加内力的大小及分布影响；空间正交状态下，新建隧道下穿顶推施工所引起的已建隧道变形和附加内力的大小及分布影响。现综述各试验研究成果如下。

隧道施工对地表沉降变位的影响,其研究内容主要包括不同围岩条件和隧道埋深情况下,掌子面顶推力差异所引起的地表横向和纵向沉降变位分布规律和三维沉降曲线研究。

1. 地表横向沉降曲线

实测隧道顶部埋深分别为 $1D$ 和 $2D$(D 为隧道外径)时,不同围岩条件和顶推力作用下,隧道顶推施工所引起的地表横向沉降曲线变化趋势分别如图 5.20 和图 5.21 所示。

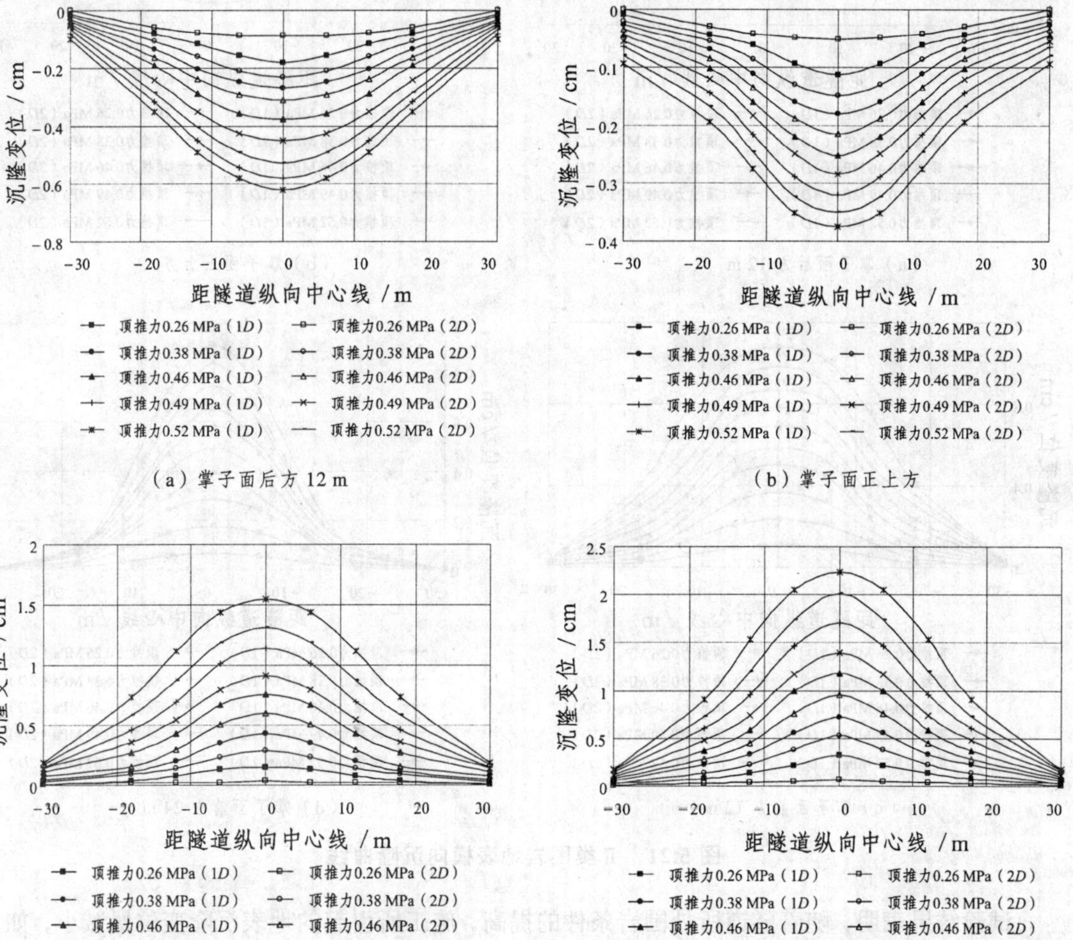

图 5.20 Ⅰ 类围岩地表横向沉降曲线

由图中可以看出,不同隧道埋深、围岩条件和顶推力作用下,盾构隧道顶推施工所引起的地表横向沉降变位曲线的变化规律一致,即在掌子面后方和掌子面正上方地表产生类似于 Peck 沉降槽的下沉变化曲线,而掌子面前方土体隆起,且横向沉降和隆起曲线的变位最大点均位于隧道纵向中心线正上方,但随着各影响因素的不同,该沉降变位量存在一定差异。

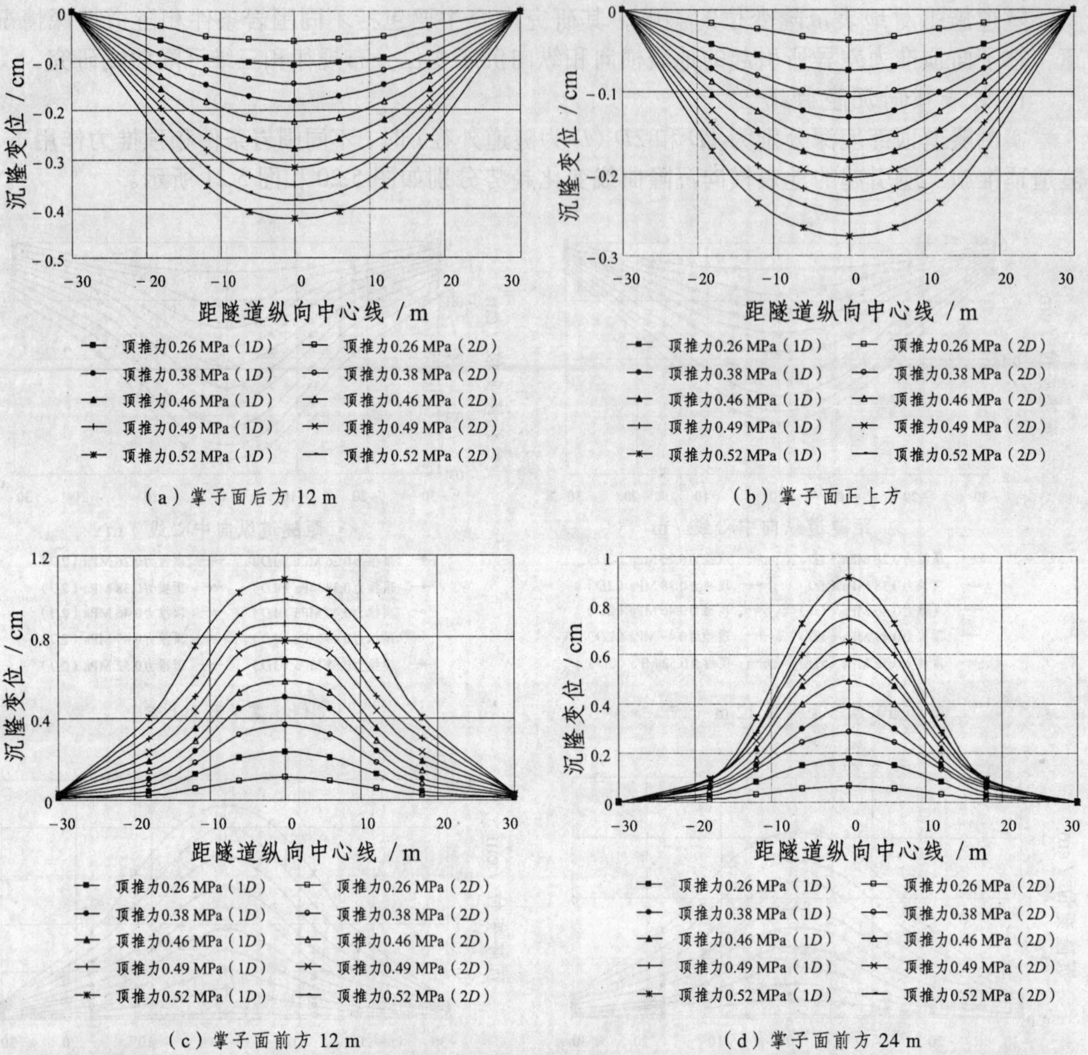

(a) 掌子面后方 12 m

(b) 掌子面正上方

(c) 掌子面前方 12 m

(d) 掌子面前方 24 m

图 5.21 Ⅱ类围岩地表横向沉隆曲线

试验结果表明，随着隧道所处围岩条件的提高，施工所引起的地表沉隆变位量减小，如当顶推力为 0.38 MPa 时，实测Ⅰ、Ⅱ类围岩掌子面后方 12 m、正上方和掌子面前方 12 m 的地表最大沉隆量分别为 -0.27 cm、-0.18 cm、0.72 cm 和 -0.18 cm、-0.13 cm、0.39 cm（其中负表示沉降，正表示隆起，下同），不同围岩条件下的地表各点沉隆变位量比值分别达 1.5:1 和 1.4:1 及 1.8:1，由此可见，提高隧道处围岩条件将有助于减小施工所引起的地表沉隆变位量。

减小隧道所处埋深将导致施工对地表扰动和由此所带来的沉隆变位量增大，试验所得Ⅰ类围岩在 0.46 MPa 顶推力的作用下，当隧道拱顶埋深分别为 $1D$ 和 $2D$ 时掌子面后方 12 m、正上方、前方 12 m 和前方 24 m 处的地表最大沉隆量分别为 -0.38 cm、-0.25 cm、0.76 cm、1.18 cm 和 -0.31 cm、-0.21 cm、0.60 cm、0.96 cm，即随着隧道埋深的加大，施工影响所引起的地表沉隆变位量将相应减少 18%、16%、21% 和 19%。

增大顶推力，施工所引起的地表沉隆变位量将显著增加，实测Ⅱ类围岩埋深为 $2D$ 掌子面顶推力分别为 0.26 MPa 和 0.49 MPa 时，盾构隧道施工所引起的地表各点沉隆变位量分别达 －0.11 cm、－0.07 cm、0.23 cm、0.18 cm 和 －0.35 cm、－0.23 cm、0.87 cm、0.75 cm，即在该工况下，掌子面顶推力增大 88% 后所引起的地表沉隆增幅将达 218%、228%、278% 和 317%，影响较大。

2. 地表纵向沉隆曲线

实测隧道顶部埋深分别为 $1D$ 和 $2D$ 时，不同围岩条件和顶推力作用下，隧道顶推施工所引起的隧道纵轴中心线正上方和距离该中心线 18 m 处的地表纵向沉隆变位曲线分别如图 5.22 和图 5.23 所示。

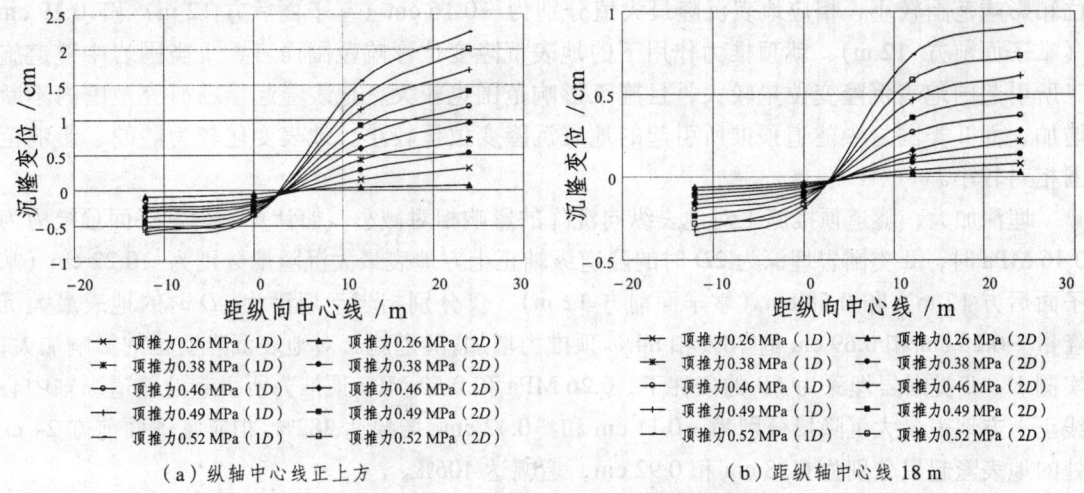

(a) 纵轴中心线正上方　　　　　　　(b) 距纵轴中心线 18 m

图 5.22　Ⅰ类围岩地表纵向沉隆曲线

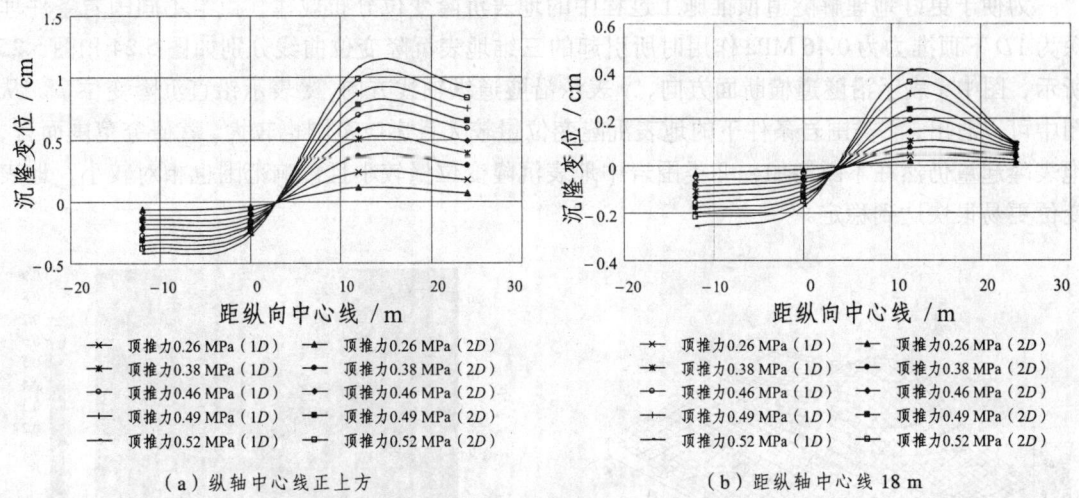

(a) 纵轴中心线正上方　　　　　　　(b) 距纵轴中心线 18 m

图 5.23　Ⅱ类围岩地表纵向沉隆曲线

分析各影响因素作用下的地表纵向沉隆变位曲线分布及变化规律可以看出：随着掌子面的临近，地表将沿顶推方向在掌子面前方一定距离处产生隆起变位，隆起变位最大值出现位置随隧道所处围岩条件的不同而存在差异；随着掌子面的穿越，地表将迅速下沉，并在掌子面前方一定距离处与原有地面线相交,而后继续下沉,但沉降趋势逐渐减缓,并在掌子面后方一定距离处渐趋稳定并形成最大沉降量,而后地表沉降曲线平稳发展,几乎不再变化。试验测得Ⅰ类围岩中地表隆起最大点约出现在掌子面前方 24 m,Ⅱ类围岩约为 15 m;均在掌子面前方约 3 m 处实测沉降曲线与原有地面线相交,而稳定沉降值均出现在掌子面后方约 6 m 处。

随着隧道所处围岩条件的提高,盾构隧道顶推施工所引起的地表纵向沉降(隆起)量影响范围均相应减小。试验成果表明,在隧道拱顶埋深为 1D 和顶推力为 0.46 Mpa 的作用下,Ⅰ类围岩中距离隧道纵轴中心线 18 m 处的地表纵向沉隆最大值仍然可达 -0.19 cm(掌子面后方 12 m)和 0.37 cm(掌子面前方 24 m),相对而言,Ⅱ类围岩条件下的地表沉隆变位和影响范围较小,相应地表沉隆最大值分别为 -0.16 cm(掌子面后方 12 m)和 0.19 cm (掌子面前方 12 m)。就顶推力作用下的地表沉隆变位影响范围而言,Ⅰ类围岩中隧道施工所引起的地表沉隆变位量较大,且施工影响范围也较大,地表隆起量在研究范围内不断增加,而Ⅱ类围岩中隧道顶推所引起的地表沉隆变位量较小,地表变化较为陡峭,影响范围相对较小。

埋深加大,隧道顶推施工对地表纵向沉降的影响相对减小,如计算所得掌子面顶推力为 0.46 MPa 时,Ⅱ类围岩埋深为 2D 时的隧道纵轴正上方地表最大沉隆量分别为 -0.22 cm(掌子面后方 12 m)和 0.58 cm(掌子面前方 12 m),仅分别相当于埋深为 1D 时的地表最大沉隆量 -0.28 cm 和 0.69 cm 的 78% 和 84%。顶推力增加,隧道施工对地表沉隆变位的影响加大,实测Ⅰ、Ⅱ类围岩埋深为 1D 的条件下,0.26 MPa 和 0.52 MPa 顶推力所引起的隧道纵轴中心线正上方地表最大沉降量分别为 -0.11 cm 和 -0.42 cm,增幅达 282%,相应掌子面前方 24 m 处的地表隆起量分别为 0.18 cm 和 0.92 cm,增幅达 406%。

3. 地表沉隆变位三维曲线

为便于更好地理解隧道顶推施工过程中的地表沉隆变位分布规律,点绘不同围岩条件埋深为 1D 下顶推力为 0.46 MPa 作用时所引起的三维地表沉隆变位曲线分别如图 5.24 和图 5.25 所示,图中 x 表示沿隧道横断面方向,y 表示沿隧道纵轴线方向,z 表示铅直沉隆变位量。从图中可以看出,Ⅰ类围岩条件下的地表沉隆变位量较大且影响范围也较大,就研究范围而言,地表隆起量仍然在不断增加;Ⅱ类围岩中地表沉隆变位量较小且影响范围也相对较小,地表变位更易很快达到稳定。

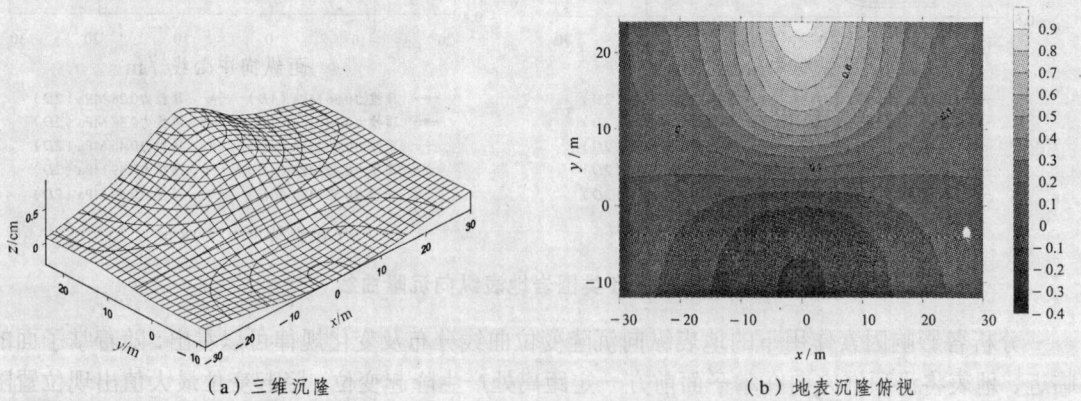

(a)三维沉隆　　　　　　　　　(b)地表沉隆俯视

图 5.24　顶推力为 0.46 MPa 时的Ⅰ类围岩地表沉隆曲线

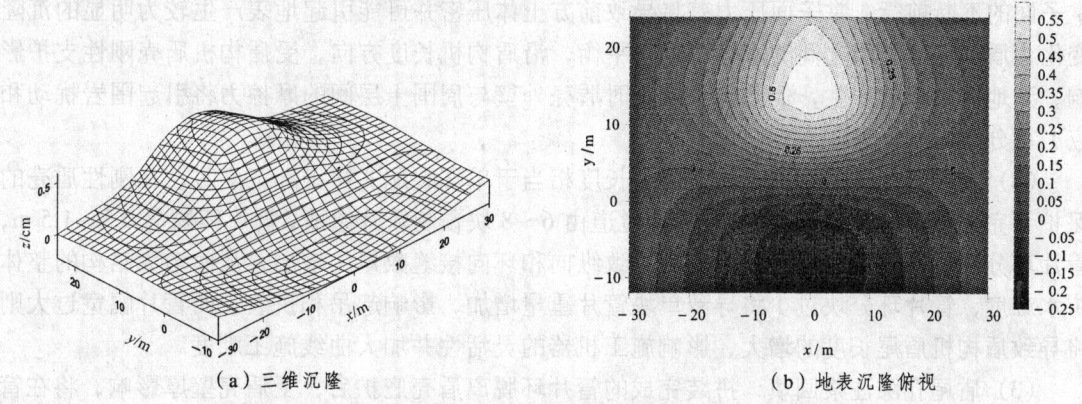

(a) 三维沉隆　　　　　　　　　　(b) 地表沉隆俯视

图 5.25　顶推力为 0.46 MPa 时的 Ⅱ 类围岩地表沉隆曲线

第三节　盾构隧道施工对环境影响的数值模拟

自 1962 年计算机技术的引入以来，岩土力学数值计算和模拟研究得到了长足发展。各种数值模拟计算方法，如有限单元法（FEM）、有限差分法（FDM）、边界元法（BEM）、离散元法（DEM）、流形元法（MEM）、无单元法（EFM）等的相继出现，对于揭示软弱地层中的盾构隧道施工力学行为，探讨和分析土体围岩和隧道衬砌结构的应力分布和变形规律，指导工程建设都起着十分重要的辅助和指导作用。

隧道施工力学行为研究主要可分为二维平面和三维空间 2 种分析手段。二维平面数值模拟计算采用平面应变假设对隧道施工阶段的力学行为进行研究，其最主要特点是计算耗时少，对计算机的硬件要求低，可以在较短时间内对多种施工工况和结构力学参数进行对比分析、优化设计和辅助施工，缺点在于不能完全模拟围岩和支护结构的纵向应力和变形随施工进程的变化趋势，同时也不能最大限度地模拟隧道开挖空间效应，计算结果具有一定误差；三维数值计算的优点在于能够将隧道施工力学行为的时间和空间效应进行再现，完全模拟隧道修建过程中围岩和支护结构施作过程中的纵向力学效应，缺点在于对计算机硬件要求相对较高，计算所需时间较长，较难对不同工况进行对比分析。

一、盾构隧道施工过程模拟

（一）隧道施工全过程

盾构隧道施工中盾构每推进 1 环管片幅宽长度，毛洞即可在盾壳的支护下进行管片环拼装，并及时向紧靠盾尾后面的开挖洞壁与脱除盾尾的衬砌环间注入一定量的浆液，以防止由于周围土体向盾尾孔隙移动而引起的地层过大沉降。盾构隧道施工全过程可大致概括为以下几个步骤：

（1）核心土体开挖：该阶段盾构开挖面的土、水压力略小于压力仓内的支护压力以保持掌子面的不断前行，掌子面压力差将导致前方土体压密并可能引起地表产生较为明显的沉降变化；盾构机与土层之间的摩擦力保持平衡，沿盾构机长度方向，受盾构机盾壳刚性支护影响，无地应力释放产生，但盾构机推进时盾壳外壁与周围土层间的摩擦力将引起围岩扰动和应力重分布。

（2）盾尾管片拼装：当工作面推进长度相当于单环装配式衬砌环宽度时，在刚性盾壳的保护下完成整环管片拼装。通常，盾构隧道由6~8块预制管片组成，管片环幅宽0.5~1.5 m，管片环分块过多或管片幅宽太小均将导致纵向和环向接缝数量的增加，从而增大结构的整体防水难度；管片环分块过少将导致单块管片重量增加，影响起吊和拼装，而管片幅宽过大则将导致盾构机盾尾长度的增大，影响施工机器的灵活性并加大曲线施工难度。

（3）盾尾孔隙注浆回填：拼装完成的管片环脱离盾壳庇护后，受盾壳壁厚影响，将在管片环和实际开挖所形成的毛洞间留下环形孔隙以形成盾尾孔隙。为了防止该孔隙附近无支护土体坍塌所引起的较大地层损失和地表位移，施工中通过设置在盾尾和管片上的注浆孔对该盾尾孔隙进行同步和壁后注浆。注浆浆液最初为液态，随后逐渐凝固并在管片外环形成一层坚硬壳体，以有效防止地层过分坍塌和增强区间隧道的整体防水能力。

（4）重复上述过程，开挖面不断前行，同时在盾尾形成连续的管片环和注浆环，直至整条隧道贯通。

（二）施工过程模拟

盾构隧道施工过程中，受岩土体应力-应变非线性特性及边界条件和各因素复杂性影响，能够采用解析函数式来表达地层应力和位移场及衬砌管片环与地层之间相互作用的情况较为少见，绝大多数问题不得不借助于灵活、通用的有限单元法进行求解。有限单元法计算过程中将连续介质离散为许多单元体，通过单独分析各离散单元体，并最终将所有单元结合起来进行整体分析，从而求得各节点和单元的位移和应力分布。有限单元法不仅适用于各种具有复杂边界和几何形状的问题，同时还能在计算过程中反映各种复杂材料性质的非线性特性。

由于城市地铁隧道一般接近地表，岩土体结构相对疏松，构造应力较小，计算中常常忽略不计，将初始应力场假定为重力场，采用有限单元法计算自重应力作用下的隧道开挖一般采用应力释放法[163]实现。

应力释放法由邓肯等人提出，基本原理是把作用于开挖面上的应力反向转换成等价的"释放荷载"形式，计算中一般假设两节点间应力呈线性分布，通常做法是根据已知初始地应力求得沿预计开挖洞周边界上各节点的应力，反转洞周边界各节点的应力方向并乘以应力释放系数，施加于研究对象以进行有限元分析，并将由此所得的位移场作为由于隧道开挖卸载所产生的围岩位移场。该应力场与初始地应力场的叠加结果即为开挖后的应力场，该方法成功运用的关键在于释放荷载的确定。

释放荷载计算方法的理论出发点在于认为隧道开挖前围岩处于初始应力场$\{\sigma_0\}$和初始位移场$\{u_0\}$状态，沿开挖边界上的各点也都处于一定的原始应力状态，隧道开挖完成后，周边径向应力σ_n和切向应力τ均为0，开挖时这些边界上的应力"解除"（卸载），将引起围岩变形和应力场的变化。应力释放法开挖过程如图5.26所示。

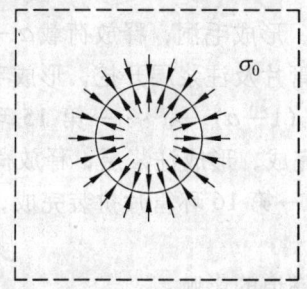 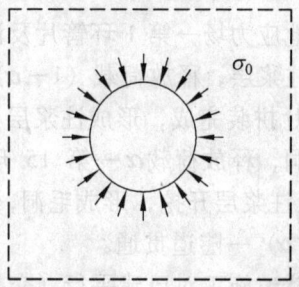

图 5.26 释放荷载的确定

受初始应力场$\{\sigma_0\}$影响,开挖后的实际应力场应为初始应力场与开挖释放应力场之和,即$\{\sigma\}=\{\sigma_0\}+\{\sigma_e\}$。计算位移场应是对工程具有重要意义的"围岩变形"的二次位移场。当采用多次开挖时(假定为n步),计算中第1次开挖后洞周的释放荷载根据初始地应力场求得,第2次开挖后的洞周释放荷载则根据第1次开挖后的围岩应力场求得,依次类推,每1次开挖形成1次荷载工况。围岩最终位移场应是开挖后的位移场总和,即$\{u\}=\{u_1\}+\{u_2\}+\cdots+\{u_n\}$,最终应力场应是初始应力场与开挖所引起的围岩应力场的叠加结果,即$\{\sigma\}=\{\sigma_0\}+\{\sigma_1\}+\{\sigma_2\}+\cdots+\{\sigma_n\}$。

对于施工开挖单元的处理,从理论上讲,开挖单元不具有刚度,然而这将造成开挖边界出现大量的非稳定结点,数值计算中对该问题的解决方法主要可分为排除单元法和生死单元法2种。排除单元法一般在单元节点编号中将要开挖单元按照开挖顺序排列在开始或最后,在模拟开挖过程中依次丢掉这部分单元,并修改方程组编号,随着逐步开挖的进行,计算求解自由度将逐步减小,从而避免了方程组求解中病态方程的出现,缺点在于各单元编号和修改均存在一定的难度,且还会涉及各个计算网格之间对应数据的正确传递,计算工作量大且难以实现,一般较少采用;生死单元法也称空气单元法或虚拟单元法,即认为开挖单元即被"杀死",计算中并非将开挖单元从模型中直接删除,而是将其刚度矩阵乘以很小的因子(一般为10^{-6},也可计算设定),被"杀死"单元荷载等相关因素也将变为0,对计算结果不产生影响,"杀死"单元性质不包括在计算结果中,与单元"杀死"相似,单元的"生"并不是将单元加入计算模型中,而是在计算中进行重新"激活"即可。

结合广州地铁3号线大—沥区间盾构隧道施工方法和步骤,计算采用生死单元法进行,即通过单元的"杀死"、"激活"来模拟隧道开挖和盾尾注浆、管片支护等盾构隧道的施工全过程。根据盾构隧道的施工特点,采用三维有限元模拟盾构隧道的施工全过程主要包括以下几个重要步骤:

(1) 建模和单元划分,确定边界条件。
(2) 计算开挖前的土体初始应力场,求解各单元的初始应力状态和开挖洞周释放荷载。
(3) 各单元节点初始位移置零,向洞周节点反向施加洞周释放荷载。
(4) "杀死"单元以模拟核心土体和盾壳土体开挖,掌子面前移,形成毛洞。
(5) "激活"单元以模拟管片环拼装和注浆层的形成。
(6) 依次循环(3)~(5)以模拟盾构顶推施工直至全隧道贯通。

结合上述施工步骤,确定不同工况下的盾构隧道施工全过程分别如下:
(1) 单隧道顶推施工。

形成初始地应力场→第 1 环管片及注浆层开挖,形成毛洞,释放荷载 α→第 1 环管片拼装完成,形成注浆层,释放荷载 $(1-\alpha)$→第 2 环管片及注浆层开挖,形成毛洞,释放荷载 α→第 2 环管片拼装完成,形成注浆层,释放荷载 $(1-\alpha)$→……→第 15 环管片及注浆层开挖,形成毛洞,释放荷载 α→第 15 环管片拼装完成,形成注浆层,释放荷载 $(1-\alpha)$→第 16 环管片及注浆层开挖,形成毛洞,释放荷载 α→第 16 环管片拼装完成,形成注浆层,释放荷载 $(1-\alpha)$→隧道贯通。

(2) 新建隧道施工对已建平行(交叠、正交)隧道的影响。

形成初始地应力场→已建隧道全长开挖,形成毛洞,释放荷载 α→已建隧道全长管片拼装完成,形成注浆层,释放荷载 $(1-\alpha)$→已建隧道贯通→新建隧道第 1 环管片及注浆层开挖,形成毛洞,释放荷载 α→新建隧道第 1 环管片拼装完成,形成注浆层,释放荷载 $(1-\alpha)$→新建隧道第 2 环管片及注浆层开挖,形成毛洞,释放荷载 α→新建隧道第 2 环管片拼装完成,形成注浆层,释放荷载 $(1-\alpha)$→……→新建隧道第 15 环管片及注浆层开挖,形成毛洞,释放荷载 α→新建隧道第 15 环管片拼装完成,形成注浆层,释放荷载 $(1-\alpha)$→新建隧道第 16 环管片及注浆层开挖,形成毛洞,释放荷载 α→新建隧道第 16 环管片拼装完成,形成注浆层,释放荷载 $(1-\alpha)$→新建隧道隧道贯通。

二、计算假设

盾构隧道施工变形有限元数值研究采用 ANSYS 软件进行,ANSYS 能较好模拟包括塑性、非线性、粘塑性、粘弹性等在内的各种非线性材料性质,尤其是其中所提供的德鲁克-普拉格(Drucker-Prager)计算模型能较好地模拟包括岩石和土体在内的颗粒材料,软件相关介绍参见本书第三章所述。盾构隧道三维有限元模拟建模过程中将土体视为弹塑性体,计算基于以下假设进行,即:

(1) 盾构隧道施工对周围土体的影响是一个渐变的过程。一般情况下,盾构刀盘在挤压土体时以 3~4 cm/min 的速度掘进,速度较慢,刀盘压力保持土体适时调整,掌子面土体将不会产生过大的挤压或坍塌变形;掌子面后方衬砌管片环拼装适时进行,盾构壳体与围岩土体的相互作用主要是水平摩擦阻力,该阻力应力水平较为恒定并将在一定程度上对围岩产生扰动。计算中忽略该摩擦阻力并保持掌子面顶推力为一定值。

(2) 小变形假设:就研究对象土体、施工技术水平和施工变形控制等条件而言,盾构顶推施工所引起的地表变形应属于小变形问题。

(3) 地层弹塑性模型假设:围岩土体为非线性材料,盾构法施工对围岩稳定性扰动较小,土体一般不出现极限破坏变形,且应力、应变水平较低,属弹塑性连续变形,计算中对隧道所处地层土体采用理想弹塑性模型模拟,并采用 Drucker-Prager 屈服准则和相关关联流动法则,从而避免了复杂本构模型中各类参数较难取得等难题。

(4) 壁后注浆层环状假设:影响地层变形各因素中,土体及衬砌材料力学特性参数可通过试验测定,掌子面顶推力可人为调控,而受土体渗透性、疏密度、地下水、注浆压力等因素影响下的注浆层厚度和形状较难量化,计算中假设壁后注浆层为一均质、等厚弹性圆环,其材料力学参数结合工程实际按水泥砂浆压缩弹性模量取定。

三、弹塑性理论

弹性力学和塑性力学都是连续介质力学的分支，区别主要在于工作阶段所遵循的应力-应变关系准则以及依赖于应力历史和应力路径的变形可恢复性。岩土塑性力学是在古典塑性力学的基础上，结合岩土材料的力学特性进行修正和补充而发展起来的，其弹塑性应力-应变关系即本构关系主要包括以下几个组成部分[163]、[164]：

(1) 屈服条件和破坏条件，以此判断材料是否塑性屈服和破坏。
(2) 硬化定律，以指明屈服条件由于塑性应变而发生的变化。
(3) 流动法则，以确定塑性应变的方向。
(4) 加载和卸载准则，以表明材料的工作状态。

（一）屈服和破坏条件

单向应力状态下，当应力值达到屈服极限时，材料开始屈服并发生塑性流动，该单向应力状态下的屈服条件即称为屈服准则。复杂应力状态下，材料某点开始发生塑性变形时所需满足的条件即为屈服函数，即

$$f(\sigma_x, \sigma_y, \sigma_z, \tau_{xy}, \tau_{yz}, \tau_{xz}) = C$$

式中，C 为材料常数。

对于各向同性材料而言，坐标方向不影响屈服，相应屈服函数为：

$$f(\sigma_1, \sigma_2, \sigma_3) = C$$

对于理想弹塑性材料而言，材料屈服条件即为破坏条件，初始屈服面与破坏面重合；对于应变硬化材料而言，屈服面在材料初始屈服后不断扩大（缩小）或发生平移，破坏面即为代表极限状态的一个屈服面。

屈服准则主要可分为5类，分别包括：特雷斯卡（Tresca）屈服准则（1864年）、米赛斯（Von Mises）屈服准则（1913年）、摩尔-库仑（Mohr-Coulomb）屈服准则（1882年）、德鲁克-普拉格（Drucker-Prager）屈服准则（1952年）和辛克维奇-潘迪（Zienkiewice-Pande）屈服准则，下面就对本书研究所采用的 Drucker-Prager 屈服准则进行介绍。

考虑到静水压力可以引起的岩土受力屈服，加入静水压力因素修正米赛斯准则便得到了 Drucker-Prager 屈服准则，其相关表达式为：

$$F = \alpha J_1 + (J_2')^{0.5} - k = 0 \tag{5.13}$$

或

$$\alpha J_1 + (J_2')^{0.5} = k \tag{5.14}$$

式中，F 为屈服面方程；J_1 和 J_2' 为应力张量不变量。

对于平面应变状态，取

$$\alpha = \frac{\sin\varphi}{\sqrt{3}\sqrt{3+\sin^2\varphi}}, \quad k = \frac{\sqrt{3}c\cos\varphi}{\sqrt{3+\sin^2\varphi}} \tag{5.15}$$

对于受压破坏，取

$$\alpha = \frac{2\sin\varphi}{\sqrt{3}(3-\sin\varphi)}, \quad k = \frac{6c\cos\varphi}{\sqrt{3}(3-\sin\varphi)} \tag{5.16}$$

对于受拉破坏，取

$$\alpha = \frac{2\sin\varphi}{\sqrt{3}(3+\sin\varphi)}, \quad k = \frac{6c\cos\varphi}{\sqrt{3}(3+\sin\varphi)} \tag{5.17}$$

$\varphi > 0$ 时，对应屈服面为 Mohr-Coulomb 屈服面的外角点外接圆锥和内角点外接圆锥面；$\varphi = 0$ 时，该准则退化为 Von Mises 准则。

Drucker-Prager 准则可以避免 Mohr-Coulomb 准则屈服面在角棱处引起的数值计算的困难，即回避了所谓的奇异点，但该准则对实际破坏条件的逼近较差。

（二）硬化定律

对于应变强化材料而言，屈服应力随应变的增加而提高，且为瞬态应变的函数：

$$\sigma_A = \sigma_y = \phi(\varepsilon_A)$$

对于复杂应力状态而言，在等向硬化条件下，提高后的等效应力 $\bar{\sigma}$ 可表示为等效塑性应变 $\bar{\varepsilon}_p$ 的函数：

$$\bar{\sigma} = H(\bar{\varepsilon}_p)$$

考虑硬化现象的屈服函数可以写成：

$$F(\sigma_{ij}, \varepsilon_{ij}^p) = 0$$

或

$$F(\sigma_{ij}, \kappa) = 0$$

式中，κ 为塑性应变标函数，称为硬化参数。

等向硬化材料在初始受力状态下为各向同性，到达塑性状态后材料强化，但仍保持各向同性，屈服面形式保持不变，瞬态屈服面随参数 κ 改变。

随动硬化材料在加载条件下初始屈服面发生刚体位移，应力空间弹性区位置发生相应变化。

（三）流动法则

在单轴受力状态下，塑性应变方向与应力方向一致。在三维受力状态下，由于有 6 个应力分量和 6 个应变分量，因此有必要明确塑性应变的方向。流动法则[冯·米赛斯（Von Mises），1928 年]假设塑性应变增量与塑性势 Q（plastic potertial）的应力梯度成正比，即

$$d\varepsilon_{ij}^p = d\lambda \frac{\partial Q}{\partial \sigma_{ij}} \tag{5.18}$$

或

$$d\varepsilon_p = d\lambda \frac{\partial Q}{\partial \sigma} \tag{5.19}$$

式中，$d\lambda$ 为一个正值的比例因子，又称塑性乘数；Q 为塑性势或塑性势函数，且 $Q = Q(\sigma_{ij})$。

塑性势函数在主应力空间的图像为一曲面，在该曲面上任一点的塑性应变能 W_p 均相等，且塑性应变增量的矢量与该曲面的外法线方向一致。塑性势面与屈服面不一致的情况称为非关联塑性状态；塑性势面与屈服面一致的情况称为关联塑性状态（associated plasticity），此时 $F = Q$，有：

$$d\varepsilon_{ij}^p = d\lambda \frac{\partial F}{\partial \sigma_{ij}} \tag{5.20}$$

或

$$d\varepsilon_p = d\lambda \frac{\partial F}{\partial \sigma} \tag{5.21}$$

式（5.20）和式（5.21）称为关联流动法则，在这种情况下，塑性应变增量的矢量垂直于屈服面，称之为正交条件（normality condition）。

岩土材料一般并不遵从关联流动法则，但目前尚不能完全确定塑性势函数，且由非关联流动法则所得到的弹塑性矩阵非对称，计算工作量庞大，因此在岩土工程界的弹塑性分析中通常仍采用关联流动法则。

(四) 加（卸）载准则

塑性加载就是在保证产生新的塑性变形或使应力继续保持在屈服曲面，对于理想弹塑性材料而言，加载条件就是屈服条件。实现上述加载条件的应力变化条件或应变变化条件称为加载准则，而不满足加载条件时则称为卸载或中性变载。

对于单向拉（压）应力状态，可通过观察应力的增大或减小与否来判断加载或卸载；而对于复杂应力状态下的加载、卸载判断就必须建立在相应的加载、卸载准则的基础上进行，如下所述。

1. 理想塑性材料

对于屈服函数处处连续可微的正则屈服面而言，理想塑性材料屈服面在应力空间中的形状、大小和位置都不发生变化，保证应力变化不脱离屈服面的条件就是加载准则，否则就是卸载准则，即对于函数 $f(\sigma_{ij}) = 0$ 有：

加载　　　　$df = \dfrac{\partial f}{\partial \sigma_{ij}} d\sigma_{ij} = 0$

卸载　　　　$df = \dfrac{\partial f}{\partial \sigma_{ij}} d\sigma_{ij} < 0$

对于屈服函数不是处处可微或屈服面具有棱角或奇异点的非正则屈服面而言，在两个面 l、m 的交界处，函数 $f_l = f_m = 0$ 有：

加载　　　　$\max(df_l, df_m) = 0$

卸载　　　　$df_l < 0$ 且 $df_m < 0$

2. 硬化材料

正则面加载条件全微分函数关系式为：

$$d\phi = \frac{\partial \phi}{\partial \sigma_{ij}} d\sigma_{ij} + \frac{\partial \phi}{\partial H_a} dH_a = 0$$

加载面的变化是由于应力增量 $d\sigma_{ij}$ 和硬化参量 dH_a 的变化引起的，而 dH_a 又是由于 $d\sigma_{ij}$ 变化而产生的，因此可通过应力变化是否离开加载面对加卸载准则进行判断，相关数学表达式为：

加　载　　$d\phi = \dfrac{\partial \phi}{\partial \sigma_{ij}} d\sigma_{ij} > 0$

中性变载　$d\phi = \dfrac{\partial \phi}{\partial \sigma_{ij}} d\sigma_{ij} = 0$

卸　载　　$d\phi = \dfrac{\partial \phi}{\partial \sigma_{ij}} d\sigma_{ij} < 0$

对于非正则加载面而言，加卸载准则为：

$$\phi_l = \phi_m = 0$$

加　载　　$\max\left(\dfrac{\partial \phi_l}{\partial \phi_{ij}} d\phi_{ij}, \dfrac{\partial \phi_j}{\partial \phi_{ij}} d\phi_{ij}\right) > 0$

中性变载　$\max\left(\dfrac{\partial \phi_l}{\partial \phi_{ij}} d\phi_{ij}, \dfrac{\partial \phi_j}{\partial \phi_{ij}} d\phi_{ij}\right) = 0$

卸　载　　$\max\left(\dfrac{\partial \phi_l}{\partial \phi_{ij}} d\phi_{ij}, \dfrac{\partial \phi_j}{\partial \phi_{ij}} d\phi_{ij}\right) < 0$

四、计算工况及参数选用

（一）计算工况

计算主要包括不同围岩条件、顶推力和隧道埋深等因素影响下修建盾构隧道所引起的地表沉隆变位、管片环及围岩的变形和应力大小及分布规律，以及对不同净距下的已建平行（交叠、正交）隧道的结构内力和变形分布影响。具体计算工况及相关影响因素组合如表 5.4 所示。

表 5.4　计　算　工　况　组　合

工况	围岩类别	隧道净距	拱顶埋深	顶推力（MPa）
DD-1	Ⅰ	—	2D	0.30
DD-2	Ⅱ	—	2D	0.30
DD-3	Ⅱ	—	1D	0.30
DD-4	Ⅱ	—	2D	0.40

（二）研究目标面和关键点

将总长共计 48 m（1.5 m×32 环管片）的区间盾构隧道采用 2 环 1 组施工，即计算管片幅宽 3m，计算分 32 步进行（分别包括 16 步毛洞施工和 16 步管片环拼装施工）。分别将第 4 环、第 8 环和第 16 环管片（新建隧道贯通）拼装完成时的掌子面作为研究目标面 1（$Z=12$ m）、目标面 2（$Z=24$ m）和目标面 3（$Z=48$ m，隧道贯通），以新建隧道为例可得到各研究目标面分别如图 5.27（a）所示。

新建隧道将引起已建隧道变形，计算中分别取已建隧道两侧拱腰（A，C）、拱顶（B）和拱底（D）各点为考察关键点，如图 5.27（b）所示。

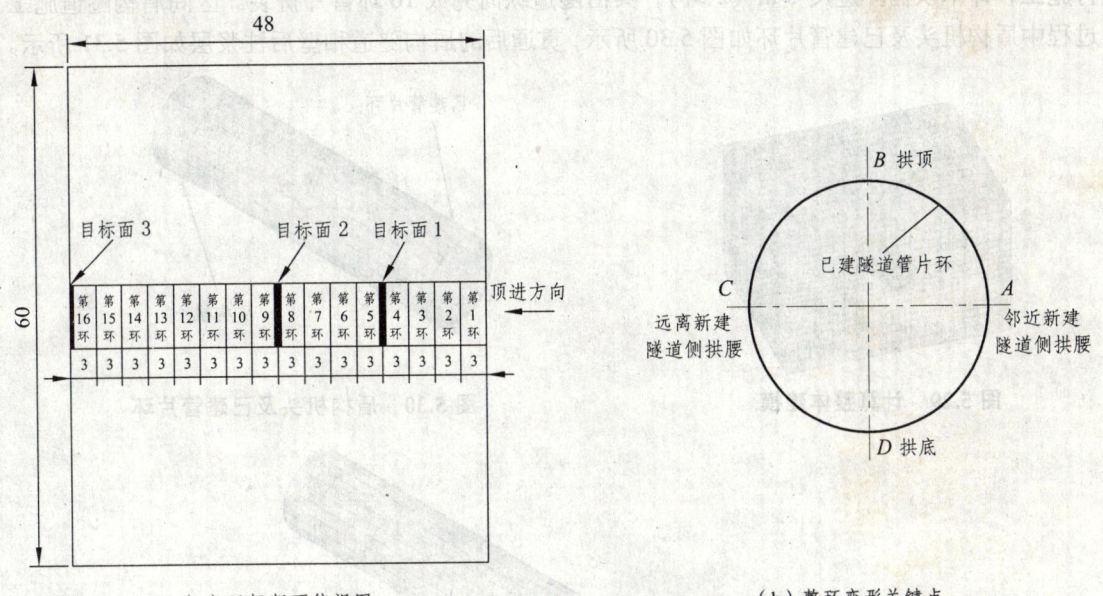

图 5.27 目标断面及变形关键点

（三）计算参数

根据广州地铁 3 号线大—沥区间盾构隧道穿越地层和室内相似模型试验土体材料取定各计算参数，其中盾构隧道刚度根据本书第四章研究成果取各等效刚度，具体如表 4.3 和表 4.4 所示。

（四）荷载释放系数

盾构隧道顶推施工过程中的洞周荷载释放系数由图 5.28[165]取定，结合隧道直径和地层围岩状况，取定计算中荷载释放系数 $\alpha=25\%$。

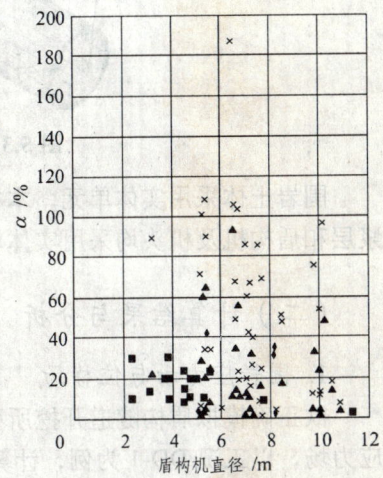

图 5.28 荷载释放系数

五、隧道施工对管片环和地表沉隆变位的影响

（一）计算模型及说明

欲研究盾构隧道施工对地表沉隆变位和已建隧道结构变形和内力分布的影响，就应深入研究单条隧道施工过程中的地表沉隆变位和管片环的变形和内力分布，本节即对单条区间盾构隧道施工进行研究。

结合盾构隧道施工过程，单洞施工影响研究计算模型如图 5.29 所示，计算模型宽 60 m，长 48 m，高 36 m，为缩短计算时间并达到较高的计算要求精度，采取 2 环 1 组的拼装进度进行施工，即单次循环进尺 3 m（2 环），共沿隧道纵向完成 16 环管片拼装。区间盾构隧道施工过程中盾构机头及已建管片环如图 5.30 所示，贯通后的盾构隧道和壁后注浆层如图 5.31 所示。

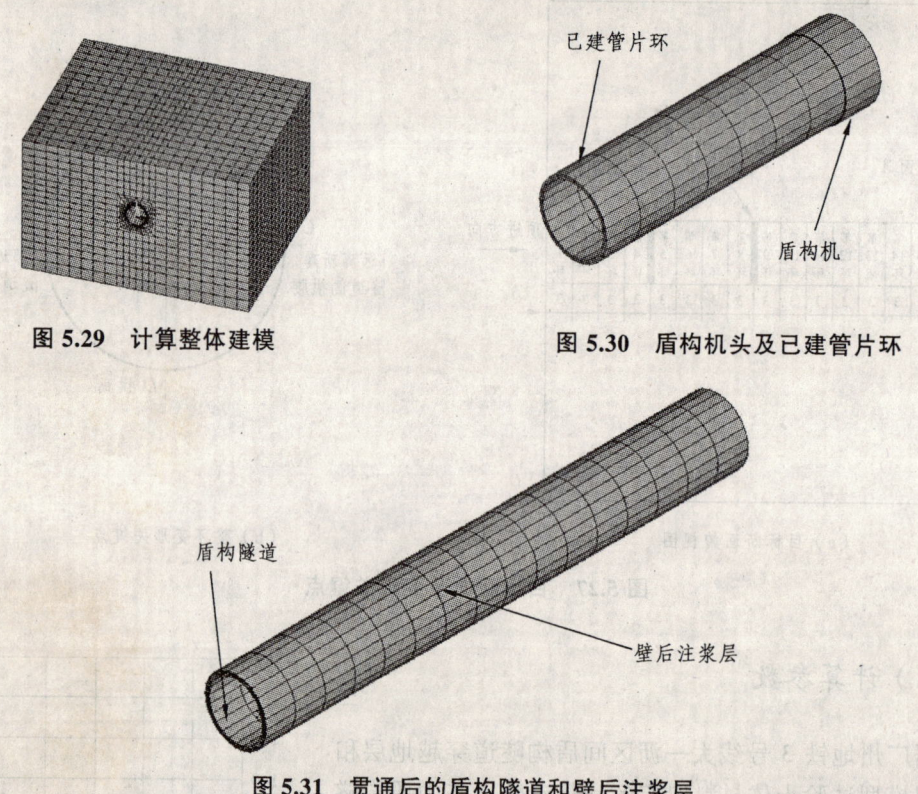

图 5.29　计算整体建模

图 5.30　盾构机头及已建管片环

图 5.31　贯通后的盾构隧道和壁后注浆层

围岩土体采用实体单元，本构关系采用 Drucker-Prager 塑性准则；衬砌管片环、壁后注浆层和盾构机及机头均采用实体单元进行模拟。相关计算参数分别如表 5.2 和表 5.3 所示。

（二）计算结果与分析

1. 围岩应力场与位移场

欲正确模拟盾构隧道开挖所引起的围岩应力场重分布，就必须预先得到施工前的原始地应力场，以工况 DD-1 为例，计算得 I 类围岩原始地应力场如图 5.32 所示。为了更加清晰地认识单线区间盾构隧道顶推施工所产生的扰动地应力场，绘制在不同围岩条件下处于不同埋

深和顶推力作用时隧道开挖所产生的围岩扰动应力场如表 5.5 所示。为了避免不同工况下围岩原始地应力场差异对研究结果的影响，表中所列结果均已经过荷载工况组合，显示结果仅为隧道施工所引起的围岩竖向应力场大小及分布。

由表 5.5 可以看出，盾构顶推所引起的围岩应力场较为复杂，但不同工况下计算所得隧道施工所引起的围岩竖向应力场分布及变化规律具有一致性，即围岩最大竖向拉应力位于隧道拱底，拱顶次之，最大竖向压应力位于施工掌子面，拱腰次之。由于盾构隧道施工过程中可以通过改变掌子面顶推力而对掌子面围岩应力大小进行调整，本节主要讨论已拼装完成管片环拱顶、拱底和拱腰处的围岩应力变化。

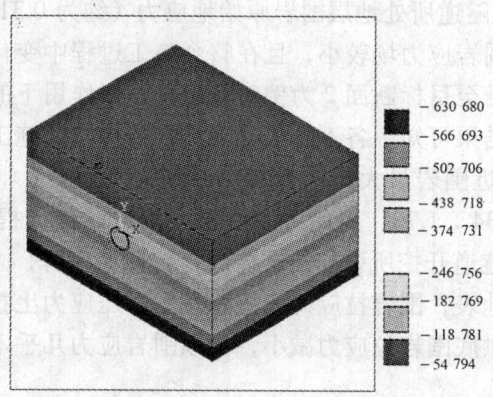

图 5.32 工况 DD-1 围岩竖向地应力场（单位：Pa）

表 5.5 各目标断面围岩竖向应力场及分布（单位：Pa）

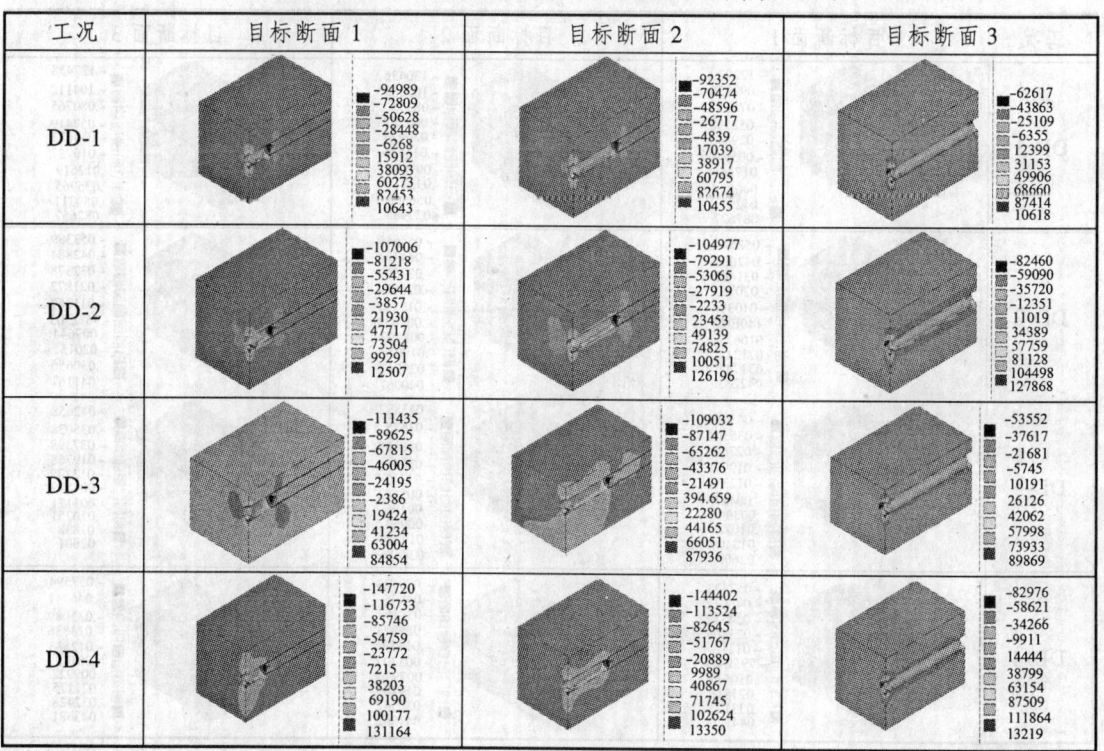

计算结果表明,随着掌子面的前行,隧道施工对围岩土体的应力扰动逐渐增大,已拼装管片环四周将形成较大的带状拉、压应力分布区,随着施工对围岩扰动影响的加剧,隧道拱底和拱顶处围岩拉应力逐渐增大;受拱顶、拱底主动土压力所产生的管片环横向变形影响,隧道拱腰处将形成较大压应力带状分布区域,受施工扰动范围的逐渐扩大和围岩内力调整影响,拱腰围岩压应力略有减小。如计算所得工况 DD-1 掌子面施工至目标断面 1、目标断面 2 和目标断面 3 时所引起的围岩拱底、拱顶最大拉应力分别为 0.015 9 MPa、0.017 MPa、0.021 MPa 和 0.038 MPa、0.039 MPa、0.040 MPa,相应增幅分别为 6.9%、8.3%、2.6% 和 5.3%,而拱腰最大压应力分别为 0.050 6 MPa、0.048 6 MPa 和 0.045 1 MPa,减小幅度分别为 4.0% 和 10.9%,与前面计算所得隧道所处地层围岩原始地应力(约为 0.311 MPa)相比较而言,盾构隧道顶推施工所产生的围岩应力场较小,且在整个施工过程中变化幅度也处于较低水平。

以各工况下掌子面顶推至目标断面 2 为例对各影响因素作用下的围岩竖向应力分布和变化规律进行探讨。由计算结果可知,各不同工况下单管盾构隧道施工所引起的已拼装完成管片环拱底、拱顶和拱腰附近围岩最大拉应力之比分别为 1.35∶1∶0.23∶0.59 和 1.26∶1∶0.57∶1.05 及 1.10∶1∶1.34∶1.70,由此可以看出,围岩条件的提高将增强土体结构的自身稳定性,有效降低由于隧道开挖所引起的土体应力;埋深变薄,上覆土体压力相应降低,隧道开挖影响更易传递至地表,围岩拉应力大幅度减小而压应力上扬;顶推力增大,掌子面前方土体施工扰动加剧,拱底围岩拉应力减小,拱顶围岩应力几乎不变,而拱腰围岩压应力将大幅度增加。

计算得各工况下不同目标断面处的围岩竖向位移场分布变化规律如表 5.6 所示。

表 5.6 各目标断面围岩竖向位移场分布(单位:m)

工况	目标断面 1	目标断面 2	目标断面 3
DD-1			
DD-2			
DD-3			
DD-4			

第三篇 盾构隧道施工对环境的影响问题研究

由计算结果可以看出，单管盾构隧道顶推施工过程中已拼装管片环四周围岩最大竖向隆起和沉降位移分别位于隧道拱底和拱顶处，而受土体铅直沉隆位移所导致管片环变形挤压围岩效应影响，拱腰围岩将向两侧发生变形。随着掌子面的推进，围岩铅直沉降和拱腰外扩趋势逐渐加强，而拱底隆起量略有减少，如计算得工况 DD-1 掌子面分别顶推至目标断面 1 和目标断面 2 时的已拼装完成管片环拱顶、拱底和拱腰竖向位移分别为 5.25 mm、1.04 mm、4.23 mm 和 5.46 mm、1.26 mm、4.01 mm，相应增（减）幅度分别达 4%、21% 和 −5.2%。

对比分析各影响因素作用下目标断面 2 处的掌子面后方各特征点附近围岩铅直变位可以发现，围岩条件的降低将导致隧道修建过程中铅直沉降量的增大，如计算得Ⅰ类和Ⅱ类围岩拱顶沉降量之比可达到 2.39∶1，相应拱腰沉降比达 2.93∶1；隧道埋深的减小和掌子面顶推力的增加均将导致施工对前方围岩扰动范围的加大。埋深减小，拱腰围岩沉降量加大，而拱顶和拱底围岩沉降量减小，如计算所得埋深为 1D 和 2D 时拱腰围岩沉降比达 1∶0.81，而拱顶围岩沉降量之比为 1∶1.06；顶推力加大，各点铅直沉降量均略有增加，如计算得 0.30 MPa 下的拱顶围岩沉降量仅为 0.40 MPa 的 91%。

2. 壁后注浆层应力场与位移场

盾构隧道施工过程中，为了达到填补盾壳地层损失，提高管片环外防水效果，降低施工对隧道周围地层的扰动影响等目的，常在施工过程中和后期进行盾尾同步注浆和管片壁后注浆，施工期灌注浆液具有较好的流动性且将沿地层孔隙向外围渗透，硬化后将在管片环外形成一定厚度的环状注浆硬壳层。壁后注浆层厚度较小，强度较低，但在较大程度上影响着盾构法施工隧道管片结构的变形和内力分布。计算得不同工况下的已拼装管片环壁后注浆层 Von Mises 应力场如表 5.7 所示。

表 5.7 各目标断面壁后注浆层 Von Mises 应力场分布（单位：Pa）

工况	目标断面 1	目标断面 2	目标断面 3
DD-1	49783 / 76906 / 104030 / 131153 / 158277 / 185401 / 212524 / 239648 / 266771 / 293895	41925 / 79300 / 116676 / 154051 / 191426 / 228802 / 266177 / 303553 / 340928 / 378304	28522 / 77476 / 126429 / 175383 / 224336 / 273290 / 322243 / 371197 / 420150 / 469104
DD-2	48615 / 76375 / 104134 / 131893 / 159652 / 187411 / 215171 / 242930 / 270689 / 298448	40142 / 74195 / 108248 / 142300 / 176353 / 210406 / 244459 / 278511 / 312564 / 346617	10942 / 52056 / 93171 / 134286 / 175400 / 216515 / 257630 / 298745 / 339859 / 380974
DD-3	78863 / 101947 / 125032 / 148117 / 171201 / 194286 / 217370 / 240435 / 263539 / 286624	68439 / 101866 / 135594 / 168522 / 202150 / 235578 / 269006 / 302433 / 335861 / 369269	21250 / 66266 / 111282 / 156298 / 201315 / 246331 / 291347 / 336363 / 381379 / 426495
DD-4	95645 / 127136 / 158628 / 190120 / 221611 / 253103 / 284595 / 316087 / 347578 / 379070	81731 / 124317 / 166902 / 209488 / 250274 / 294660 / 337246 / 379831 / 422417 / 465003	24568 / 80400 / 136231 / 192063 / 247894 / 303725 / 359557 / 415388 / 471220 / 527051

由计算结果可以看出,壁后注浆层最大 Von Mises 应力主要位于拱腰,随后向掌子面和拱顶延伸,受盾构机头刚性支护影响,最小 Von Mises 应力分布于掌子面后方的邻接管片环。随着掌子面的前行,注浆层最大 Von Mises 应力分布区域和量值均逐渐增大,而最小 Von Mises 应力略有降低,如计算得工况 DD-2 掌子面分别行进至目标断面 1、目标断面 2 和目标断面 3 时的注浆层最大和最小 Von Mises 应力分别为 0.271 MPa、0.312 MPa、0.340 MPa 和 0.049 MPa、0.040 MPa、0.011 MPa。以目标断面 2 为例分析各因素对壁后注浆层 Von Mises 应力的影响可以看出,围岩条件的降低、隧道埋深的减小和顶推力的增大均将导致 Von Mises 应力的增加,如计算结果表明,Ⅱ类围岩条件下的注浆层最大和最小 Von Mises 应力分别为Ⅰ类围岩的 95% 和 91%,埋深为 $1D$ 时的注浆层最大和最小 Von Mises 应力分别为埋深为 $2D$ 时的 170% 和 108%,0.40 MPa 顶推力所引起的注浆层最大和最小 Von Mises 应力分别为 0.30 MPa 顶推力的 2.05 倍和 1.35 倍。

由表 5.8 计算所得各工况下不同目标面处的注浆层总位移分布和变化规律可知,各施工阶段的壁后注浆层最大总位移均位于拱顶,而与 Von Mises 应力分布规律不同的是,注浆层最大总位移主要位于隧道端头约束面和盾尾拱顶并逐渐向注浆环中部和拱腰扩散,最小总位移位于拱腰附近。随着掌子面的前行,注浆层最大和最小主位移分布区分别沿拱顶和拱腰逐渐扩大,且位移值也略有增加;随着单管盾构隧道的施工贯通,注浆层拱顶和拱腰附近分别形成了较大范围的最大和最小主位移带状分布区,但位移量值略有减小,如计算得目标断面 2 处的总位移量值分别较目标断面 1 增加了 0.15 mm 和 0.02 mm,而隧道贯通(目标断面 3)后的最大总位移仅增加了 0.01 mm,且最小总位移减少了 0.16 mm。

表 5.8 各目标断面壁后注浆层总位移场分布(单位:m)

工况	目标断面 1	目标断面 2	目标断面 3
DD-1	.04445 .054856 .065262 .075667 .086073 .096479 .106884 .11729 .127696 .138102	.042169 .053557 .064945 .076332 .08772 .099108 .110495 .121883 .133271 .144659	.001393 .0154 .029407 .043414 .057422 .071429 .085436 .099443 .11345 .127458
DD-2	.009313 .014139 .018966 .023792 .028619 .033445 .038272 .043098 .047925 .052751	.009217 .014267 .019316 .024365 .029414 .034463 .039512 .044561 .04961 .054659	.007413 .012521 .01763 .022738 .027847 .032955 .038064 .043172 .048281 .053309
DD-3	.00995 .016869 .023787 .030706 .037625 .044543 .051462 .05838 .06529 .072217	.009753 .017032 .024311 .03159 .038869 .046148 .053427 .060706 .067984 .075263	.631E-03 .005352 .010072 .014793 .019514 .024234 .028955 .033675 .038396 .043117
DD-4	.012359 .020081 .027804 .035527 .04325 .050972 .058695 .066418 .074141 .081863	.012353 .020253 .028152 .036052 .043952 .051851 .059751 .06765 .07555 .08345	.012215 .017288 .02236 .027433 .032505 .037578 .04265 .047723 .052795 .057868

3. 管片环应力场与位移场

计算得各工况下，盾构隧道掌子面顶推施工至不同目标面时，盾尾后方已拼装完成管片环 Von Mises 应力场和总位移场分布分别如表 5.9 和表 5.10 所示。分析已拼装完成管片环的 Von Mises 应力场分布范围和变化规律可以看出，隧道施工过程中管片环应力场较大且该应力场主要呈带状分布于管片环拱顶。随着掌子面的前行，管片环最大应力增幅较小，但分布更趋带状化，如计算得工况 DD-2 各目标断面处的管片环最大 Von Mises 应力分别为 14.7 MPa、14.6 MPa 和 15.5 MPa，波动幅度较小，可近似认为不随施工进程的改变而变化。

表 5.9 各目标断面管片环 Von Mises 应力场分布（单位：Pa）

工况	目标断面 1	目标断面 2	目标断面 3
DD-1	268384 .182E+07 .337E+07 .492E+07 .647E+07 .803E+07 .958E+07 .111E+08 .127E+08 .142E+08	241747 .178E+07 .333E+07 .487E+07 .641E+07 .796E+07 .950E+07 .110E+08 .126E+08 .141E+08	172953 .180E+07 .343E+07 .505E+07 .668E+07 .831E+07 .994E+07 .116E+08 .132E+08 .148E+08
DD-2	315908 .191E+07 .351E+07 .510E+07 .670E+07 .830E+07 .989E+07 .115E+08 .131E+08 .147E+08	318356 .191E+07 .350E+07 .509E+07 .668E+07 .827E+07 .986E+07 .115E+08 .130E+08 .146E+08	93339 .181E+07 .353E+07 .524E+07 .696E+07 .868E+07 .104E+08 .121E+08 .138E+08 .155E+08
DD-3	356568 .132E+07 .227E+07 .323E+07 .419E+07 .515E+07 .611E+07 .707E+07 .803E+07 .899E+07	324829 .128E+07 .223E+07 .319E+07 .414E+07 .510E+07 .605E+07 .701E+07 .796E+07 .892E+07	124308 .116E+07 .220E+07 .324E+07 .427E+07 .531E+07 .635E+07 .739E+07 .843E+07 .946E+07
DD-4	441262 .202E+07 .360E+07 .518E+07 .676E+07 .834E+07 .991E+07 .115E+08 .131E+08 .147E+08	42898 .200E+07 .357E+07 .515E+07 .672E+07 .829E+07 .986E+07 .114E+08 .130E+08 .146E+08	162388 .187E+07 .357E+07 .528E+07 .698E+07 .869E+07 .104E+08 .121E+08 .138E+08 .155E+08

计算得不同影响因素作用下，目标断面 2 处的管片环最大 Von Mises 应力分别为 14.1 MPa、14.6 MPa、8.92 MPa 和 14.6 MPa，分析各因素作用下的管片环最大 Von Mises 应力变化规律可以发现，隧道埋深是影响已建管片环应力变化的主要因素，如隧道埋深由 2D 减小为 1D 时，管片环最大 Von Mises 应力将减少约 39%；顶推力对后方已建管片环 Von Mises 应力影响较小，计算得顶推力由 0.30 MPa 增加至 0.40 MPa 后管片环最大 Von Mises 应力几乎不变。

表 5.10 各目标断面管片环总位移场分布（单位：m）

工况	目标断面 1	目标断面 2	目标断面 3
DD-1	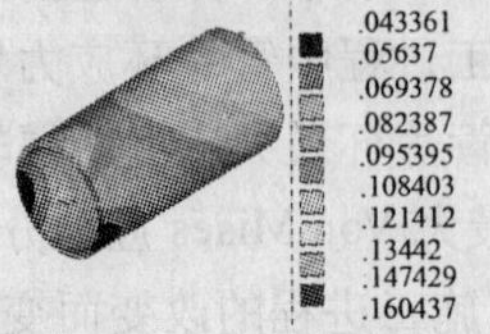 .043361 .05637 .069378 .082387 .095395 .108403 .121412 .13442 .147429 .160437	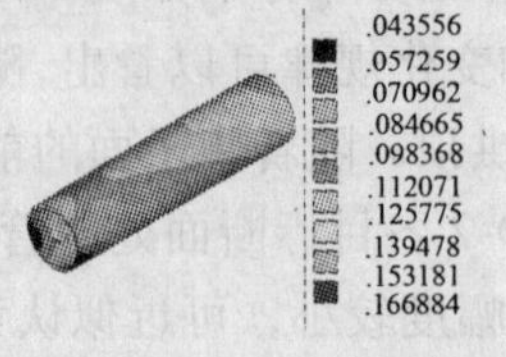 .043556 .057259 .070962 .084665 .098368 .112071 .125775 .139478 .153181 .166884	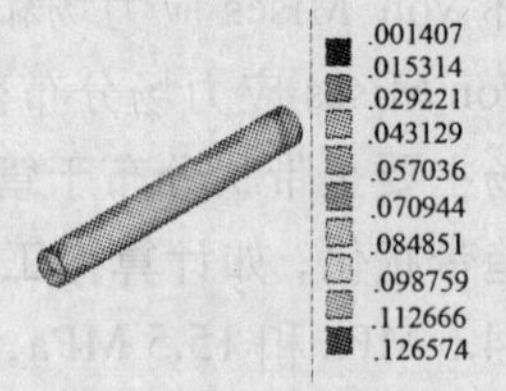 .001407 .015314 .029221 .043129 .057036 .070944 .084851 .098759 .112666 .126574
DD-2	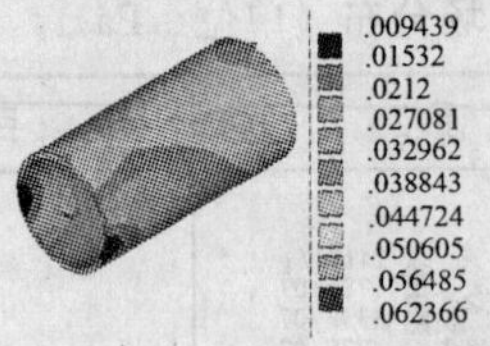 .009439 .01532 .0212 .027081 .032962 .038843 .044724 .050605 .056485 .062366	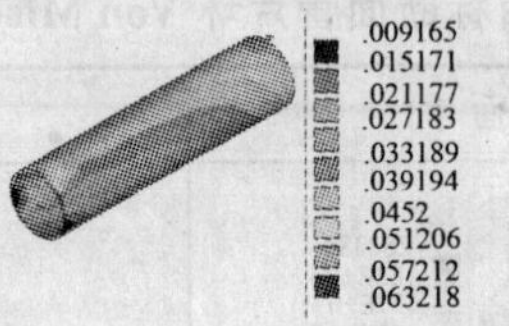 .009165 .015171 .021177 .027183 .033189 .039194 .0452 .051206 .057212 .063218	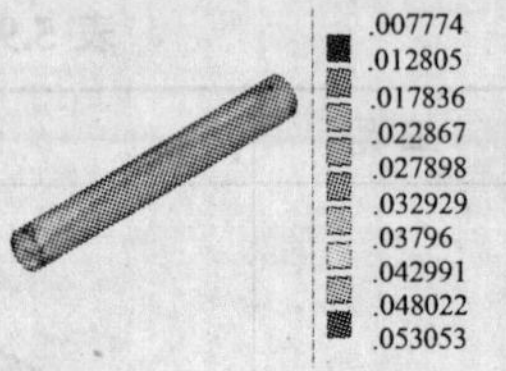 .007774 .012805 .017836 .022867 .027898 .032929 .03796 .042991 .048022 .053053
DD-3	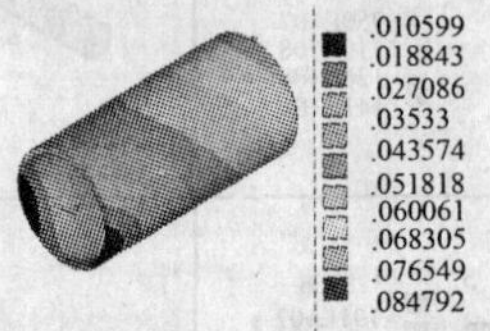 .010599 .018843 .027086 .03533 .043574 .051818 .060061 .068305 .076549 .084792	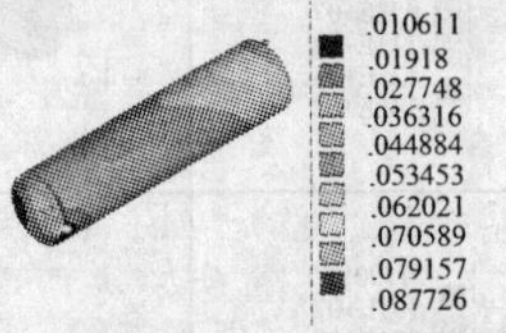 .010611 .01918 .027748 .036316 .044884 .053453 .062021 .070589 .079157 .087726	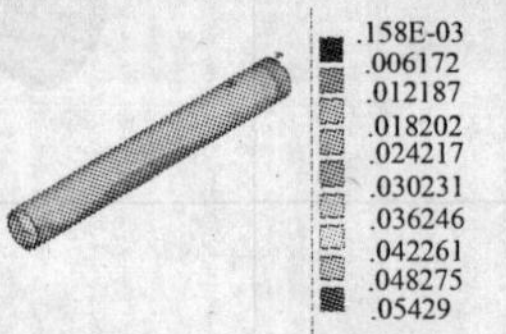 .158E-03 .006172 .012187 .018202 .024217 .030231 .036246 .042261 .048275 .05429
DD-4	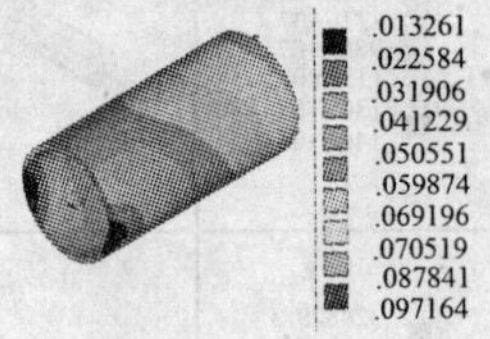 .013261 .022584 .031906 .041229 .050551 .059874 .069196 .070519 .087841 .097164	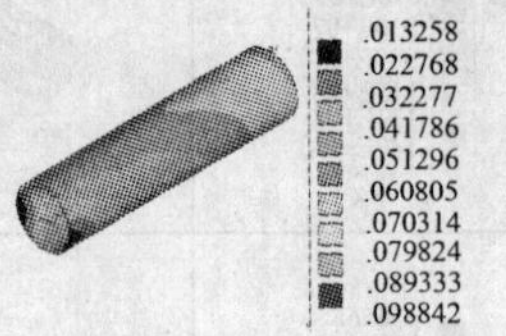 .013258 .022768 .032277 .041786 .051296 .060805 .070314 .079824 .089333 .098842	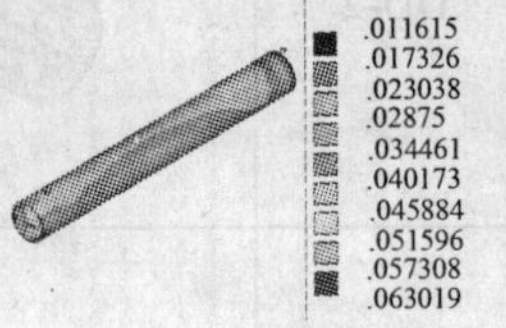 .011615 .017326 .023038 .02875 .034461 .040173 .045884 .051596 .057308 .063019

各工况下掌子面顶推至不同目标断面处的管片环最大总位移分布位置及变化规律与其壁后注浆层变化规律相似，即管片环最大和最小总位移分别呈带状分布于已拼装完成盾构隧道管片环拱顶和拱底。随着掌子面的前行，已拼装完成管片环总位移略有增加，隧道贯通后略有减小并趋于稳定，计算得工况 DD-2 掌子面分别施工至目标断面 1、目标断面 2 和目标断面 3 时的管片环最大总位移分别为 5.06 mm、5.12 mm 和 4.30 mm，即隧道贯通后管片环总位移较目标断面 1 减小约 15%。

点绘隧道贯通后各影响因素作用下的目标断面 2 处管片环整环变形如图 5.33 所示，结合表 5.10 可以看出：单管盾构隧道施工结束后，已拼装完成隧道管片环呈横向变形趋势发展。与注浆层变化规律类似，各影响因素的变化将在较大程度上影响着掌子面后方管片环整体变形和总位移量，如计算所得各工况下

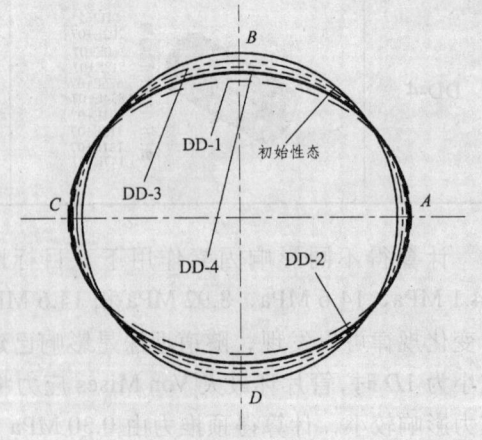

图 5.33 各工况下管片环变形示意图

目标断面 2 处的管片环最大总位移量之比为 2.72∶1∶1.38∶1.56，围岩条件成为制约管片环总位移变化和结构整体变形的最主要因素，如计算得 I 类围岩条件下的管片环拱顶沉降和总位移分别比 II 类围岩约大 10.61 mm 和 8.83 mm，而管片环拱腰外扩约大 11.14 mm，即随着围岩条件的降低，隧道管片环椭变趋势更加明显；隧道埋深减小，管片环拱顶沉降、拱底回弹和拱腰外扩量均有所减小，横向变形趋势渐弱，但管片环总位移略有增加，如计算得埋深为 $1D$ 时的拱顶、拱底铅直位移和拱腰水平位移仅为埋深为 $2D$ 时的 47%、39% 和 80%，而总位移量约增加 1.94 mm；顶推力增大，隧道管片环拱顶沉降和拱底隆起量均有所降低，而拱腰外扩和总位移略有增加，如计算得 0.40 MPa 顶推力作用下的管片环拱顶和拱底铅直位移量比 0.30 MPa 顶推力作用下约减小 2.78 mm 和 1.65 mm，而拱腰外扩和总位移量约增加 2.03 mm 和 2.86 mm。

4. 地表沉隆变位

计算得盾构隧道分别完成了第 4 环、第 8 环管片拼装和隧道全长贯通后，不同影响因素作用下的地表位移分布如表 5.11 所示，研究目标面 2 的地表横向沉隆变位曲线分别如图 5.34 所示。

表 5.11 各目标断面地表沉隆变位分布（单位：m）

工况	目标断面 1	目标断面 2	目标断面 3
DD-1	.962E-03 .008383 .015804 .023226 .030647 .038068 .045489 .05291 .060331 .067752	.951E-03 .009131 .017311 .025491 .033671 .041851 .05003 .05821 .6639 .07457	.00104 .008458 .015876 .023295 .030713 .038131 .045549 .052968 .060386 .067804
DD-2	.264E-03 .003261 .006257 .009253 .012249 .015245 .018241 .021238 .024234 .02723	.117E-03 .003251 .006384 .009518 .012651 .015785 .018919 .022052 .025186 .028319	.164E-03 .00297 .005776 .008582 .011388 .014193 .016999 .019805 .022611 .025417
DD-3	.344E-03 .004468 .008592 .012716 .016839 .020963 .025087 .029211 .033334 .037458	.450E-03 .004985 .00952 .014055 .01859 .023124 .027659 .032194 .036729 .041264	.102E-03 .00394 .007778 .011615 .015453 .019291 .023128 .026966 .030804 .034641
DD-4	.378E-03 .003987 .007596 .011205 .014814 .018423 .022032 .025641 .02925 .032859	.173E-03 .003852 .007531 .01121 .014889 .018568 .022247 .025926 .029605 .033284	.294E-03 .003424 .006554 .009684 .012814 .015945 .019075 .022205 .025335 .028466

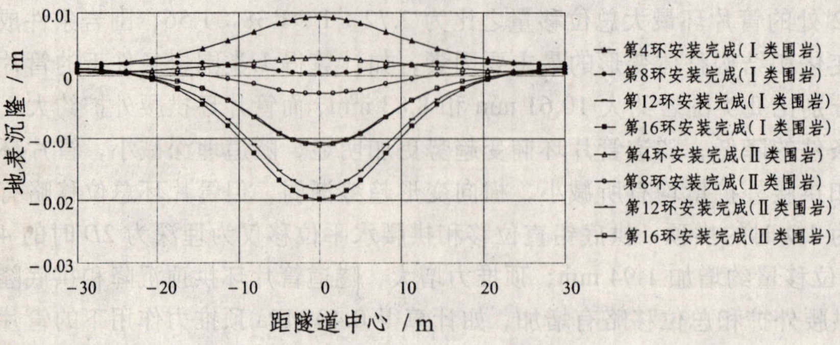

（a）围岩类别

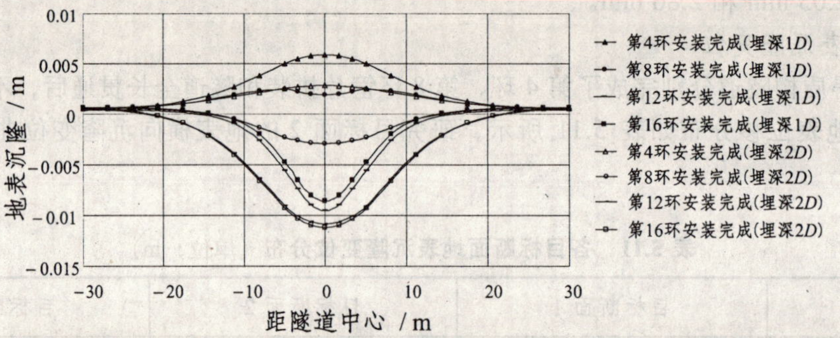

（b）隧道埋深

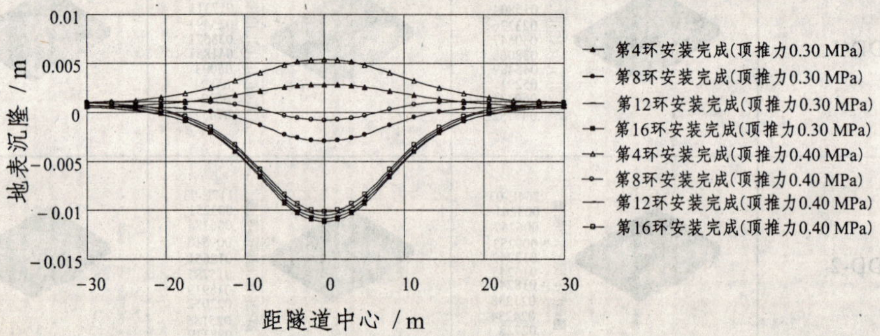

（c）顶推力

图 5.34　不同因素作用下地表横向沉隆变位曲线

由表 5.11 和图 5.34 可得随施工进程中目标面 2 的地表沉隆变位规律为：掌子面逼近目标面 2，盾构机前方土体将在刀盘挤压效应作用下产生向上、向前的移动，从而在施工掌子面前方一定距离处地表形成隆起；盾构机通过时，受脱离盾壳管片环和土壁间隙所引起的土体损失（计算通过注浆层和释放荷载效应进行模拟）影响，地表将产生较大下沉且该沉降速率较大，同时隧道两侧土体向隧道中线移动，施工影响范围扩大，地表形成较大沉降槽带；随着隧道掌子面的逐渐远离，施工对目标面 2 的地表沉隆变位影响逐渐减小，地表沉降槽逐渐趋于稳定。

施工过程中，隧道所处围岩条件、埋深和顶推力等因素都将在较大程度上影响着地表横向沉降槽和沉降量的发展，现以目标面 2 地表横向沉降槽为例，对各影响因素作用下的地表沉降量发展进行分析：工况 DD-1 隧道下穿目标面时沉降量为 0.57 cm，约占隧道贯通后总沉降量的 20%；工况 DD-3 隧道下穿目标面所引起的沉降量为 0.39 cm，约占 27%；工况 DD-4 隧道下穿目标面所引起的沉降量为 0.57 cm，约占 40%，而工况 DD-2 的相应沉降量和沉降比例分别为 0.617 cm 和 40%。由此可知，修建盾构隧道所引起的地表沉降变化更多出现于施工后期即长期固结期，而在施工过程中，由于盾尾孔隙、施工扰动、壁后注浆等影响所导致的沉降变位量相对较小。

点绘各工况下，分别完成第 4、8、12 环新建隧道管片拼装和贯通后的隧道正上方地表纵向沉隆变位曲线如图 5.35 所示。

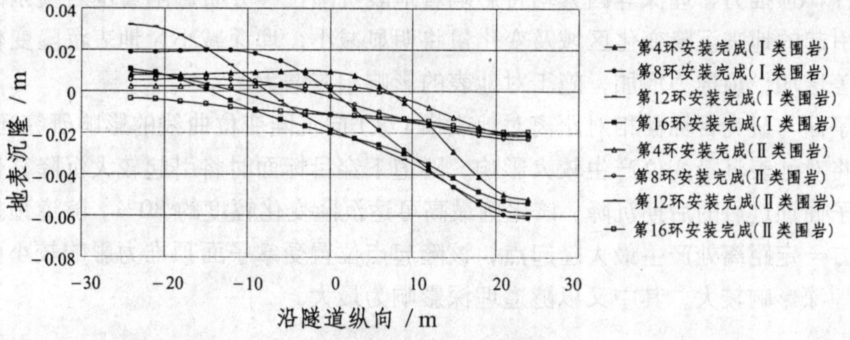

（a）围岩类别

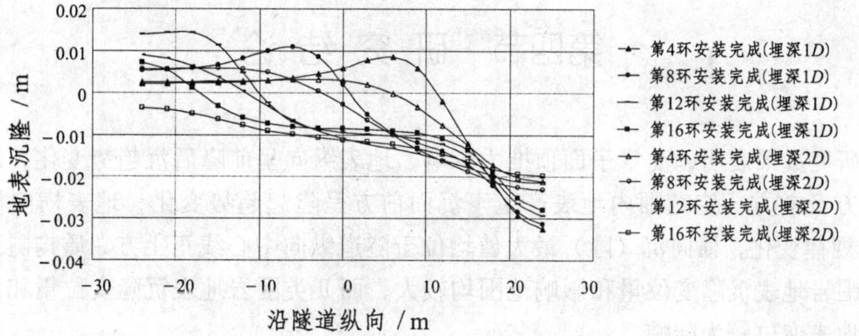

（b）隧道埋深

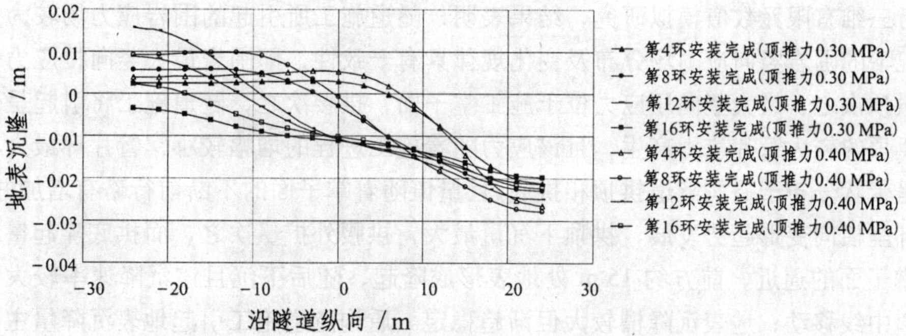

（c）顶推力

图 5.35 不同因素作用下隧道正上方地表纵向沉隆变位曲线

由图中可以看出，受顶推力等因素影响，掌子面前方一定距离处将出现隆起最大点，随后该纵向沉隆曲线逐渐下沉，但下沉趋势不断减缓并最终趋于稳定。分析计算数据可知，工况 DD-1 中前方地表最大隆起点距掌子面约 13.5 m，工况 DD-3 距掌子面约 6 m，工况 DD-4 约为 15 m，而相应工况 DD-2 约为 15 m，即不同影响因素下最大隆起点和掌子面距离之比分别为 DD-1∶DD-2∶DD-3∶DD-4＝0.9∶1∶0.4∶1，由此可知，隧道埋深和围岩条件差异是影响最大隆起出现位置的关键因素，其影响又以隧道埋深为最大，即埋深由 2D 减至 1D 后，隆起点距离可缩减约 40%。

由盾构隧道单洞施工所引起的地表位移分布及横、纵向沉隆曲线变化规律可知，隧道所处围岩条件、顶推力、埋深等因素均将影响着地表沉隆位移分布。随着围岩类别的提高，隧道施工所引起的地表沉隆变化区域及变化量将明显减小；埋深减小，地表沉隆变化区域及变化量将显著增加；顶推力增加，施工对地表的影响相应增大。

由掌子面与研究目标面相对距离对地表横（纵）向沉隆变位曲线的影响研究还可以看出，隧道施工将对地表沉隆变位产生较大影响，隧道下穿目标面时将引起较大沉降，但沉降主要发生于掌子面通过后的后期沉降，该比例最高可达沉隆变化幅度的 80%；隧道顶推施工将在掌子面前方一定距离处产生最大隆起点，该隆起点位置受掌子面顶推力影响较小而受围岩条件和隧道埋深影响较大，其中又以隧道埋深影响为最大。

第四节 研究结论

试验研究成果表明，受掌子面顶推力影响，地表纵向呈前隆后沉趋势变化，即掌子面后方和正上方及前方一定范围内地表产生下沉而前方呈隆起趋势变化；地表横向沉降曲线呈 Peck 曲线规律变化，横向沉（隆）最大值均位于隧道纵向中心线正上方。盾构隧道施工所引起的 Ⅰ 类围岩地表沉隆变位量和影响范围均较大，而 Ⅱ 类围岩地表沉隆变位量和影响范围相对较小且地表变位较为陡峭。

通过对盾构隧道施工所引起的围岩、注浆层和管片环的应力场和位移场以及地表沉隆变位进行三维有限元数值模拟研究，结果表明：隧道施工所引起的围岩应力场较为复杂，但不同工况下的围岩竖向应力场分布及变化规律具有一致性，即围岩最大竖向拉应力位于隧道拱底，拱顶次之，最大竖向压应力位于施工掌子面，拱腰次之；隧道施工将引起呈带状分布于隧道拱顶的较大管片应力产生，且该应力随着施工进程的增幅较小；管片环最大和最小位移分别呈带状分布于盾构隧道拱顶和拱底，且量值随着掌子面的不断前行略有增加并渐趋稳定，管片环呈横向变形趋势发展，拱顶下沉量最大，拱腰外扩量次之，而拱底隆起量最小。随着施工掌子面的逼近，前方约 15 m 处地表形成隆起，随后下沉且该沉降速率较大，两侧土体向隧道中线移动，地表沉降槽较大但渐趋稳定。盾构隧道施工引起地表沉降量主要存在于施工后期的长期固结期。分析各因素对盾构隧道顶推施工造成的环境影响还可看出，隧道埋深变化对单线区间盾构隧道施工所引起的环境问题影响最大。

第六章 平行盾构隧道施工对环境的影响

第一节 平行盾构隧道施工对环境影响的模型试验

模型试验在图 5.6 试验台架和试验槽内进行,平行盾构隧道施工对环境影响问题研究中两隧道相对位置关系如图 6.1 所示。

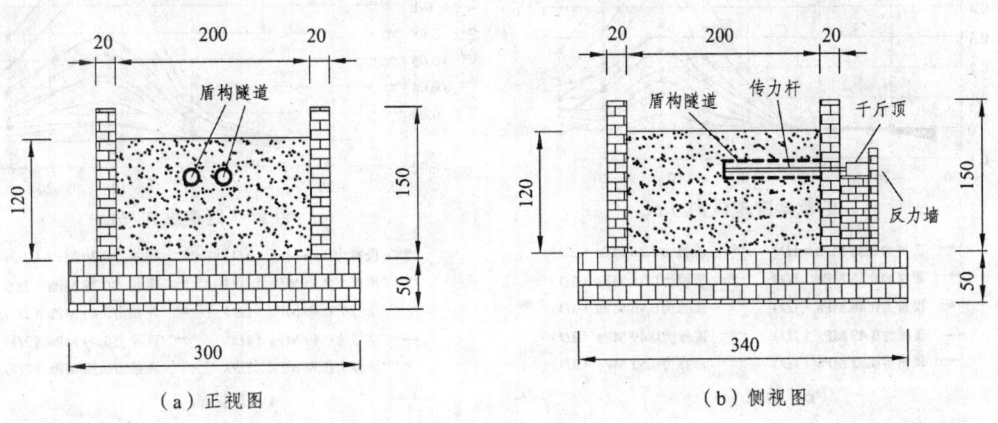

图 6.1 试验装置简图

结合盾构隧道顶推施工对已建邻近平行隧道影响控制因素,对拱顶埋深为 $2D$,两隧道净距分别为 $1D$ 和 $2D$,掌子面顶推力为 $0.26\sim0.52$ MPa 的情况下,盾构隧道顶推施工所引起的已建邻近平行隧道的变形和附加内力分布变化规律进行了研究,相关材料参数如第五章所述。

一、隧道变形

实测两平行隧道净距分别为 $1D$ 和 $2D$ 时,新建盾构隧道顶推施工所引起的已建隧道两侧拱腰、拱顶和拱底各点的水平(铅直)变位纵向分布分别如图 6.2 和图 6.3 所示(拱腰偏离新建隧道为正,拱顶、拱底外扩为正)。

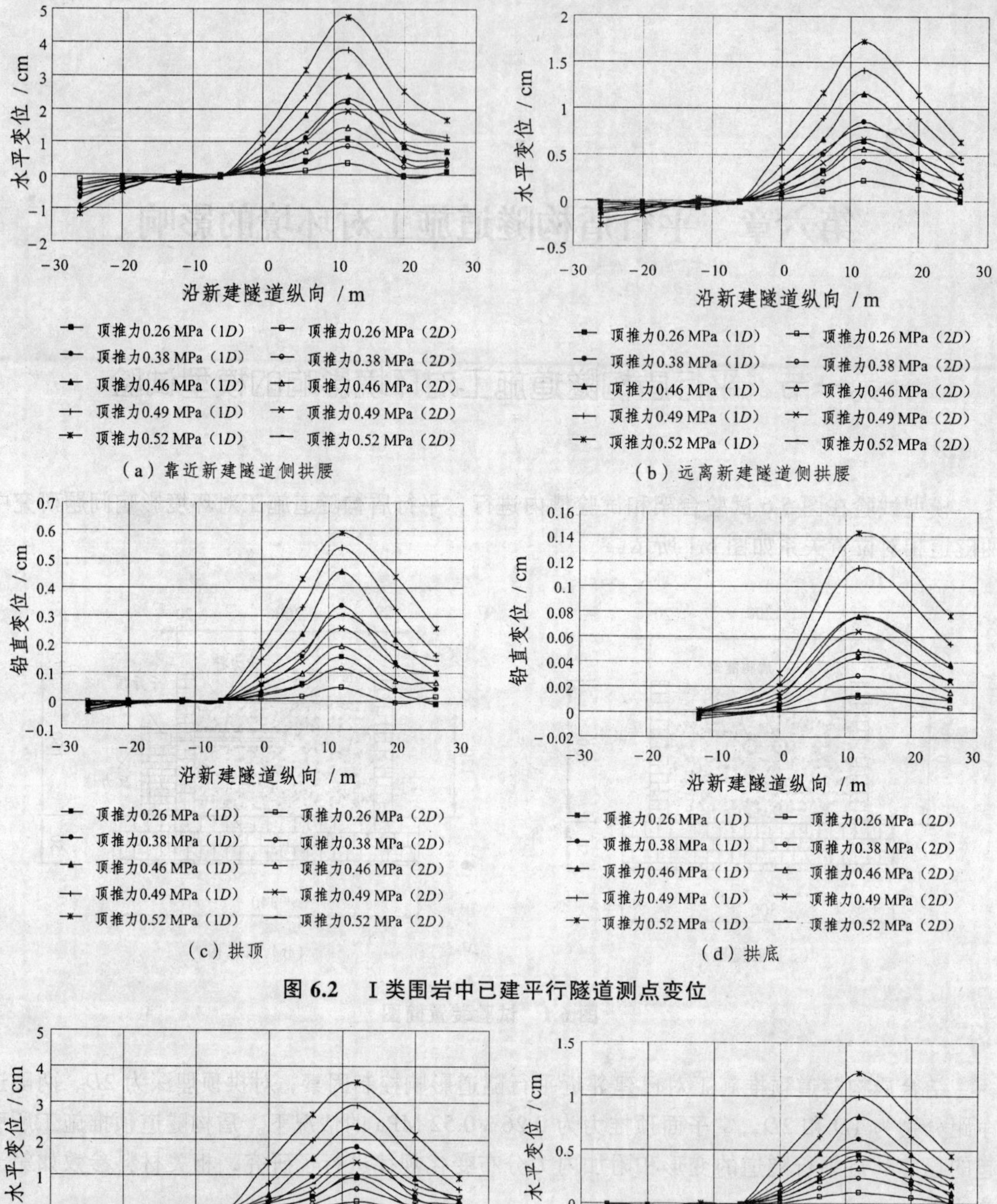

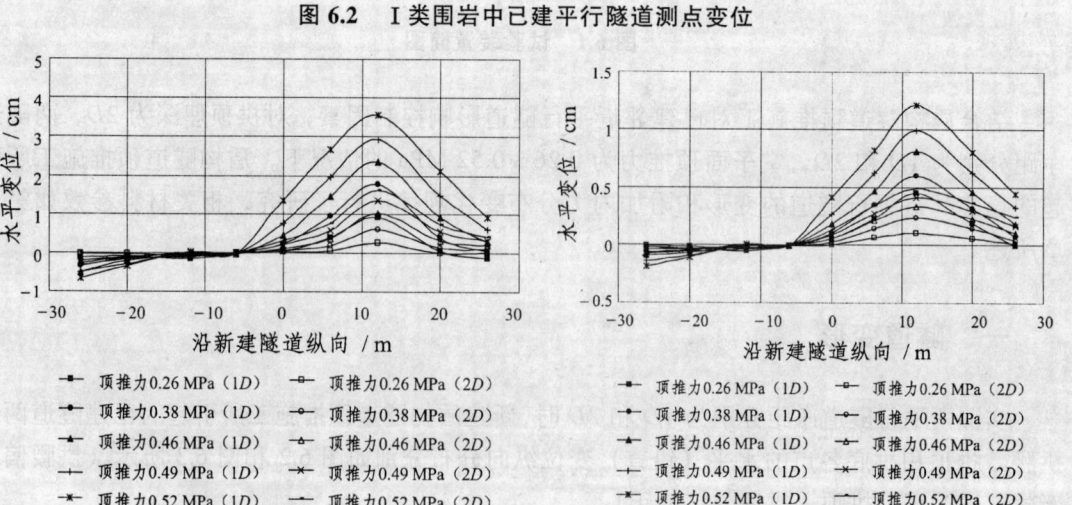

图 6.2　I 类围岩中已建平行隧道测点变位

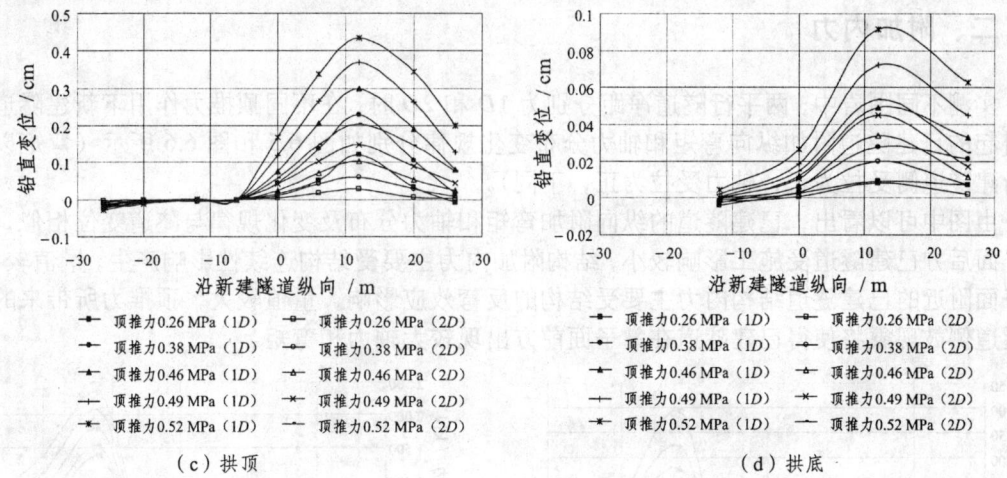

(c) 拱顶　　　　　　　　　　　　　　(d) 拱底

图 6.3　Ⅱ类围岩中已建平行隧道测点变位

试验研究结果表明，随着新建隧道掌子面的顶推施工，已建平行隧道掌子面附近及前方两侧拱腰将偏离新建隧道，拱顶隆起且拱底略有下沉，而掌子面后方各点变位则呈相反规律变化。实测该变位最大值位于掌子面前方约 12 m 处，随后该变位量沿掌子面顶推方向逐渐减小并渐趋稳定，掌子面附近及后方已建隧道也存在一定变位，但该变位量较小，且随各影响因素的变化波动较小。

受结构连续性影响，已建隧道的水平和铅直变位将在掌子面后方和前方形成反弯，而后蛇形前进，实测反弯点分别位于掌子面后方 6 m 和前方 12 m；远离开挖掌子面，实测已建隧道各点变位逐渐减小并渐趋平缓；随着两相邻平行隧道净距的减小，新建隧道顶推施工所引起的已建隧道的各点变位影响显著增加，且影响范围相应扩大，如试验测得Ⅱ类围岩条件下，0.46 MPa 顶推力所引起的净距为 $1D$ 和 $2D$ 已建隧道的两侧拱腰、拱顶和拱底最大变位量分别为 2.35 cm、0.81 cm、0.30 cm、0.05 cm 和 1.02 cm、0.34 cm、0.10 cm、0.03 cm。受不同围岩中的地层抗力差异影响，在相同隧道净距和顶推力作用下，Ⅰ类围岩隧道将发生较Ⅱ类围岩更大的变形，如实测净距为 $2D$，在 0.38 MPa 顶推力作用下Ⅰ、Ⅱ类围岩中邻近新建隧道侧拱腰最大水平变位量分别为 0.855 cm 和 0.599 cm，由围岩条件差异所带来的变位增幅达 42%。增加顶推力，已建隧道各点变位量相应增加，如实测Ⅰ类围岩中修建净距为 $1D$ 的隧道时，在 0.38 MPa 和 0.52 MPa 顶推力作用下的已建隧道水平和铅直最大变位量分别为 0.34 cm、0.59 cm 和 2.20 cm、4.74 cm，增大顶推力后的已建隧道最大水平和铅直变位量增幅分别达 1.86 cm 和 4.15 cm。

根据试验成果还可以发现，新建隧道顶推施工将造成已建平行隧道两侧拱腰水平变位、拱顶拱底铅直变位间存在较大变位差，结合已建平行隧道各点变位，点绘各不同影响因素作用下的掌子面前方 12 m 处的已建隧道环向变形如图 6.4 所示。

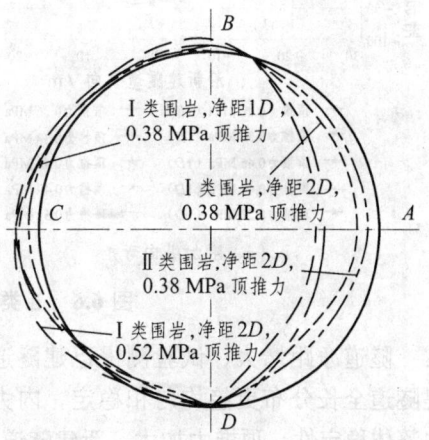

图 6.4　已建平行隧道环向变形

二、附加内力

实测不同围岩中,两平行隧道净距分别为 $1D$ 和 $2D$ 时,在不同顶推力作用下新建隧道施工引起的已建隧道附加纵向弯矩和轴力分布变化规律分别如图 6.5 和图 6.6 所示(弯矩以远离新建隧道侧受拉为正,轴力受拉为正,下同)。

由图中可以看出,已建隧道的纵向附加弯矩和轴力分布及变化规律与隧道变位相似,即掌子面后方已建隧道受施工影响较小,结构附加内力主要受结构连续性影响产生,量值较小;掌子面附近的已建隧道结构内力主要受结构的反弯效应影响,量值较大;顶推力所带来的已建隧道侧鼓现象将使得已建隧道在掌子面前方出现较大轴力和弯矩。

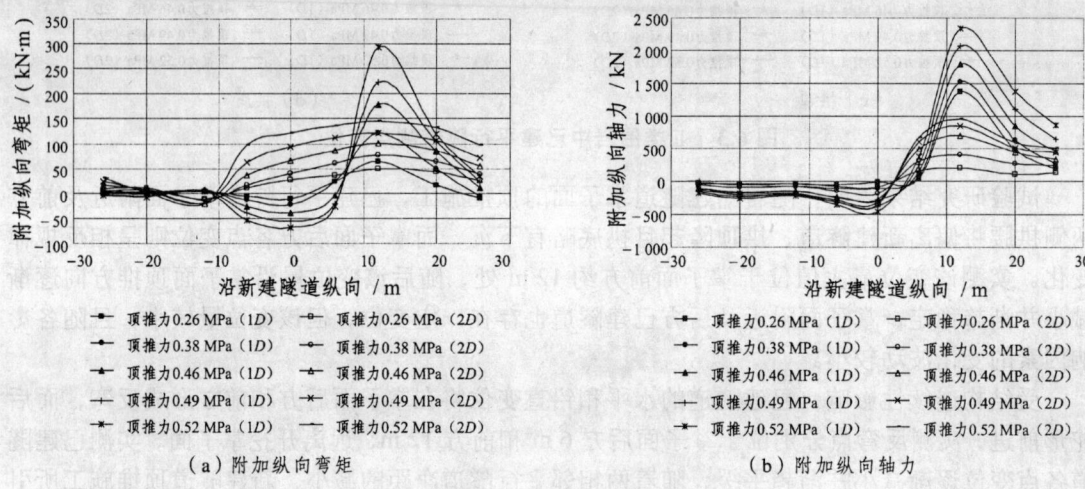

(a)附加纵向弯矩　　　　　　　　(b)附加纵向轴力

图 6.5　Ⅰ类围岩中已建平行隧道附加内力

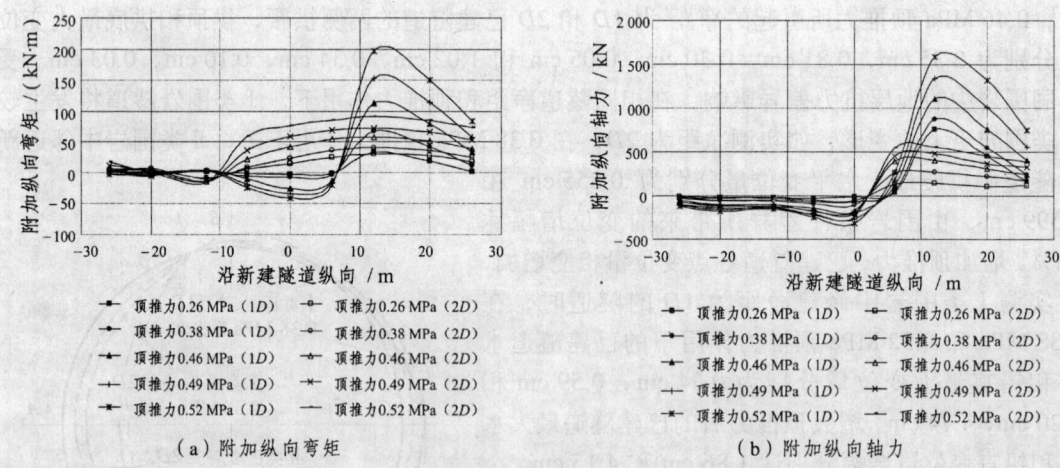

(a)附加纵向弯矩　　　　　　　　(b)附加纵向轴力

图 6.6　Ⅱ类围岩中已建平行隧道附加内力

隧道净距增大,试验测得已建隧道侧鼓现象所带来的结构内力最大值略有减小,且沿已建隧道全长分布更趋均匀和稳定,内力极值点不十分明显,有利于施工和运营区间已建隧道的整体稳定性;顶推力加大,新建隧道施工所引起的已建隧道附加内力相应增加;提高隧道所处围岩条件,已建隧道附加内力减小,如实测Ⅰ类围岩条件 0.26 MPa 顶推力所引起的净距为1D和2D时的已建隧道最大附加弯矩分别为64 kN·m和48.8 kN·m,最大附加轴力分别为 1 378.92 kN 和 209.06 kN,而相应Ⅱ类围岩条件下的已建隧道最大附加弯矩分别为33 kN·m和31.1 kN·m,轴力分别为755 kN和146.34 kN;增大顶推力,各附加内力将显著增加,如实测顶推力为0.52 MPa时,上述Ⅰ类围岩中已建隧道各项内力值将增大3.56倍、1.97倍、0.70倍和3.56倍,而相应Ⅱ类围岩中已建隧道各项内力值将增大约4.95倍、1.92倍、1.10倍和2.82倍。由此可以看出,围岩条件、隧道净距、顶推力等因素在很大程度上制约着新建隧道施工对已建隧道的内力分布变化规律的影响。

第二节 平行盾构隧道施工对环境影响的数值模拟

一、计算模型

本节主要是在单洞施工研究的基础上,综合考虑了围岩类别、隧道埋深、净距、顶推力等影响因素作用下,新建隧道顶推施工所引起的已建平行隧道变形(变位)和应力分布,以及先后修建两平行隧道所产生的地表沉降曲线分布变化规律。

结合广州地铁3号线大—沥区间盾构隧道施工实际情况,选用三维计算网格模型如图6.7所示,新建隧道顶推施工过程中盾构机和已建隧道的相对位置关系如图6.8所示,贯通后的平行盾构隧道管片结构和壁后注浆层如图6.9所示。计算主要选用三维实体单元Solid45单元进行结构模拟,相关计算参数分别如表5.2和表5.3所示。

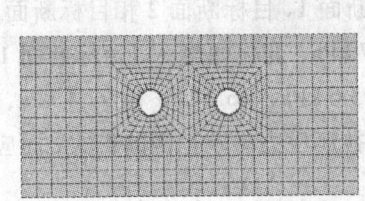
(a)正视图

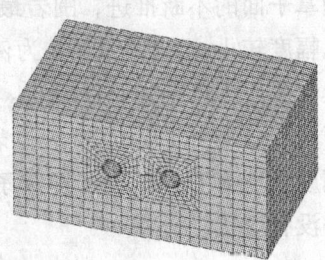
(b)斜视图

图6.7 顶推施工对已建平行隧道影响研究的三维计算网格模型

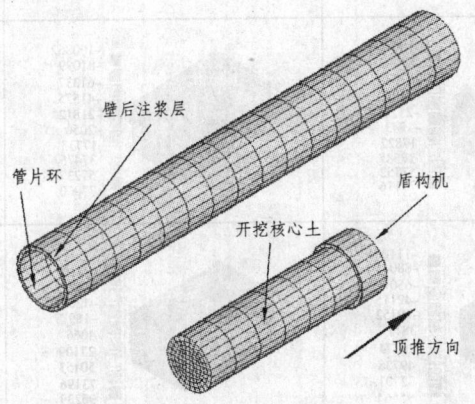

图6.8 后行盾构隧道及盾构机与已建隧道相对位置关系

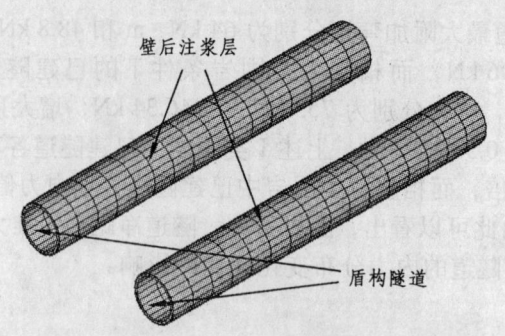

图 6.9 贯通后的平行盾构隧道和壁后注浆层

二、计算结果分析

(一)围岩应力场与位移场

计算得新建盾构隧道施工对已建隧道修建所形成围岩竖向应力场的影响如表 6.1 所示。由图中可以看出,不同围岩条件、隧道净距、埋深和顶推力等因素影响下的围岩竖向应力场分布及变化规律具有一致性,即最大拉应力均位于新建隧道拱顶和拱底附近,最大压应力位于新建隧道拱腰,两隧道中间区域呈明显的受压状态。现对各影响因素作用下,新建盾构隧道顶推施工对已建隧道所形成围岩应力场的影响总结如下:

随掌子面的不断推进,围岩最大拉、压应力分布范围未发生明显改变,但量值略有变化且变化幅度较小。以工况 PX-2 为例,掌子面顶推至目标断面1、目标断面2和目标断面3时,围岩最大压应力分别为 -111 kPa、-111.2 kPa 和 -112.7 kPa,变化幅度(以目标断面1为基础,下同)分别为 1% 和 2%;围岩最大拉应力分别为 95.6 kPa、96.2 kPa 和 97.4 kPa,相应变化幅度分别为 1% 和 2%,即掌子面的推进带动了围岩拉压应力影响范围的扩大,而应力量值几乎没有变化。

表 6.1 各目标断面围岩竖向应力场分布(单位:Pa)

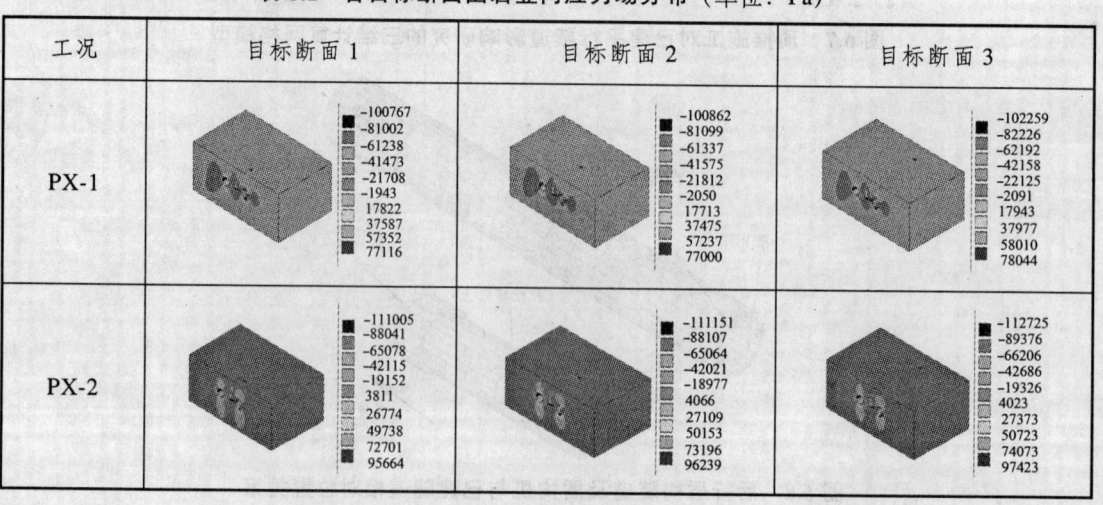

续表 6.1

工况	目标断面1	目标断面2	目标断面3
PX-3	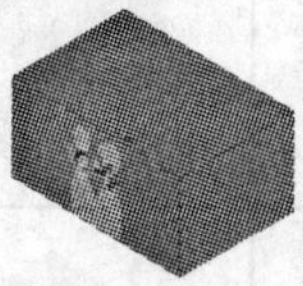 -117505 -93476 -69453 -45427 -21401 2625 26651 50677 74073 98729	 -118009 -93855 -69700 -45546 -21392 2763 26917 51072 75226 99380	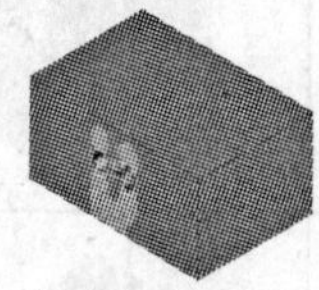 -120785 -96191 -71598 -47005 -22412 2181 26774 51368 75961 100554
PX-4	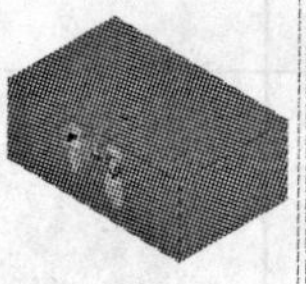 -68828 -54080 -39332 -24585 -9837 4911 19658 34406 49154 63901	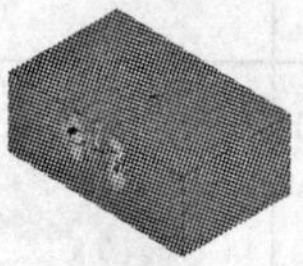 -69191 -54151 -39112 -24072 -9032 6008 21048 36088 51128 66167	 -70569 -55225 -39881 -24537 -9193 6151 21495 36839 52183 67527
PX-5	 -111645 -88151 -64656 -41162 -17668 5827 29321 52816 76310 99805	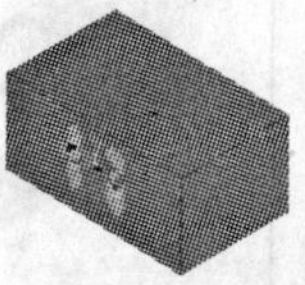 -11189 -88205 -64517 -40829 -17141 6547 30235 53923 77611 101299	 -113814 -89693 -65573 -41452 -17331 6790 30911 55032 79153 103274

以目标断面 2 为例，计算得各工况下围岩最大竖向拉、压应力分别为 77 kPa、96.2 kPa、99.4 kPa、66.2 kPa、101.3 kPa 和 −100.9 kPa、−111.2 kPa、−118 kPa、−69.2 kPa 及 −111.9 kPa，即不同因素作用下的围岩拉、压应力比分别为 0.8∶1∶1.03∶0.69∶1.05 和 0.91∶1∶1.06∶0.62∶1。由此可知，隧道埋深是制约新建平行隧道施工对已有地应力场产生影响的关键性因素，除此之外，隧道所处围岩条件也将在较大程度上影响着围岩应力场的分布范围和量值大小。

隧道净距变化将直接影响着两条隧道中部区域的压应力分布和变化范围，由工况 PX-2 和 PX-3 计算结果可知，随着两隧道净距的减小，先后修建隧道所形成的围岩应力场将产生交错和重叠现象，净距增大，该重叠应力场将产生明显的分离，即不同隧道施工将形成其独立的围岩竖向应力场，以确保中间区域的围岩稳定和施工安全性。

计算得不同工况下掌子面顶推至各目标断面时的地层竖向位移场分布如表 6.2 所示。由图中可以看出，新建隧道施工将对已建隧道围岩位移场产生较大扰动和重分布，使得已有地层位移场影响范围扩大，位移量增加。新建隧道施工所引起的地层位移主要位于新建隧道拱顶和两侧拱腰附近。地层最大竖向沉降位移位于已建隧道拱顶，而地层最大隆起位移位于已建隧道拱底，受圆形衬砌结构承载特性影响，隧道拱顶下沉和底部回弹均将引起围岩的主动土压力产生，导致地层围岩挤向隧道内部，而拱腰附近围岩产生被动土压力，两隧道中部围岩处于受压区。

表 6.2 各目标断面围岩竖向位移场分布（单位：m）

工况	目标断面1	目标断面2	目标断面3
PX-1	-.139645 / -.114239 / -.088833 / -.063426 / -.03802 / -.012614 / .012792 / .038198 / .063604 / .08901	-.142305 / -.116346 / -.090387 / -.064428 / -.038468 / -.012509 / .01345 / .039409 / .065369 / .091328	-.140903 / -.115385 / -.089868 / -.06435 / -.038833 / -.013315 / .012202 / .037719 / .063237 / .088754
PX-2	-.060793 / -.049681 / -.038569 / -.027457 / -.016344 / -.005232 / .00588 / .016992 / .028105 / .039217	-.061573 / -.050311 / -.039048 / -.027785 / -.016522 / -.005259 / .006004 / .017267 / .028529 / .039792	-.060768 / -.049809 / -.038851 / -.027892 / -.016933 / -.005974 / .004985 / .015943 / .026902 / .037861
PX-3	-.063054 / -.051621 / -.040188 / -.028754 / -.017321 / -.005888 / .005545 / .016979 / .028412 / .039845	-.064264 / -.052624 / -.040983 / -.029343 / -.017703 / -.006063 / .005578 / .017218 / .028858 / .040499	-.063438 / -.052262 / -.041086 / -.029911 / -.018735 / -.007559 / .003617 / .014793 / .025969 / .037145
PX-4	-.043816 / -.036232 / -.028648 / -.021064 / -.01348 / -.005896 / .001688 / .009272 / .016855 / .024439	-.044616 / -.037058 / -.029501 / -.021943 / -.014386 / -.006828 / .730E-03 / .008287 / .015845 / .023402	-.043686 / -.036124 / -.028561 / -.020998 / -.013435 / -.005872 / .001691 / .009254 / .016817 / .02488
PX-5	-.061486 / -.050205 / -.038925 / -.027644 / -.016363 / -.005082 / .006199 / .017479 / .02876 / .040041	-.063144 / -.051611 / -.040079 / -.028546 / -.017014 / -.005481 / .006052 / .017584 / .029117 / .040649	-.061495 / -.050301 / -.039107 / -.027913 / -.016719 / -.005526 / .005668 / .016862 / .028056 / .03925

由表 6.2 可知，新建隧道施工将引起已建隧道洞周地层位移场的扩大和变位量的增加，如工况 PX-2 掌子面施工至目标断面 1 时的已建隧道拱顶下沉和拱底回弹量分别为 -6.08 cm 和 3.92 cm，而施工至目标断面 2 处的隧道拱顶下沉和拱底回弹量分别为 -6.16 cm 和 3.98 cm，变位比分别为 1:1.01 和 1:1.02，变化幅度较小，几乎可以忽略不计。

以工况 PX-2 目标断面 2 为基础，分析不同影响因素作用下的地层竖向位移变化规律可知：当隧道上覆土层厚为 2D，顶推力为 0.30 MPa，隧道净距为 2D 时，Ⅰ类和Ⅱ类围岩中修建盾构隧道所引起的拱顶沉降和拱底回弹量最大值分别为 -14.23 cm、-6.16 cm 和 9.13 cm、3.98 cm，相应比值分别为 2.31:1 和 2.29:1；当在Ⅱ类围岩上覆土层厚度为 2D 的情况下，采用 0.30 MPa 顶推力，修建净距为 1D 的平行盾构隧道所引起的拱顶沉降和拱底回弹量最大值分别为 -6.43 cm 和 4.05 cm，净距对地层沉隆位移变化的影响分别为 1D:2D=1.04:1 和 1.02:1；而在相同条件下修建上覆土层厚度仅 1D 的隧道所引起的相应地层竖向沉隆位移最大值分别为 -4.46 cm 和 2.34 cm，隧道埋深变化对地层竖向沉隆位移量的影响分别为 1D:2D=0.72:1 和 0.59:1；顶推力变化对地层竖向沉隆位移的影响分别为 0.30 MPa:0.40 MPa=1:1.02 和 1:1.02。

由新建隧道施工对已建平行隧道所形成的围岩竖向应力场和位移场的扰动计算分析结果可知：围岩条件和埋深是制约新建隧道施工对已有围岩应力场产生扰动和重分布的主要影响因素。地质条件的改善将有助于降低隧道修建过程中对围岩的扰动并减小扰动地层土体沉降变位，削弱后续沉降量的生成；隧道埋深的降低将有利于大幅度削减新建隧道修建所带来的周边地层竖向位移，但将恶化地表附近竖向地层应力场的分布，使得在近接地表处仍存在较大应力。工程中应通过采用掌子面前方注浆和壁后注浆等手段改善隧道所处围岩条件，适当增加隧道埋深，加大隧道净距和选择合理顶推力以尽量降低新建隧道施工对已有地应力场和位移场的影响。

（二）已建隧道壁后注浆层应力场和位移场

计算得各工况下隧道掌子面施工至不同目标断面时的管片环壁后注浆层 Von Mises 应力场分布变化规律如表 6.3 所示，由表中可以看出，受掌子面顶推力和围岩地层土压力共同作用影响，注浆层应力场分布较为复杂，且应力最大值位于靠近新建隧道侧拱腰而最小值位于远离新建隧道侧拱腰。下面以不同工况下最小 Von Mises 应力点和掌子面的相对位置关系为例进行说明。

工况 PX-1 在 I 类围岩中开挖隧道，掌子面分别顶推至目标断面 1 和目标断面 2 时的注浆层最小 Von Mises 应力均位于掌子面前方约 5 环管片处；工况 PX-2 注浆层最小 Von Mises 应力位于掌子面前方约 1.5 环管片处；减小隧道净距，计算得工况 PX-3 净距为 $1D$ 情况下的主应力最小点位于掌子面前方约 0.5 环管片处；降低隧道埋深后计算得主应力最小点位于掌子面前方约 1 环管片处；增大顶推力对最小 Von Mises 应力出现位置几乎没有影响，计算得工况 PX-5 最小 Von Mises 应力仍位于掌子面前方约 1.5 环管片处。由表 6.3 还可以看出，在维持与掌子面相对距离不变的前提下，最小 Von Mises 应力出现位置还将随着掌子面的前行而不断推进，隧道贯通后即不再变化。

表 6.3 各目标断面已建隧道壁后注浆层 Von Mises 应力场分布（单位：Pa）

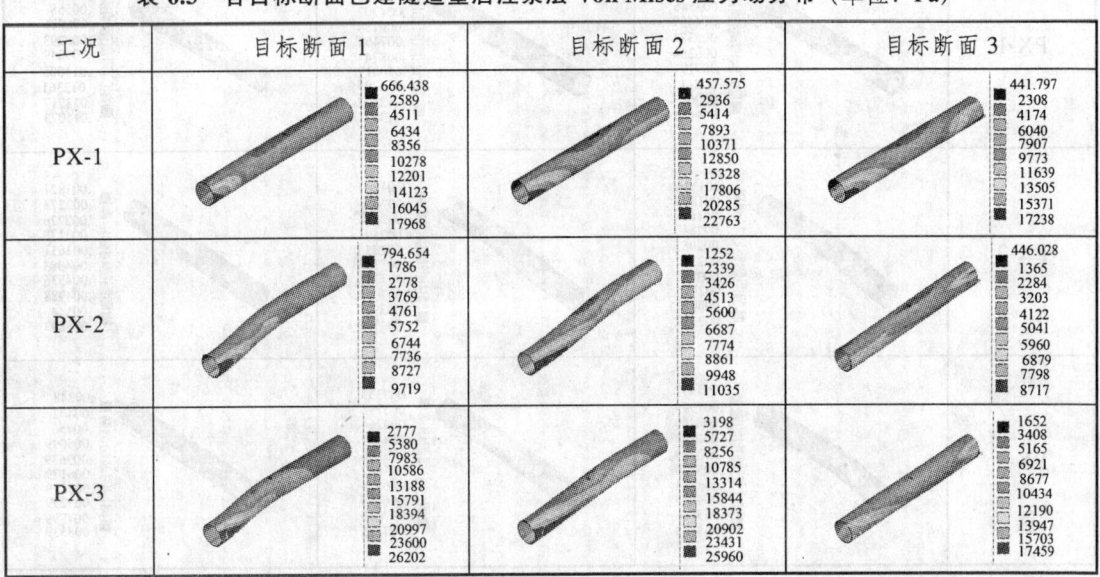

续表 6.3

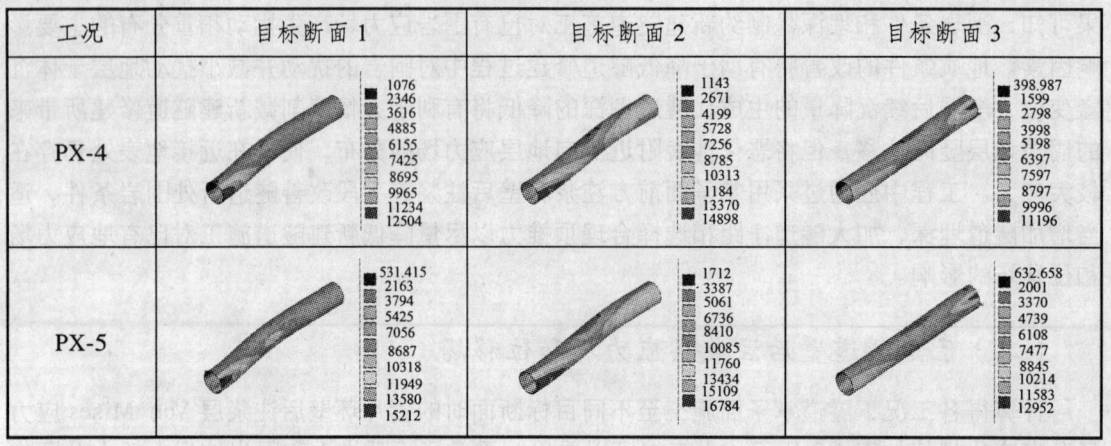

由表 6.4 计算得注浆层总位移场分布变化规律可知，新建盾构隧道掌子面顶推力对掌子面前方已建隧道注浆层将产生较为明显的推离作用，该推离作用将在掌子面前方一定距离处形成偏移最大量，在顶推力对地层作用的逐渐消散和地层被动土压力的共同作用下，已建隧道注浆层偏移量逐渐减小并最终趋于完全消失，掌子面后方注浆层在地层被动土压力和结构连续性影响下产生靠近新建隧道的位移并在后方一定距离处形成反弯点，在边界约束效应作用下该变位将很快达到稳定。计算得掌子面前方侧向最大偏离点和后方反弯点位置均受不同影响因素的作用而在量值上存在一定差异，计算得各影响因素作用下注浆层最大偏移量和后方反弯点与掌子面的距离分别如表 6.5 所示。

表 6.4 各目标断面已建隧道壁后注浆层总位移场分布（单位：m）

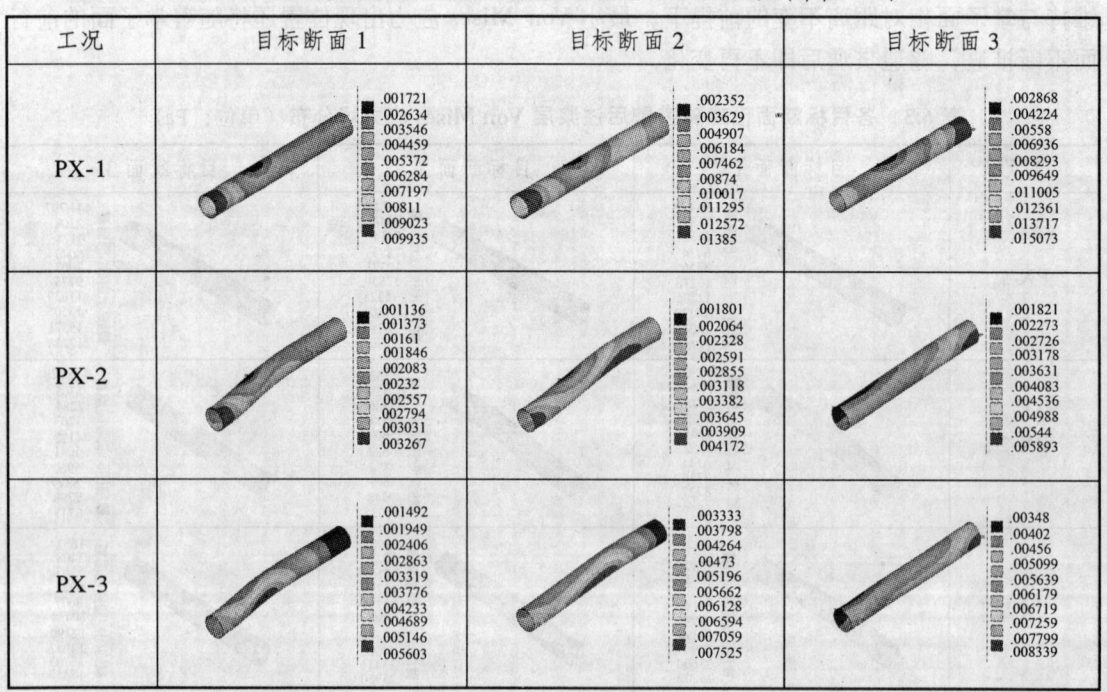

续表 6.4

工况	目标断面 1	目标断面 2	目标断面 3
PX-4	.548E-03 .001064 .001581 .002097 .002614 .00313 .003647 .004163 .00468 .005196	.001318 .001862 .002405 .002949 .003493 .004036 .00458 .005123 .005667 .00621	.581E-03 .001333 .002085 .002838 .00359 .004342 .005094 .005847 .006599 .007351
PX-5	.001278 .001701 .002125 .002548 .002972 .003395 .003819 .004242 .004666 .005089	.002146 .002628 .00311 .003592 .004074 .004556 .005038 .005519 .006001 .006483	.001851 .002548 .003244 .003941 .004637 .005333 .006029 .006726 .007422 .008118

分析表 6.5 中不同影响因素作用下的已建隧道偏移量及其与掌子面的相对位置关系可知，在较好围岩条件下，适当增加隧道净距，加大覆土厚度并减少掌子面顶推力都将有助于降低新建隧道施工对已建壁后注浆层的变形和附加内力影响。

表 6.5 已建隧道注浆层偏移最大点和反弯点离掌子面距离（单位：m）

工况 项目	PX-1		PX-2		PX-3		PX-4		PX-5	
	距离	偏移量	距离	偏移量	距离	偏移量	距离	偏移量	距离	偏移量
偏移最大点	—	0.013 8	9.26	0.004 2	3.41	0.007 5	14.78	0.006 2	9.34	0.006 5
反弯点	3.70	0.002 4	8.93	0.001 8	—	0.003 3	5.52	0.001 3	8.85	0.002 2

（三）已建隧道管片环应力场和位移场

计算得各工况下掌子面顶推至不同目标面处的已建隧道 Von Mises 应力场和总位移场分布变化规律分别如表 6.6 和表 6.7 所示。

表 6.6 各目标断面已建隧道管片环 Von Mises 应力场分布（单位：Pa）

工况	目标断面 1	目标断面 2	目标断面 3
PX-1	13462 82296 151131 219965 288799 357634 426468 495302 564137 632971	16389 84696 153002 221308 289615 357921 426227 494534 562840 631146	11398 89918 168439 246959 325480 404000 482521 561042 639567 718083
PX-2	13829 53780 93730 133681 173632 213582 253533 293484 333435 373385	17423 54630 91837 129044 166251 203458 240665 277872 315079 352286	9836 78182 146527 214873 283218 351564 419909 488255 556600 624946

续表 6.6

工况	目标断面 1	目标断面 2	目标断面 3
PX-3	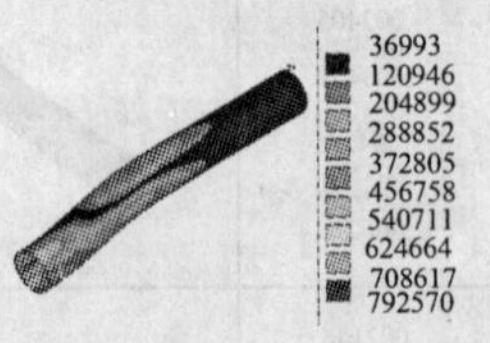 36993 / 120946 / 204899 / 288852 / 372805 / 456758 / 540711 / 624664 / 708617 / 792570	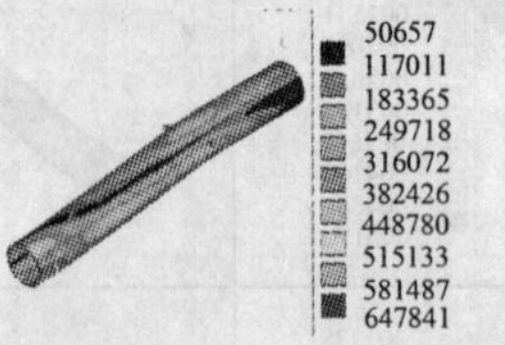 50657 / 117011 / 183365 / 249718 / 316072 / 382426 / 448780 / 515133 / 581487 / 647841	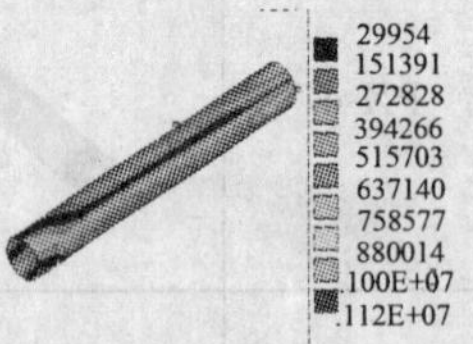 29954 / 151391 / 272828 / 394266 / 515703 / 637140 / 758577 / 880014 / .100E+07 / .112E+07
PX-4	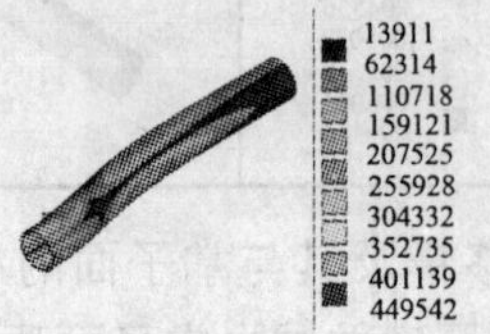 13911 / 62314 / 110718 / 159121 / 207525 / 255928 / 304332 / 352735 / 401139 / 449542	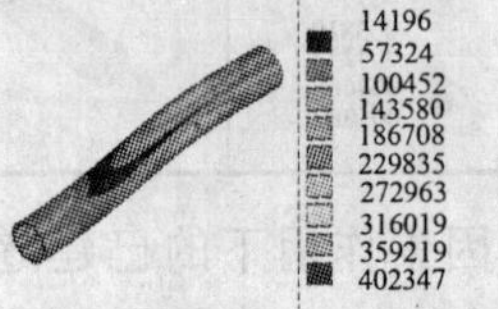 14196 / 57324 / 100452 / 143580 / 186708 / 229835 / 272963 / 316019 / 359219 / 402347	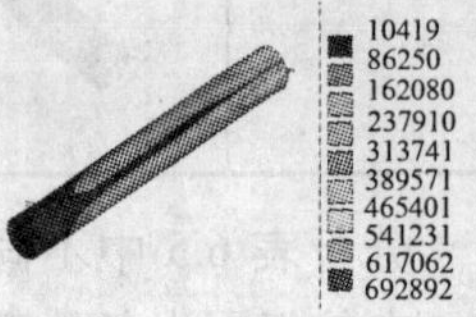 10419 / 86250 / 162080 / 237910 / 313741 / 389571 / 465401 / 541231 / 617062 / 692892
PX-5	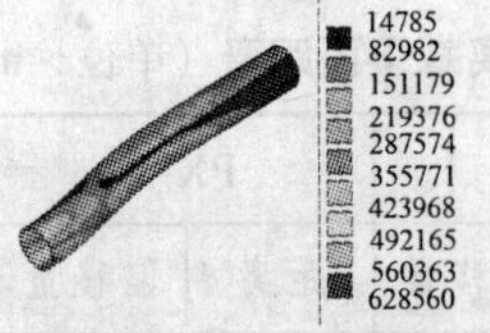 14785 / 82982 / 151179 / 219376 / 287574 / 355771 / 423968 / 492165 / 560363 / 628560	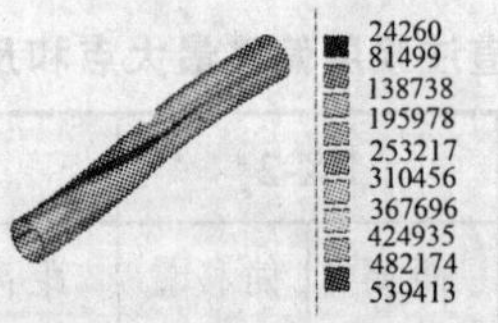 24260 / 81499 / 138738 / 195978 / 253217 / 310456 / 367696 / 424935 / 482174 / 539413	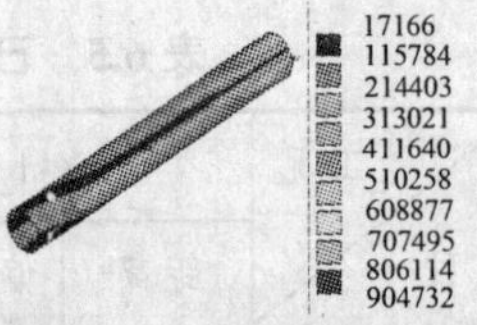 17166 / 115784 / 214403 / 313021 / 411640 / 510258 / 608877 / 707495 / 806114 / 904732

由表 6.6 可以看出，已建隧道结构最大主应力位于靠近新建隧道侧拱腰而最小主应力则位于远离新建隧道侧拱腰；随着掌子面的不断前移，已建隧道 Von Mises 应力影响区域相应加大，量值上也将发生较大变化，以工况 PX-2 为例，掌子面施工至不同目标断面时，相应已建隧道最大、最小主应力分别为 373.4 kPa、352.3 kPa、624.9 kPa 和 13.83 kPa、17.42 kPa、9.84 kPa，相应比值为 1.06∶1∶1.77 和 0.79∶1∶0.56。分析应力场计算结果可知，掌子面前行对已建隧道 Von Mises 应力量值的影响较小，且随着掌子面的前进，已建隧道最小主应力主要分布区域呈螺旋形带状增长，由最初位于远离新建隧道侧逐渐扭转为在靠近新建隧道侧拱腰的稳定条状分布，掌子面后方最小主应力分布区域逐渐达到稳定并不再发生改变。

由表 6.7 可以看出，已建隧道受新建隧道施工影响所形成的位移场分布及变化规律与壁后注浆层相似，即已建隧道在新建隧道作用下将在掌子面前方产生明显的偏离趋势并在前方一定距离处达到偏离最大值，而掌子面后方已建隧道的偏离趋势逐渐减弱并形成较为明显的反弯点，随后结构变形区域稳定并不再变化。新建隧道施工对已建隧道侧向位移和变形趋势的影响与隧道所处围岩条件、隧道净距等因素密切相关，计算得不同影响因素作用下的已建隧道最大总位移相对关系为 PX-1∶PX-2∶PX-3∶PX-4∶PX-5＝1.31∶1∶1.83∶0.75∶1.20，相应最小位移量比值关系为 PX-1∶PX-2∶PX-3∶PX-4∶PX-5＝3.32∶1∶1.79∶1.49∶1.55。

表 6.7 各目标断面已建隧道管片环总位移场分布（单位：m）

工况	目标断面 1	目标断面 2	目标断面 3
PX-1	.001736 .002644 .003552 .00446 .005368 .006276 .007184 .008093 .009001 .009909	.002391 .003658 .004926 .006194 .007462 .00873 .009998 .011265 .012533 .013801	.002909 .004261 .005612 .006964 .008315 .009667 .011018 .01237 .013722 .015073
PX-2	.00115 .001383 .001616 .001849 .002082 .002315 .002548 .002781 .003014 .003247	.001821 .00208 .00234 .0026 .002859 .003119 .003378 .003638 .003897 .004157	.001839 .002289 .002739 .003189 .00364 .00409 .00454 .00499 .00544 .00589
PX-3	.001496 .001944 .002393 .002841 .00329 .003738 .004187 .004635 .005084 .005532	.003331 .00379 .004248 .004706 .005165 .005623 .006081 .00654 .006998 .007456	.003506 .004042 .004578 .005115 .005651 .006188 .006724 .00726 .007797 .008333
PX-4	.578E-03 .001089 .0016 .00211 .002621 .003132 .003642 .004153 .004664 .005174	.001357 .001895 .002433 .002971 .003509 .004047 .004585 .005123 .005661 .006199	.603E-03 .001352 .002102 .002851 .003601 .00435 .0051 .005849 .006599 .007349
PX-5	.001302 .001722 .002142 .002562 .002981 .003401 .003821 .004241 .004641 .005081	.002181 .002657 .003133 .003609 .004085 .004561 .005037 .005513 .005988 .006464	.001871 .002565 .003259 .003953 .004647 .005341 .006035 .006729 .007423 .008118

根据不同影响因素作用下的隧道 Von Mises 应力场和位移场的分布及变化规律可以看出：围岩条件和隧道净距是制约新建隧道影响的主要因素，与之相比，上覆土层厚度和掌子面顶推力的影响较小。壁后注浆层能较为有效地消散新建隧道施工所带来的不利影响，使得已建隧道应力分布更为均匀，变形和侧向位移量也相对减小，有利于提高结构长期安全性和整体防水性。

新建隧道施工至各目标断面时的已建隧道拱顶、拱底和两侧拱腰关键点的水平和铅直方向位移分别如图 6.10 和图 6.11 所示，结合表 6.7 可以看出，不同工况下的已建隧道最大变形量仍位于近接拱腰处，且掌子面前方已建隧道偏离趋势十分明显，而后方呈靠近趋势变化。不同之处在于，各关键点的最大水平和铅直变位出现位置存在较大差异，以工况 PX-2 为例可知，掌子面顶推至目标断面 1 时，计算得已建隧道近接侧拱腰、拱顶、远离侧拱腰和拱底的最大水平（铅直）偏离点分别位于掌子面前方 15 m、18 m、15 m 和 18 m，相应最大偏离量分别为 1.79 mm、1.66 mm、1.69 mm 和 1.57 mm，掌子面后方各特征点水平最大靠近量分别为 7.65 mm、8 mm、6.59 mm 和 6.97 mm；而掌子面前方已建隧道呈上浮，后方呈下沉趋势变化，最大上浮和下沉量分别为 0.869 mm、0.859 mm、0.793 mm、0.783 mm 和 2.67 mm、2.42 mm、2.09 mm、1.84 mm。

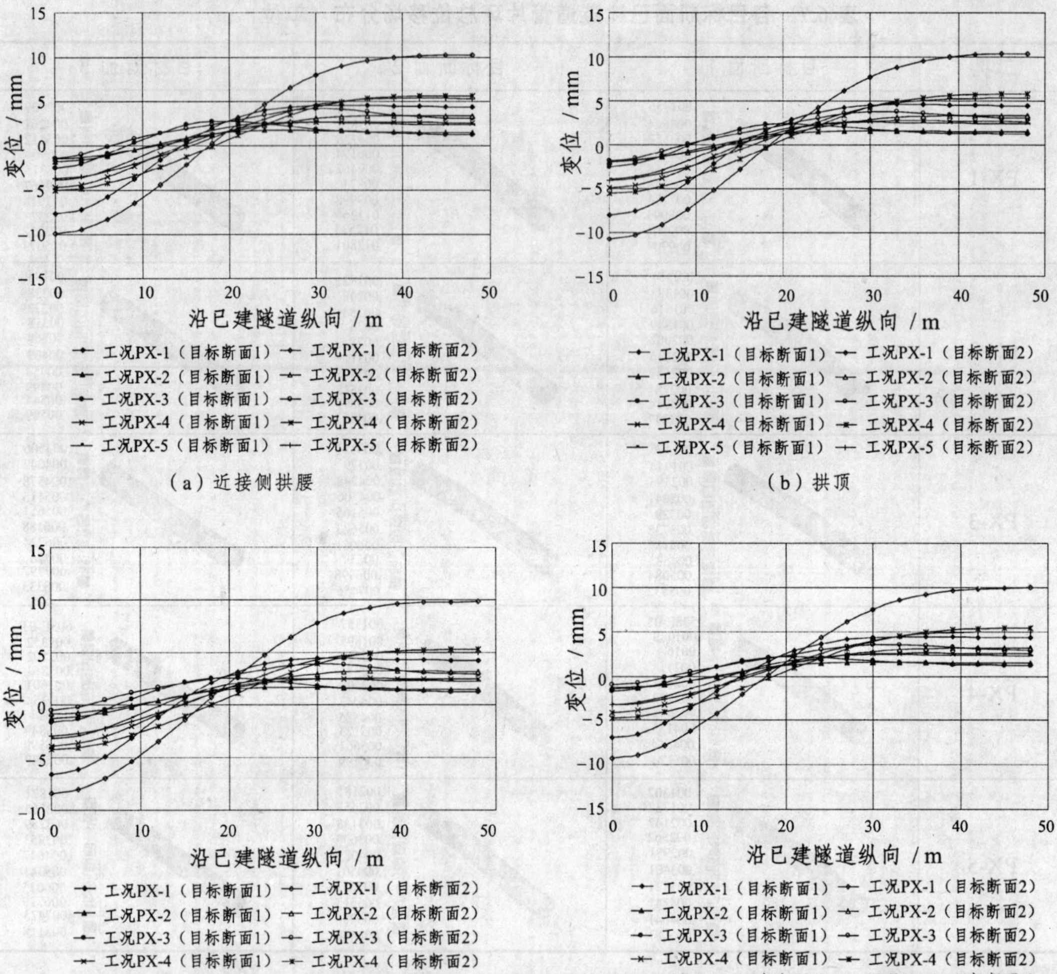

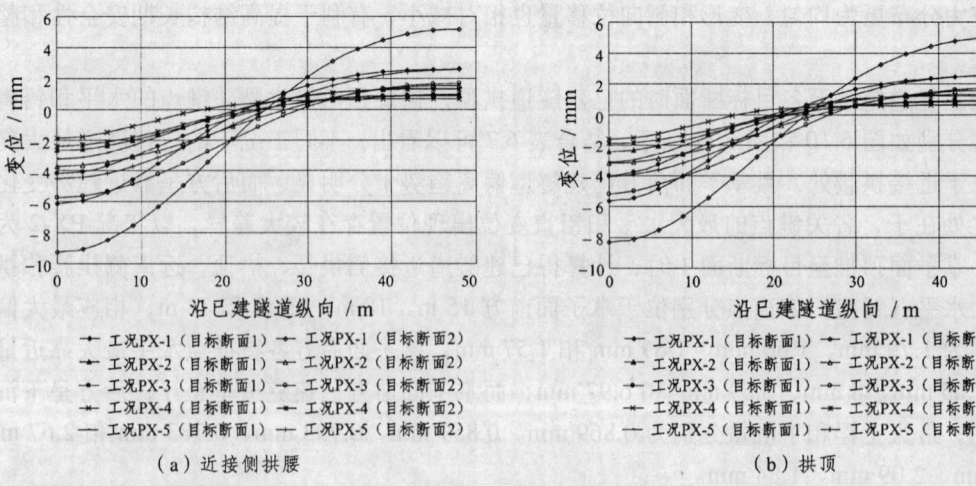

(a) 近接侧拱腰　　(b) 拱顶

(c) 远离侧拱腰　　(d) 拱底

图 6.10　已建隧道特征点水平位移

(a) 近接侧拱腰　　(b) 拱顶

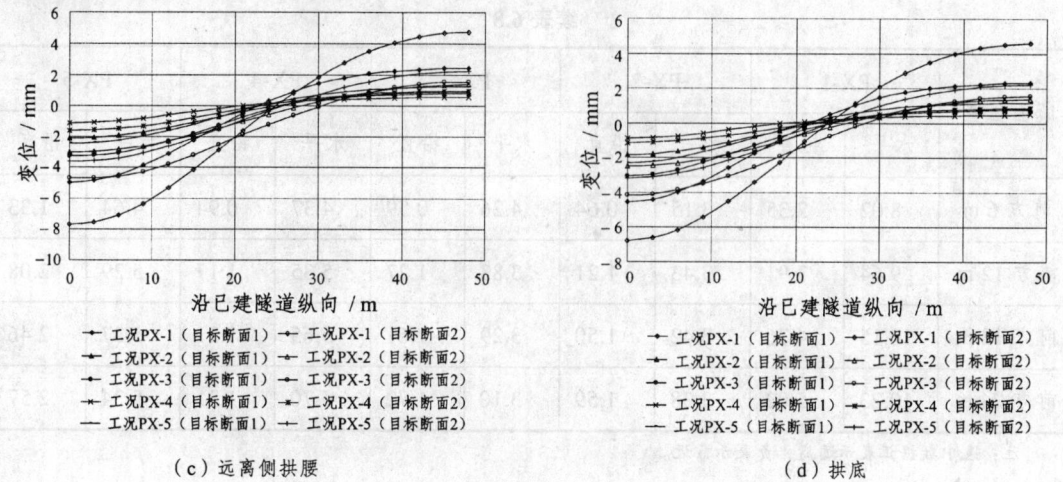

(c) 远离侧拱腰　　　　　　　　　　　　　　(d) 拱底

图 6.11　已建隧道特征点铅直位移

由计算结果绘制工况 PX-2 新建隧道施工至目标断面 1 处掌子面后方 12 m、前方 15 m 和 36 m 处的已建隧道管片结构整环变形如图 6.12 所示。由图中可以明显地看出，掌子面后方已建隧道管片环产生了朝向新建隧道斜下方的变位，拱顶铅直下沉 2.42 mm，而拱腰水平外扩 1.81 mm；掌子面前方管片环则产生了远离新建隧道的斜上方变位，如前方 15 m 处拱顶铅直上升 0.412 mm，而相应拱腰水平内敛达 1.79 mm，为拱顶变形量的 4.34 倍；随着研究断面与掌子面距离的加大，已建隧道管片环整环变形趋势逐渐减缓，拱腰和拱顶变形量差距减小，如前方 36 m 处拱顶铅直上升 0.859 mm，而拱腰水平变位 1.52 mm，仅为拱顶变形的 1.77 倍。

已建隧道管片环变形与掌子面顶推力、围岩条件、隧道净距及上覆土层厚度等影响因素密切相关，围岩条件恶化、隧道净距和埋深的减小以及顶推力的增大都将

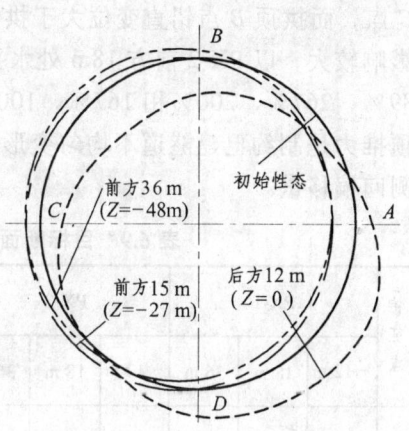

图 6.12　管片环整体变形

引起管片环的水平偏移量和铅直变位量的加大。计算得不同工况下目标断面 2 处邻近新建隧道侧拱腰 A 点的水平变位和拱顶 B 点的铅直变位分别如表 6.8 所示。

表 6.8　各工况下目标断面 2 处已建隧道特征点变位（单位：mm）

断面位置	PX-1		PX-2		PX-3		PX-4		PX-5	
	水平	铅直	水平	铅直	水平	铅直	水平	铅直	水平	铅直
后方 24 m	-9.89	-8.32	-1.45	-3.20	-1.45	-5.22	-5.05	-1.92	-3.71	-4.06
后方 12 m	-4.41	-5.48	0.10	-2.18	1.47	-3.46	-2.40	-1.05	-1.15	-2.63
掌子面	4.71	0.01	2.34	-0.23	3.52	-0.67	2.39	0.39	3.01	0.12

续表 6.8

断面位置	PX-1		PX-2		PX-3		PX-4		PX-5	
	水平	铅直	水平	铅直	水平	铅直	水平	铅直	水平	铅直
前方 6 m	8.02	2.35	3.15	0.64	4.26	0.59	4.37	0.94	4.64	1.33
前方 12 m	9.64	3.91	3.43	1.21	3.83	1.27	5.35	1.17	5.29	2.08
前方 18 m	10.15	4.76	3.42	1.50	3.29	1.61	5.65	1.21	5.37	2.46
前方 24 m	10.23	5.02	3.38	1.59	3.10	1.72	5.70	1.21	5.34	2.57

注：表中数据正表示远离，负表示靠近。

由图 6.12 还可看出，新建隧道施工将引起已建隧道两侧拱腰以及拱顶、拱底的变位不对称，列举计算所得各工况下掌子面位于目标断面 1 时后方 12 m、前方 18 m 和 36 m 处的两侧拱腰水平变位和拱顶、拱底铅直变位如表 6.9 所示，由表中可知，已建盾构隧道并非完全刚性，受顶推力和围岩压力影响，邻近新建隧道侧拱腰 A 点水平变位明显大于远离侧 C 点，而拱顶 B 点铅直变位大于拱底 D 点，相应变位差即为隧道变形。隧道变形受各因素影响较大，以 PX-2 前方 18m 处水平和铅直变形为例，其余工况变形量分别约为其 156%、89%、267%、200% 和 167%、100%、244%、222%，由此可知，围岩条件、隧道埋深和顶推力是制约已建隧道不均匀变形的主要因素，而净距对隧道的影响更多地体现于隧道的侧向偏移量。

表 6.9 目标断面 1 处已建隧道特征点变位（单位：mm）

特征点	PX-1			PX-2			PX-3			PX-4			PX-5		
	−12 m	18 m	36 m	−12 m	18 m	36 m	−12 m	18 m	36 m	−12 m	18 m	36 m	−12 m	18 m	36 m
A	−7.65	4.59	4.39	−1.81	1.75	1.52	−2.51	1.92	1.26	−4.66	2.72	2.62	−3.88	2.70	2.41
B	−5.66	1.63	2.50	−2.42	0.56	0.86	−4.01	0.58	0.93	−1.62	0.56	0.63	−3.11	1.00	1.33
C	−6.59	4.45	4.22	−1.32	1.66	1.45	−1.69	1.84	1.21	−3.91	2.48	2.49	−3.18	2.52	2.28
D	−4.54	1.48	2.33	−1.84	0.47	0.78	−3.06	0.49	0.88	−0.88	0.34	0.51	−2.31	0.80	1.19

注：其中 A 和 C 中数据正表示远离，负表示靠近；B 和 D 中数据正表示上升，负表示下沉。

（四）地表沉隆变位

计算得不同影响因素作用下盾构隧道顶推至各不同目标断面时的地表沉隆变位如表 6.10 所示，新建隧道分别完成第 4、8、12 环管片拼装和贯通后目标断面 1 和目标断面 2 的地表横向沉隆变位分别如图 6.13 和图 6.14 所示。

表 6.10 各目标断面地表沉降变位分布（单位：m）

工况	目标断面 1	目标断面 2	目标断面 3
PX-1	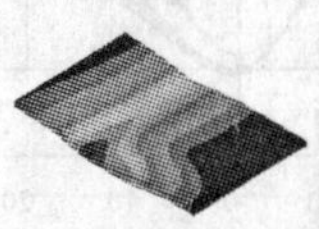 .001641 .010185 .018729 .027273 .035817 .044361 .052906 .06145 .069994 .078538	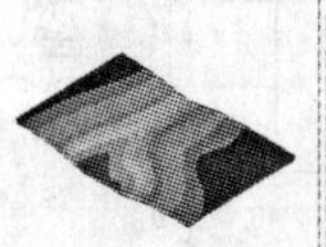 .002849 .011722 .020595 .029467 .03834 .047213 .056086 .064958 .073831 .082704	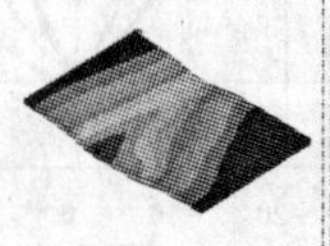 .003017 .01154 .020062 .028585 .037107 .04563 .054153 .062675 .071198 .07972
PX-2	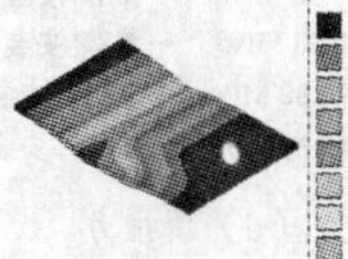 .783E-03 .004459 .008135 .011811 .015486 .019162 .022838 .026514 .030189 .033865	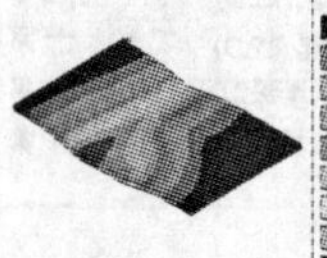 .865E-03 .004636 .008408 .012179 .015951 .019722 .023494 .027265 .031037 .034808	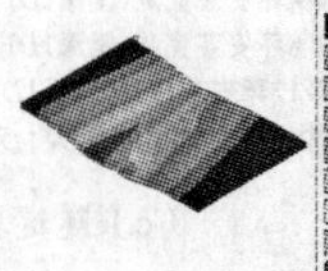 .556E-03 .004187 .007818 .011449 .01508 .018711 .022342 .025972 .029603 .033234
PX-3	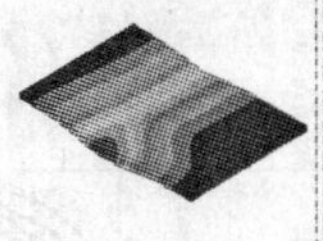 .583E-03 .004927 .009271 .013615 .017959 .022303 .026647 .030991 .035335 .039678	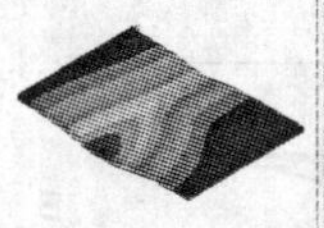 .471E-03 .004975 .00948 .013985 .018489 .022994 .027498 .032003 .036508 .041012	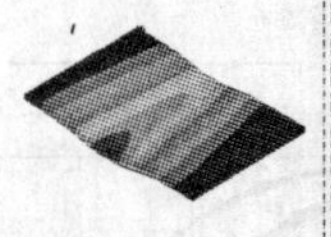 .262E-03 .004565 .008868 .013171 .017474 .021777 .02608 .030383 .034686 .038989
PX-4	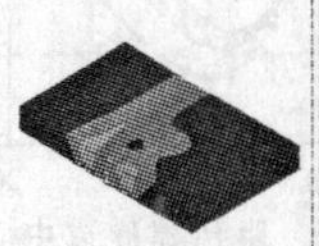 .743E-04 .013735 .027395 .041055 .054716 .068376 .082036 .095697 .109357 .123017	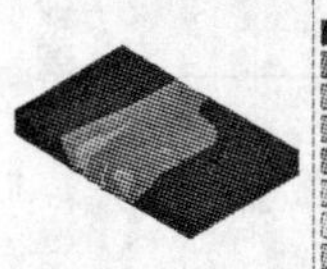 .120E-03 .014066 .028012 .041957 .055903 .069848 .083794 .09774 .111685 .125631	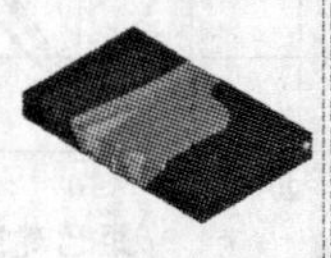 .120E-03 .014066 .028012 .041957 .055903 .069848 .083794 .09774 .111685 .125631
PX-5	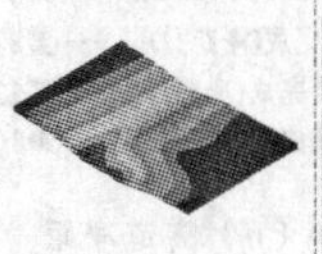 .780E-03 .004643 .008505 .012368 .016231 .020094 .023957 .02782 .03168 .035546	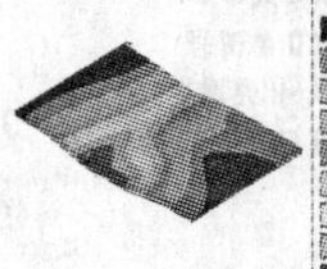 .280E-03 .004339 .008398 .012456 .016515 .020574 .024633 .028691 .03275 .036809	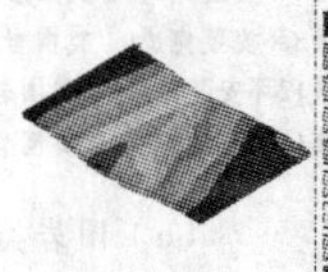 .818E-04 .003864 .007647 .011429 .015212 .018994 .022776 .026559 .030341 .034124

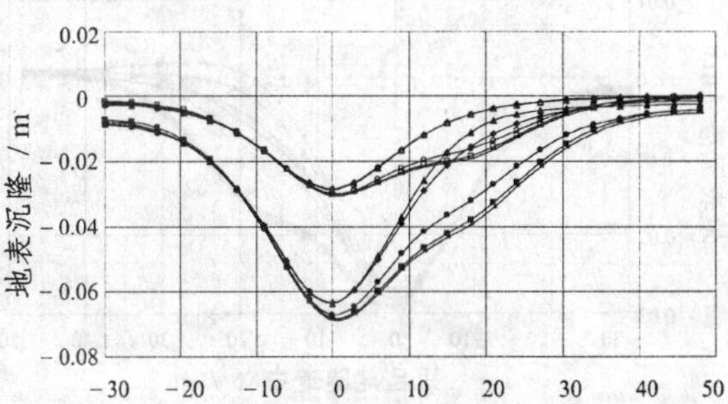
0.02
0
-0.02
-0.04
-0.06
-0.08
地表沉降 /m
-30
-20
-10
0
10
20
30
40
50
距已建隧道中心 /m
先行隧道贯通(Ⅰ类围岩)
先行隧道贯通(Ⅱ类围岩)
第4环安装完成(Ⅰ类围岩)
第4环安装完成(Ⅱ类围岩)
第8环安装完成(Ⅰ类围岩)
第8环安装完成(Ⅱ类围岩)
第12环安装完成(Ⅰ类围岩)
第12环安装完成(Ⅱ类围岩)
第16环安装完成(Ⅰ类围岩)
第16环安装完成(Ⅱ类围岩)

（a）围岩类别

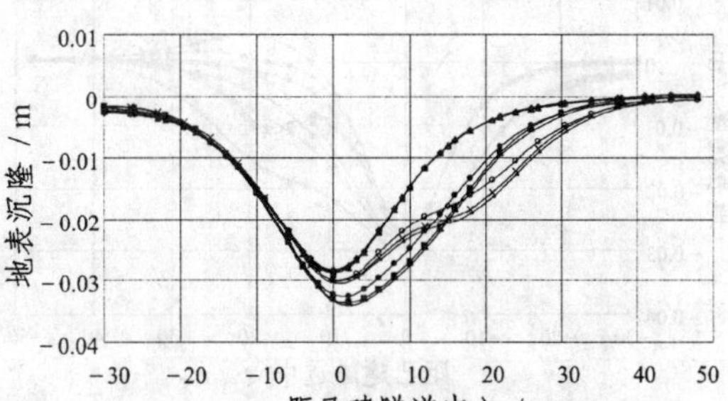
0.01
0
-0.01
-0.02
-0.03
-0.04
地表沉降 /m
-30
-20
-10
0
10
20
30
40
50
距已建隧道中心 /m
先行隧道贯通(净距1D)
先行隧道贯通(净距2D)
第4环安装完成(净距1D)
第4环安装完成(净距2D)
第8环安装完成(净距1D)
第8环安装完成(净距2D)
第12环安装完成(净距1D)
第12环安装完成(净距2D)
第16环安装完成(净距1D)
第16环安装完成(净距2D)

（b）隧道净距

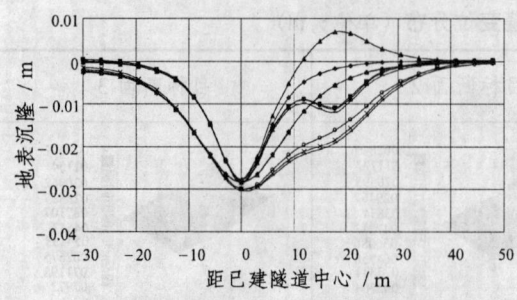
(c)隧道埋深

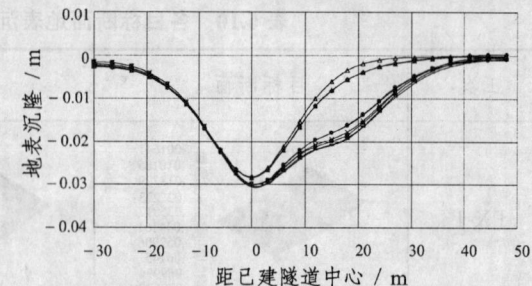
(d)顶推力

图6.13 新建隧道施工过程中目标断面1地表沉隆变位横向图

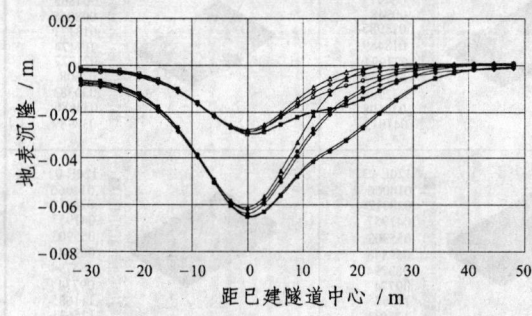
(a)围岩类别

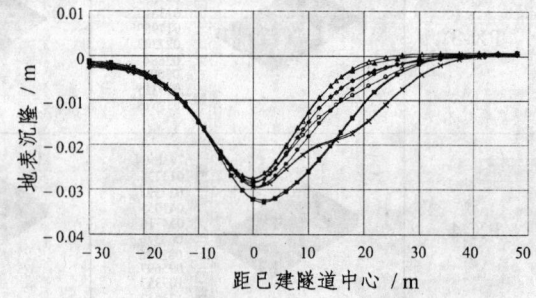
(b)隧道净距

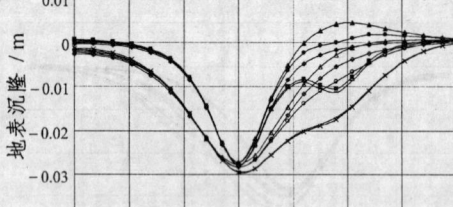
(c)隧道埋深

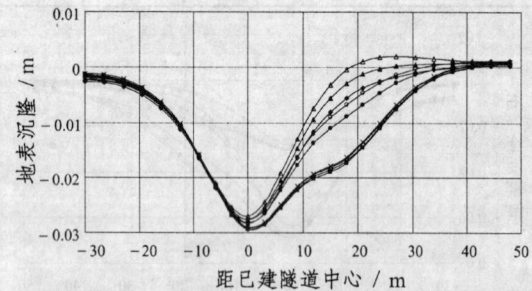
(d)顶推力

图6.14 新建隧道施工过程中目标断面2地表沉隆变位横向图

新建隧道施工和贯通后的地表最大沉降量仍位于已建隧道纵轴线正上方，新建隧道顶推施工将加大掌子面附近和前方一定范围内的地表沉降，而对较远处地表沉降将产生抬升作用，沉降量略有减少。如图 6.13 中工况 PX-1 已建隧道贯通后目标断面 1 的最大沉降量为 6.36 cm，而新建隧道贯通后该沉降即达到 6.83 cm，PX-2 分别为 2.83 cm 和 3.0 cm，PX-3 分别为 2.86 cm 和 3.30 cm，PX-4 分别为 2.79 cm 和 2.83 cm，PX-5 分别为 2.83 cm 和 2.99 cm，相应增幅分别为 7.4%、6%、15.4%、1.4% 和 5.7%；其次，新建隧道施工过程将对掌子面前方已有地表沉降形成一定的抬升效应，暂时性地减小地面沉降量，如图 6.14 工况 PX-1 至 PX-5 中新建隧道前 4 环管片拼装完成时目标断面 2 的最大沉降量分别为 6.13 cm、2.76 cm、2.75 cm、2.71 cm 和 2.76 cm，与已建隧道贯通后所形成的该点最大沉降量相比，地表抬升幅度分别为 3.6%、2.5%、3.8%、2.9% 和 2.5%，但随着掌子面的前行，地表抬升量减小并开始逐渐下沉，导致地表最终沉降量增大。

由研究成果还可以看出，新建隧道修建完成后，地表横向沉降曲线不再是已建隧道修建完成时的横向单一沉降槽，而最终呈双槽沉降模式。后续沉降槽影响范围和沉降量均小于已有沉降槽，受新建隧道沉降槽影响，已有沉降槽沉降量增加且影响范围扩大。以目标断面 2 为例，两隧道先后修建完成后的地表横向沉降槽最大沉降量和沉降量超过 1 cm 的沉降槽宽度及其相应增长幅度分别如表 6.11 所示。从表中可以看出，隧道净距对地表最大沉降量增幅变化影响较大，而围岩条件、隧道净距和埋深以及顶推力等改变将引起沉降槽宽度的大幅度变化，其影响又以隧道埋深为最大，如将隧道埋深由 2D 降为 1D 后，沉降槽宽度增加幅度最大可达 62.50%。

表 6.11 地表最大沉降及沉降槽宽度

工况	考察项目	已建隧道贯通	新建隧道贯通	增幅（%）
PX-1	最大沉降量（cm）	6.36	6.54	2.83
	沉降槽宽度（m）	46	50	8.7
PX-2	最大沉降量（cm）	2.83	2.94	3.89
	沉降槽宽度（m）	25	36.5	46.0
PX-3	最大沉降量（cm）	2.86	3.23	12.94
	沉降槽宽度（m）	26	33	26.92
PX-4	最大沉降量（cm）	2.79	2.81	0.72
	沉降槽宽度（m）	16	26	62.50
PX-5	最大沉降量（cm）	2.83	2.90	2.47
	沉降槽宽度（m）	25	36.5	46.0

分别绘制施工过程中不同影响因素作用下的已建和新建隧道纵轴线正上方地表纵向沉隆变位曲线如图 6.15 和图 6.16 所示。

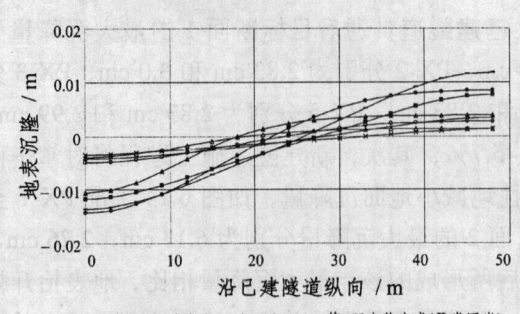

(a)围岩类别

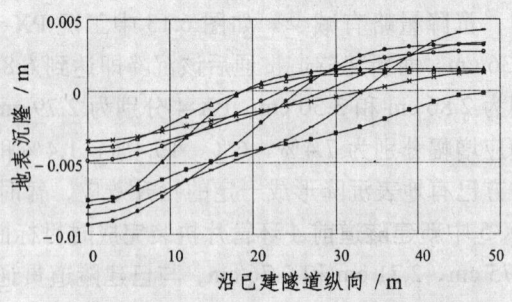

(b)隧道净距

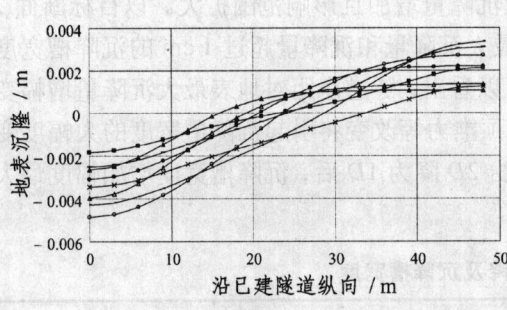

(c)隧道埋深

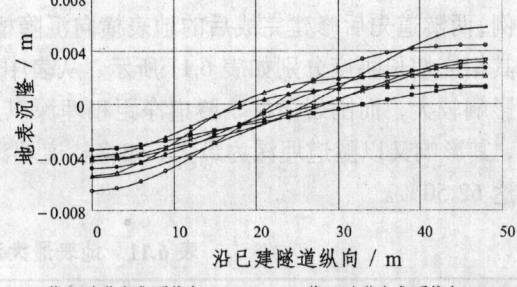

(d)顶推力

图 6.15 已建隧道正上方地表纵向沉隆变位曲线

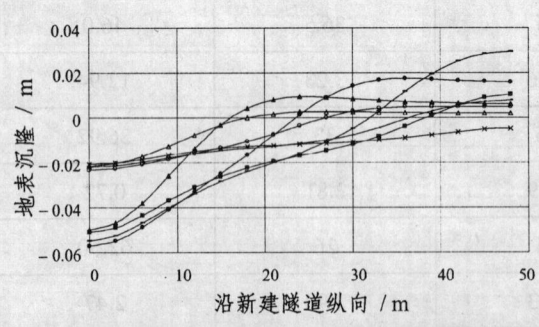

(a)围岩类别

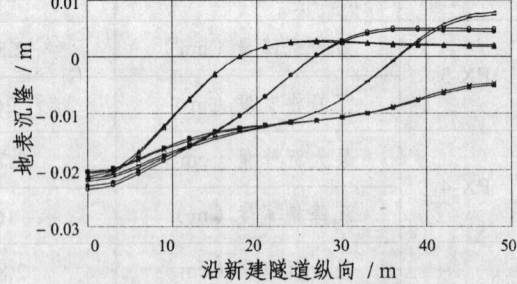

(b)隧道净距

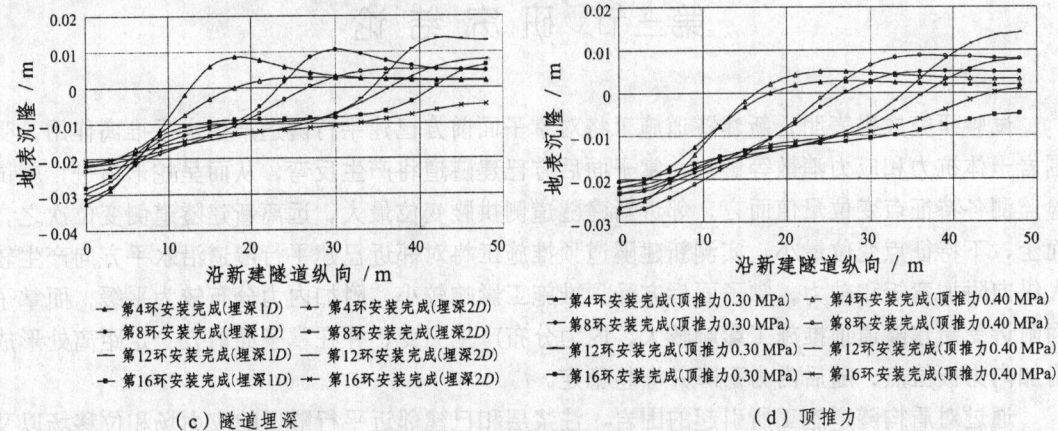

(c)隧道埋深 (d)顶推力

图 6.16 新建隧道正上方地表纵向沉隆变位曲线

对比图 6.15 和图 6.16 可知,平行隧道施工所引起的地表纵向沉隆曲线变化规律与单洞施工相似,即在掌子面后方一定距离处形成稳定的地表沉降量,沿隧道顶推方向该沉降量逐渐减小并在掌子面前方一定距离处形成隆起,随后该隆起量略有下滑,并渐趋无沉隆状态。不同影响因素作用下,地表最大沉隆量和出现点存在较大差别,且随着掌子面的前行不断变化。以新建隧道为例,计算得各工况下掌子面顶推至不同目标断面时的地表最大沉隆量及其与掌子面的距离如表 6.12 所示。从表中可以看出,围岩条件和隧道埋深是制约地表最大沉隆量出现位置的关键性因素,围岩条件恶化必将导致地表隆起的提前出现并增大隆起量,如Ⅰ类围岩情况下地表最大隆起点约位于Ⅱ类围岩的 0.8 倍距离处;增大覆土厚度,地表隆起点将滞后出现并使得沉隆量减小,如计算所得埋深为 $1D$ 时的地表最大隆起点出现位置约为埋深为 $2D$ 时的 1/2;隧道净距和顶推力的变化只会导致沉隆量的改变,而对出现位置无影响。

表 6.12 新建隧道纵向沉隆最大量及其与掌子面的距离

工况及目标断面		沉 降		隆 起	
		沉降量(cm)	距掌子面(m)	隆起量(cm)	距掌子面(m)
PX-1	目标断面 1	5.02	—	0.931	12
	目标断面 2	5.71	—	1.76	12
PX-2	目标断面 1	2.17	—	0.28	15
	目标断面 2	2.34	—	0.507	15
PX-3	目标断面 1	2.13	—	0.259	15
	目标断面 2	2.29	—	0.466	15
PX-4	目标断面 1	3.24	—	0.863	6
	目标断面 2	3.13	—	1.06	6
PX-5	目标断面 1	2.66	—	0.506	15
	目标断面 2	2.79	—	0.875	15

第三节 研究结论

试验研究成果表明,新建隧道施工将对掌子面前方已建平行隧道产生水平推离作用,受围岩土体抗力和应力消散等影响,掌子面后方已建隧道将产生反弯,从而呈蛇形前进;就试验监测各特征点变位量值而言,邻近新建隧道侧拱腰变位最大,远离新建隧道侧变位次之,而上、下特征点变位最小。实测新建隧道顶推施工将对邻近已建平行隧道沿水平方向产生较大纵向附加弯矩和轴力,掌子面后方受顶推施工影响较小,附加内力分布较为平缓;而掌子面附近受新建隧道顶推施工影响较大,内力分布产生突变,并在掌子面前方一定距离处形成附加内力极值点,随后内力下降并渐趋稳定。

通过对盾构隧道施工所引起的围岩、注浆层和已建邻近平行隧道的应力场和位移场以及地表沉隆变位进行三维有限元数值模拟研究,结果表明:新建盾构隧道顶推施工引起的围岩最大拉应力位于新建隧道拱顶和拱底附近,最大压应力位于新建隧道拱腰,两隧道中间所夹区域呈明显的受压状态。新建隧道施工将引起掌子面前方已建平行隧道产生沿斜上方的远离变位,整体上抬且拱腰内敛;掌子面后方产生朝向新建隧道斜下方的变位,整体下沉,拱腰外扩。施工完成后地表呈双槽沉降模式,最大沉降区位于已建隧道纵轴正上方。

第七章 交叠盾构隧道施工对环境的影响

第一节 交叠盾构隧道施工对环境影响的模型试验

模型试验在图 5.6 试验台架和试验槽内进行，交叠盾构隧道施工对环境影响研究中两隧道相对位置关系如图 7.1 所示。

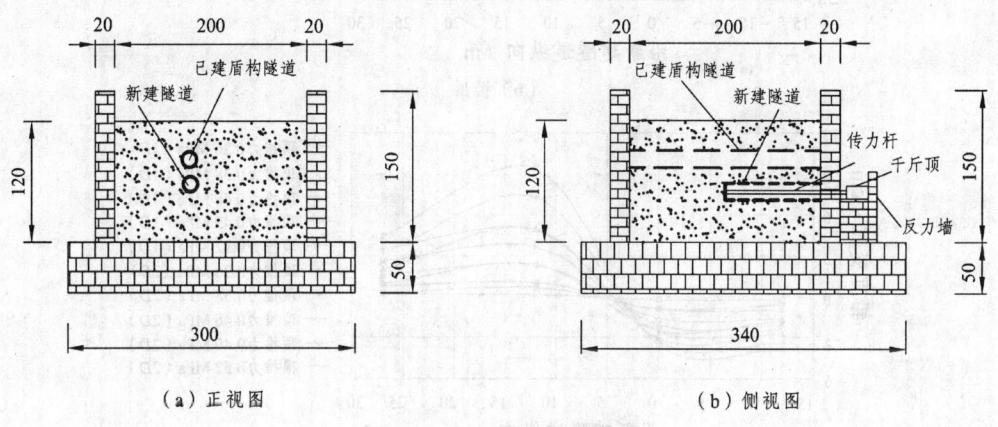

图 7.1 试验装置简图

结合盾构隧道顶推施工对已建邻近交叠隧道影响控制因素，对拱顶埋深为 $2D$，两隧道净距分别为 $1D$ 和 $2D$，掌子面顶推力为 $0.26\sim0.52$ MPa 的情况下，盾构隧道交叠下穿顶推施工所引起的已建上方隧道变形和附加内力分布变化规律进行了研究，相关材料参数如第五章所述。

一、隧道变形

实测不同围岩条件下，两先后修建的隧道净距分别为 $1D$ 和 $2D$ 时，新建隧道交叠下穿施工所引起的已建隧道拱腰、拱顶和拱底的水平和铅直变位分别如图 7.2 和图 7.3 所示（拱腰外扩为正，拱顶、拱底隆起为正）。

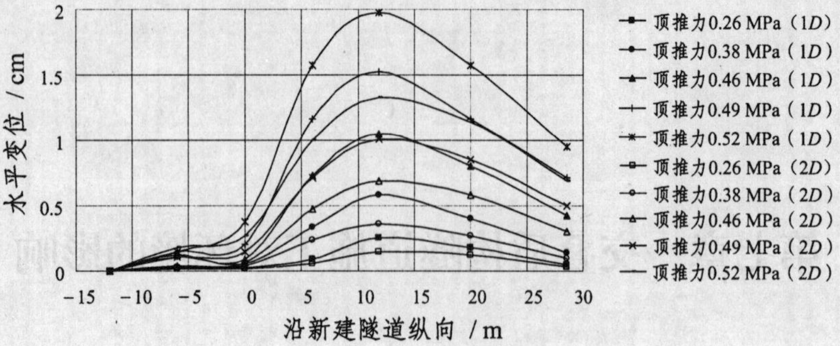

(a) 拱腰

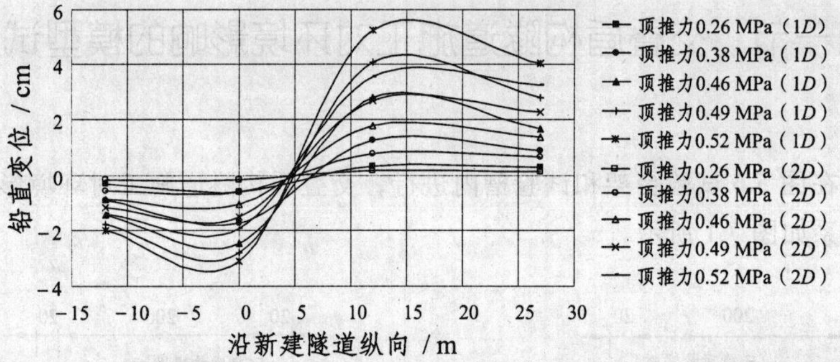

(b) 拱顶

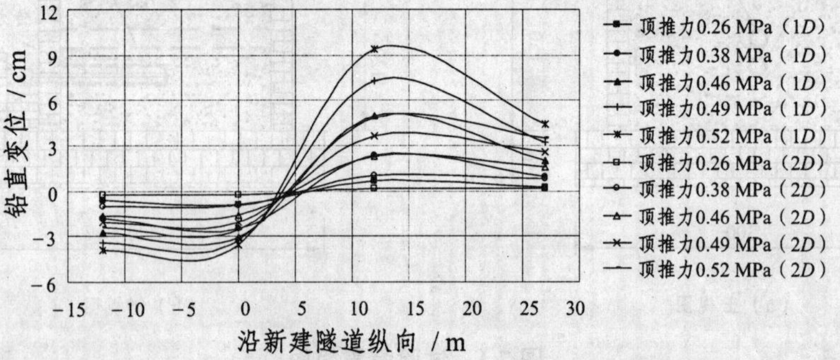

(c) 拱底

图 7.2 Ⅰ类围岩中已建交叠隧道测点变位

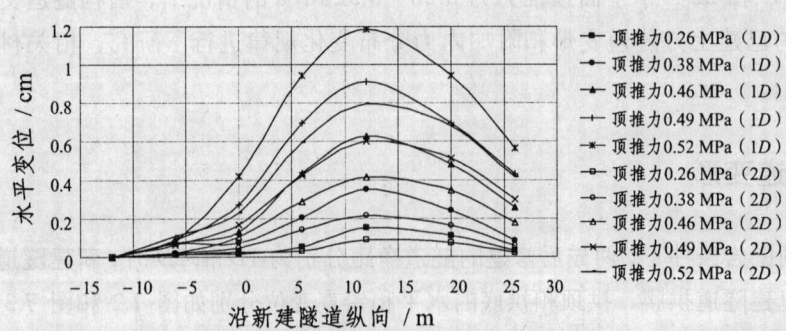

(a) 拱腰

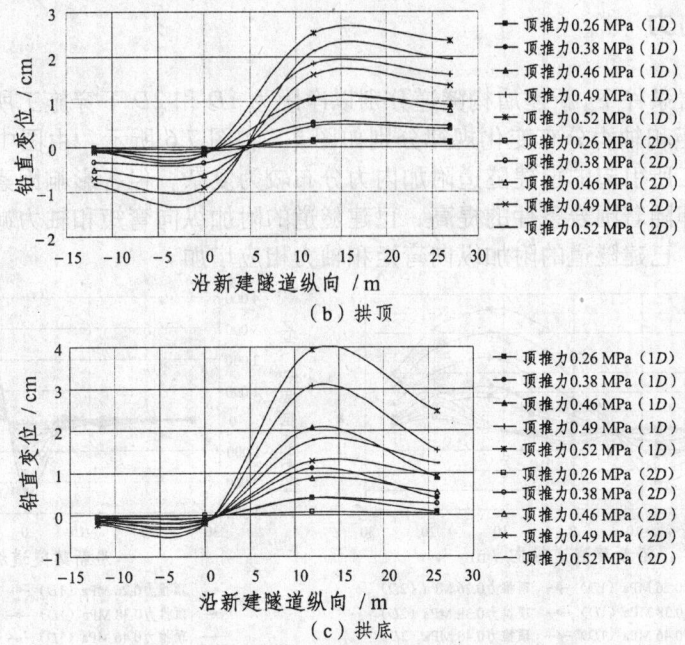

图7.3　Ⅱ类围岩中已建交叠隧道测点变位

分析试验结果可以发现，新建隧道交叠下穿施工将引起上部已建隧道的拱顶和拱底产生前隆后沉的变化趋势，拱腰侧鼓，各特征点的水平（铅直）变位量与其和掌子面的相对位置密切相关，实测各最大隆起点位置均位于掌子面前方约12～15 m处，随着掌子面顶推影响的逐渐消散，各点隆起量逐渐减少；掌子面后方各点呈整体下沉趋势变化，并在掌子面后方约3～5 m范围内产生最大沉降，就变位量值而言，实测最大变位量均位于已建隧道拱底，拱顶次之，拱腰（水平变位）最小。

提高隧道所处围岩条件，新建隧道顶推施工对已建隧道各点的沉隆变位影响减小，实测Ⅰ类围岩在0.26 MPa顶推力作用下，新建隧道净距为$1D$时下穿过程中已建隧道拱底、拱顶和拱腰变位分别为0.68 cm、0.32 cm和0.26 cm，而相应Ⅱ类围岩中的各点变位量分别为0.41 cm、0.15 cm和0.15 cm，相应变位减小幅度分别达40%、53%和42%。

隧道净距减小，已建隧道各点的水平（铅直）变位量显著增大，如计算得Ⅱ类围岩中以净距为$2D$和0.26 MPa顶推力下穿施工所引起的各点变位量分别仅为0.09 cm、0.10 cm和0.07 cm，变位较净距为$1D$时减少幅度分别达40%、33%和82%。顶推力增大，已建隧道各点变位量增加，实测0.52 MPa顶推力作用下的已建隧道各点变位量增幅分别是0.26 MPa时的6.9倍、15.9倍和5.02倍（Ⅰ类围岩，净距$1D$）。结合本试验可知，顶推力差异是引起已建隧道各点变位量差异的关键因素。结合各工况下的已建隧道变位，点绘施工过程中各影响因素作用下掌子面前方12 m处已建隧道整环变形如图7.4所示。

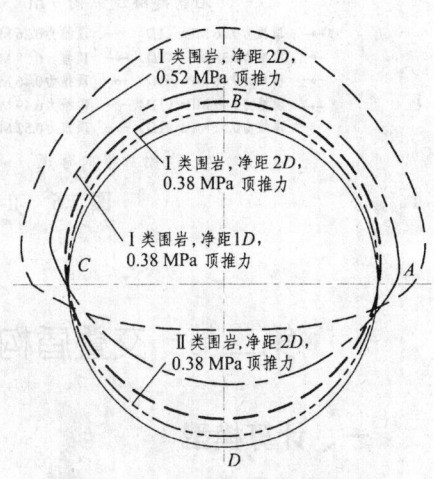

图7.4　已建交叠隧道环向变形

二、附加内力

实测不同围岩条件下,新建盾构隧道分别以净距为 $1D$ 和 $2D$ 下穿施工所引起的上部已建隧道纵向附加弯矩和轴力分布变化规律分别如图 7.5 和图 7.6 所示。由图中可以看出,新建交叠下穿隧道施工所引起的已建隧道附加内力分布较为复杂,但各影响因素作用下的各内力变化规律一致,即随着围岩条件的提高,已建隧道的附加纵向弯矩和轴力减小;顶推力增大或隧道净距减小,已建隧道的附加纵向弯矩和轴力相应增加。

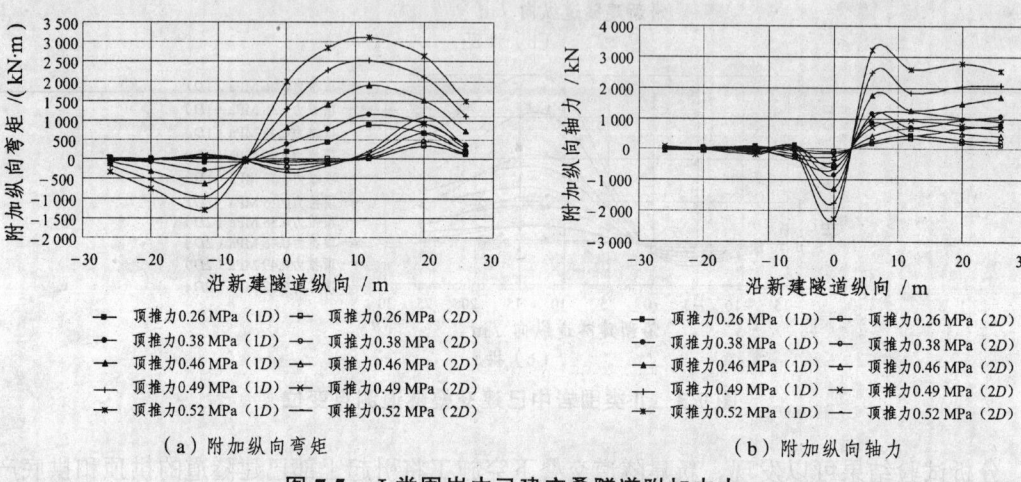

图 7.5　I 类围岩中已建交叠隧道附加内力

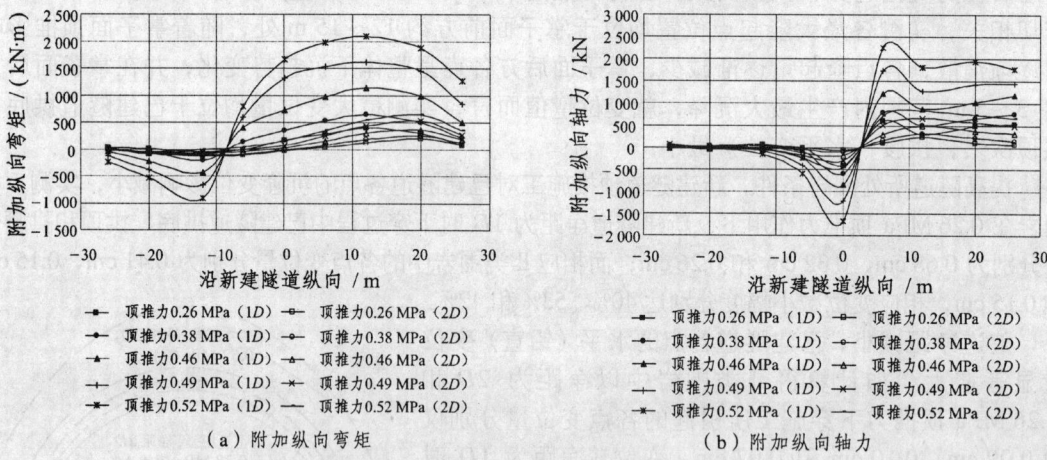

图 7.6　II 类围岩中已建交叠隧道附加内力

第二节　交叠盾构隧道施工对环境影响的数值模拟

一、计算模型

结合广州地铁 3 号线大—沥区间盾构隧道施工,综合考虑围岩条件、隧道埋深、净距和顶推力等因素，本节研究了新建隧道交叠下穿已有隧道施工过程中对已建上部隧道变位（变形）和应力以及地表沉隆变位曲线分布变化规律的影响。建立三维交叠隧道计算网格模型如图 7.7 所示，新建隧道施工过程中盾构机和已建上方交叠隧道的相对位置关系如图 7.8 所示，贯通后的交叠盾构隧道和壁后注浆层如图 7.9 所示。

计算中主要选用了三维实体单元对隧道所处围岩、壁后注浆层、管片环及盾构机头进行模拟，相关计算参数分别如表 5.2 和表 5.3 所示，各研究目标面和关键点分别如图 5.27 所示。

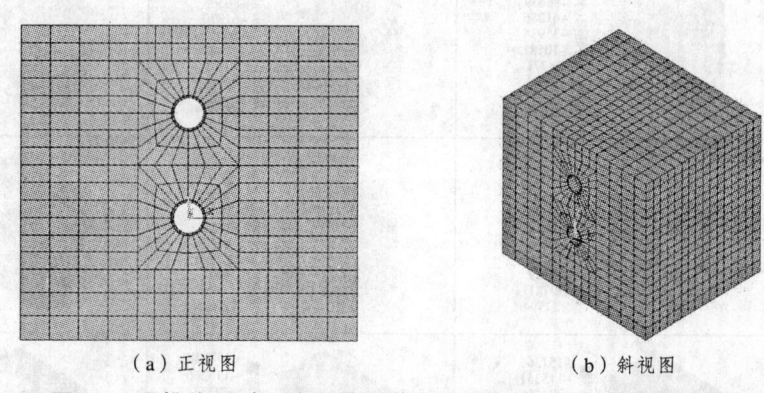

（a）正视图　　　　　　　　　　（b）斜视图

图 7.7　顶推施工对已建交叠隧道影响研究的三维计算网格模型

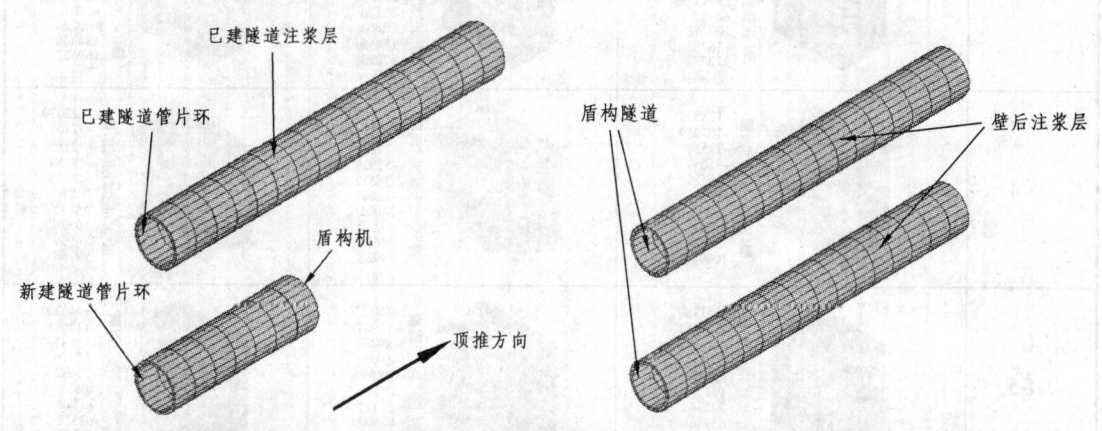

图 7.8　后行盾构隧道及盾构机与已建隧道相对位置关系　　图 7.9　贯通后的交叠盾构隧道和壁后注浆层

二、计算结果分析

（一）围岩应力场与位移场

计算得不同工况下，受新建隧道交叠下穿施工扰动的各目标面的已有围岩竖向应力场如表 7.1 所示。

由表中可以看出，交叠下穿隧道施工对已有围岩竖向应力场的扰动主要集中在两隧道之间的地层区域。通过与已建隧道修建完成所形成的围岩应力区相重叠，新建隧道已拼装完成管片环拱顶附近将出现较大拉应力区，该拉应力区域呈向上扩张的趋势发展，最终在已建隧道下方形成喇叭形带状分布；随着掌子面的前移，该拉应力带状分布逐渐扩大，最终随着新建隧道的贯通而布满两隧道之间的整个区域。受顶推力影响，掌子面前方将形成较稳定的压应力分布区域，且该区域分布范围将随着掌子面的前行不断减小，直至最终消失。

表 7.1 各目标断面围岩竖向应力场分布（单位：Pa）

工况	目标断面 1	目标断面 2	目标断面 3
JD-1	−137344 / −111991 / −86639 / −61286 / −35934 / −10581 / 14771 / 40123 / 65476 / 90828	−136949 / −111756 / −86563 / −61370 / −36176 / −10983 / 14210 / 39403 / 64596 / 89789	−137770 / −111918 / −86067 / −60215 / −34363 / −8512 / 17340 / 43191 / 69043 / 94895
JD-2	−158920 / −127707 / −96495 / −65282 / −34069 / −2857 / 28356 / 59569 / 90781 / 121994	−158660 / −127620 / −96581 / −65541 / −34501 / −3462 / 27578 / 58618 / 89657 / 12069	−151401 / −120979 / −90557 / −60135 / −29713 / 708.522 / 31130 / 61552 / 91974 / 122396
JD-3	−151366 / −115351 / −79335 / −43320 / −7304 / 28711 / 64727 / 100742 / 136758 / 172773	−150948 / −115260 / −79573 / −43886 / −8198 / 27489 / 63176 / 98864 / 134551 / 170238	−147842 / −112568 / −77294 / −42021 / −6747 / 28527 / 63801 / 99074 / 134348 / 169622
JD-4	−128559 / −103059 / −77558 / −52057 / −26556 / −1056 / 24445 / 49946 / 75447 / 100948	−127852 / −102544 / −77235 / −51926 / −26617 / −1308 / 24001 / 49310 / 74619 / 99928	−122030 / −97407 / −72783 / −48159 / −23535 / 1089 / 25712 / 50336 / 74960 / 99584
JD-5	−151180 / −120561 / −89942 / −59322 / −28703 / 1917 / 32536 / 63156 / 93775 / 124394	−150292 / −119879 / −89466 / −59053 / −28639 / 1774 / 32187 / 62600 / 93014 / 123427	−144620 / −114885 / −85151 / −55416 / −25682 / 4053 / 33788 / 63522 / 93257 / 12299

计算得不同工况下新建隧道施工所引起的围岩竖向最大拉应力位于新建隧道拱顶，已建隧道拱底次之；最大压应力位于掌子面，新建隧道拱腰次之。以目标断面 2 为例，计算得各工况下新建和已建隧道的拱底围岩拉应力分别为 0.090 MPa、0.121 MPa、0.170 MPa、0.100 MPa、0.123 MPa 和 0.039 MPa、0.058 MPa、0.099 MPa、0.049 MPa、0.063 MPa，相关因素影响下的应力之比分别为 0.74∶1∶1.40∶0.83∶1.02 和 0.67∶1∶1.71∶0.84∶1.09；掌子面和新建隧道拱腰处的围岩压应力分别为 0.136 MPa、0.159 MPa、0.151 MPa、0.128 MPa、0.150 MPa 和 0.112 MPa、0.128 MPa、0.115 MPa、0.103 MPa、0.120 MPa，不同工况影响下的压应力之比分别为 0.86∶1∶0.95∶0.81∶0.94 和 0.88∶1∶0.90∶0.80∶0.94。分析各影响

因素作用下的围岩竖向应力场分布和变化规律可知，在较差围岩条件下修建交叠隧道将造成施工影响范围的增大，而对竖向应力场数值影响较小；新建和已建隧道净距的降低将导致围岩竖向拉应力的大幅度增大和压应力的降低，如净距由 2D 降为 1D 后将引起围岩最大拉应力增大约 40%，而最大压应力降低约 5%；埋深的减小将导致围岩竖向应力场分布范围和数值的减小；顶推力增大，隧道拱底拉应力增大而拱腰侧压应力减小，如计算得顶推力由 0.30 MPa 增大至 0.40 MPa 后，拉压应力变化幅度分别达 9% 和 −6%。

计算得各工况下不同目标断面处的地层竖向位移场分布及变化规律分别如表 7.2 所示。

表 7.2 各目标断面围岩竖向位移场分布（单位：m）

工况	目标断面 1	目标断面 2	目标断面 3
JD-1	−.173409 / −.134239 / −.09507 / −.0559 / −.01673 / .02244 / .06161 / .100779 / .139949 / .179119	−.176731 / −.137561 / −.098391 / −.059221 / −.020051 / .019119 / .058289 / .097459 / .136629 / .175799	−.180363 / −.139861 / −.099358 / −.058856 / −.018353 / .022149 / .062652 / .103154 / .143656 / .184159
JD-2	−.080304 / −.062227 / −.04415 / −.026072 / −.007995 / .010083 / .02816 / .046237 / .064315 / .082392	−.082194 / −.064115 / −.046036 / −.027957 / −.009877 / .008202 / .026281 / .04436 / .06244 / .080519	−.083625 / −.065388 / −.047152 / −.028915 / −.010678 / .007559 / .025796 / .044033 / .06227 / .080506
JD-3	−.090775 / −.071042 / −.051309 / −.031575 / −.011842 / .007891 / .027625 / .047358 / .067091 / .086825	−.094537 / −.074319 / −.054701 / −.034783 / −.014866 / .005052 / .02497 / .044888 / .064805 / .084723	−.096276 / −.076176 / −.056076 / −.035976 / −.015876 / .004224 / .024323 / .044423 / .064523 / .084623
JD-4	−.070376 / −.055113 / −.039851 / −.024589 / −.009326 / .005936 / .021198 / .021198 / .051723 / .066985	−.072364 / −.057099 / −.041835 / −.02657 / −.011306 / .003959 / .019224 / .034488 / .049753 / .065017	−.072997 / −.057735 / −.042473 / −.027211 / −.011949 / .003313 / .018575 / .033837 / .049099 / .064361
JD-5	−.083254 / −.064637 / −.04602 / −.027403 / −.008786 / .009831 / .028449 / .047066 / .065683 / .0843	−.085419 / −.066805 / −.048191 / −.029577 / −.010963 / .007651 / .026265 / .044879 / .063493 / .082107	−.086255 / −.067645 / −.049035 / −.030425 / −.011815 / .006795 / .024405 / .044015 / .062625 / .081235

由计算结果可知,除已建隧道拱底全长和已拼装完成新建隧道拱底附近地层形成隆起外,围岩地层竖向位移场呈总体下沉趋势。地层最大沉降量位于已建隧道拱顶附近,新建隧道拱顶次之;地层最大隆起量位于新建隧道拱底附近,受顶推力影响,已建隧道拱底地层也将产生较大隆起,受已拼装完成隧道"横鸭蛋"变形效应影响,两隧道拱腰附近地层产生较大水平变位,竖向位移场较小。

不同影响因素作用下,各目标断面处的地层竖向位移量存在较大差异,以目标断面2处的地层竖向位移场为例,计算得不同围岩条件、隧道净距、埋深和顶推力作用下,交叠下穿隧道施工所引起的已建和新建隧道拱顶和拱底最大沉隆量分别如表7.3所示,分析可得各工况下已建隧道拱顶下沉量之比和拱底隆起量之比分别为2.15:1:1.15:0.88:1.04和2.22:1:0.95:0.73:1,而新建隧道拱顶下沉量之比和拱底隆起量之比分别为2.15:1:1.16:0.89:1.04和2.19:1:1.01:0.78:1.01,由此可知,隧道所处地层条件差异是引起地层竖向位移发生变化的最主要因素。

表7.3 目标断面2已建隧道拱顶和拱底地层最大沉隆量

工况	已建隧道		新建隧道	
	拱顶下沉(cm)	拱底隆起(cm)	拱顶下沉(cm)	拱底隆起(cm)
JD-1	17.67	5.83	13.76	9.74
JD-2	8.22	2.63	6.41	4.44
JD-3	9.45	2.50	7.46	4.49
JD-4	7.24	1.92	5.71	3.45
JD-5	8.54	2.63	6.68	4.49

新建隧道施工所引起的已建隧道拱顶附近的地层竖向位移场沿隧道顶推方向呈楔形分布,随着施工掌子面的前行,拱顶地层沉隆变位量逐渐增大,而拱底处地层隆起量逐渐减小,以JD-2为基础,计算得掌子面顶推至目标断面1和目标断面3时的已建和新建隧道拱顶下沉量和拱底隆起量分别为8.03 cm、2.82 cm、6.22 cm、4.62 cm和8.36 cm、2.58 cm、6.54 cm、4.40 cm,相应变化幅度分别为2.4%、−6.7%、3.1%、−3.9%和4.1%、−8.5%、5.1%、−4.8%,其他工况下计算所得地层竖向位移场分布变化规律与之类似。

(二)已建隧道壁后注浆层应力场和位移场

与管片相比较,壁后注浆层承载能力较弱,在施工过程中将产生较大变形,从而在一定程度上缓解了施工对已拼装管片环变形和结构内力的影响。计算得各工况下新建隧道掌子面分别顶推至各目标断面处的已建隧道壁后注浆层Von Mises应力场分布和变化规律分别如表7.4所示。

表 7.4　各目标断面已建隧道壁后注浆层 Von Mises 应力场分布（单位：Pa）

工况	目标断面 1	目标断面 2	目标断面 3
JD-1	526.676 / 3312 / 6098 / 8884 / 11670 / 14456 / 17241 / 20027 / 22813 / 25599	1142 / 3879 / 6616 / 9353 / 12091 / 14828 / 17565 / 20302 / 23039 / 25777	403.612 / 3203 / 6002 / 8801 / 11600 / 14399 / 17198 / 19997 / 22796 / 25595
JD-2	88.1 / 3708 / 7328 / 10948 / 14568 / 18189 / 21809 / 25429 / 29049 / 32669	244.636 / 3726 / 7207 / 10688 / 14169 / 17650 / 21131 / 24612 / 28093 / 31574	272.685 / 3689 / 7105 / 10521 / 13937 / 17353 / 20769 / 24185 / 27601 / 31017
JD-3	90.039 / 9846 / 19602 / 29358 / 39113 / 48869 / 58625 / 68381 / 78137 / 87893	401.584 / 9792 / 19183 / 28574 / 37965 / 47356 / 56747 / 66138 / 75529 / 84920	619.584 / 9952 / 19285 / 28618 / 37951 / 47284 / 56617 / 65950 / 75282 / 84615
JD-4	85.965 / 3113 / 6140 / 9167 / 12194 / 15221 / 18248 / 21275 / 24302 / 27329	302.275 / 3105 / 5908 / 8711 / 11514 / 14317 / 17120 / 19923 / 22726 / 25529	363.188 / 3121 / 5880 / 8638 / 11396 / 14154 / 16912 / 19670 / 22428 / 25187
JD-5	126.721 / 4110 / 8094 / 12077 / 16061 / 20044 / 24028 / 28011 / 31995 / 35978	380.934 / 4049 / 7717 / 11384 / 15052 / 18720 / 22388 / 26056 / 29723 / 33391	362.248 / 3946 / 7529 / 11113 / 14697 / 18280 / 21864 / 25448 / 29031 / 32615

由表中可以看出，注浆层最小 Von Mises 应力主要分布于拱顶，而在掌子面前方一定距离处呈全环分布，最大 Von Mises 应力位于拱底，随着掌子面的前行，Von Mises 应力沿隧道全长方向呈均匀带状分布。以工况 JD-1 为例，掌子面顶推至目标断面 1 和目标断面 2 时的注浆层最小 Von Mises 应力位于掌子面前方约 1.5 m 处；改善围岩条件，计算得 JD-2 注浆层最小 Von Mises 应力位于掌子面前方 1 m 处；净距减小，交叠下穿隧道施工对已建注浆层 Von Mises 应力带状分布影响越加明显且应力量值迅速攀升；埋深减小，上覆土层厚度影响减小，注浆层 Von Mises 应力降低；增加掌子面顶推力将导致注浆层 Von Mises 应力略有增大。如计算得目标断面 2 处各工况下已建隧道壁后注浆层最大 Von Mises 应力分别为 0.025 8 MPa、0.031 6 MPa、0.084 9 MPa、0.025 5 MPa 和 0.033 4 MPa。

计算得已建隧道壁后注浆层总位移分布如表 7.5 所示，从中可以看出，与 Von Mises 应力场分布略有不同的是，新建隧道交叠下穿施工所引起的已建隧道壁后注浆层总位移沿顶推方向主要呈较均匀的环状分布。随着掌子面的向前推进，后方注浆层总位移量增大，最大总位移量位于远离掌子面的后方管片环，计算得工况 JD-2 掌子面分别顶推至目标断面 1、目标断面 2 和目标断面 3 时的注浆层最大总位移量分别为 1.26 cm、1.67 cm 和 1.87 cm，相应增幅分别达 33% 和 48%。随着与掌子面的临近，注浆层总位移量逐渐减小，并在掌子面前方一定距离处渐趋于 0。

表 7.5 各目标断面已建隧道壁后注浆层总位移场分布（单位：m）

工况	目标断面 1	目标断面 2	目标断面 3
JD-1	.003223 .005122 .00702 .008918 .010816 .012715 .014613 .016511 .018409 .020308	.008559 .010561 .012562 .014564 .016565 .018567 .020568 .02257 .024571 .026573	.020233 .031007 .031781 .032555 .03333 .034104 .034878 .035652 .036427 .037201
JD-2	.611E-03 .001945 .003279 .004613 .005947 .007281 .008615 .009949 .011283 .012617	.002095 .003718 .005341 .006963 .008586 .010209 .011831 .013454 .015077 .167	.016062 .016355 .016648 .01694 .017233 .017526 .017818 .018111 .018404 .018696
JD-3	.518E-03 .002693 .004867 .007042 .009217 .011391 .013566 .01574 .017915 .020089	.001727 .004168 .006609 .009049 .01149 .013931 .016372 .018812 .021253 .023694	.019278 .019958 .020639 .021319 .022 .02268 .023361 .024041 .024722 .025402
JD-4	.124E-03 .001595 .003065 .004535 .006005 .007475 .008945 .010415 .011885 .013355	.493E-04 .001973 .003897 .005821 .007746 .00967 .011594 .013518 .015442 .017366	.013269 .013769 .014269 .014768 .015268 .015768 .016268 .016768 .017268 .017768
JD-5	.152E-03 .001792 .003431 .005071 .006711 .008351 .009991 .011631 .013271 .01491	.193E-03 .002316 .004439 .006562 .008685 .010808 .012931 .015054 .017177 .0193	.013673 .014348 .015023 .015698 .016373 .017048 .017723 .018398 .019073 .019748

分析各影响因素发生变化后的壁后注浆层最大总位移量可以看出，围岩条件降低，新建隧道施工所引起的已建注浆层总位移增大，如计算得工况 JD-1 的注浆层最大总位移量比工况 JD-2 约大 59%；净距减小，新建隧道施工将引起较大的注浆层总位移，如计算得净距为 $1D$ 时的注浆层总位移约为净距为 $2D$ 时的 1.42 倍；已建隧道埋深减小，上覆土层抑制结构变形能力减弱，壁后注浆层总位移相应增加，如计算得埋深为 $1D$ 时的注浆层最大总位移量约比 $2D$ 时大 0.7 mm；增加顶推力，新建隧道施工对围岩的扰动加剧，注浆层总位移量略有增加，计算得 0.30 MPa 顶推力作用下的注浆层最大总位移量大约仅为 0.40 MPa 的 86%。

（三）已建隧道管片环应力场和位移场

计算得交叠下穿隧道掌子面施工至各目标断面时已建隧道管片环 Von Mises 应力场分布

如表 7.6 所示。由表中可以看出，已建隧道管片环最大主应力位于拱底附近，而最小主应力主要位于掌子面后方管片环拱腰和掌子面前方施工扰动较小处，相应分布性态受其与掌子面相对位置关系的不同而存在较大差异，如最大主应力和掌子面后方主应力均呈带状分布，而掌子面前方则呈整环分布。随着掌子面的不断前移，掌子面后方已建隧道拱底和拱腰的带状最大、最小主应力影响范围逐渐增大，而掌子面前方全环分布主应力分布范围逐渐减小，随着新建隧道的贯通，全环分布主应力场消失，已建隧道拱底和拱腰应力呈带状均匀分布，应力量值略有变化。以工况 JD-2 为例，掌子面施工至各目标断面时，已建隧道管片环最大和最小 Von Mises 应力分别为 1.11 MPa、1.11 MPa、1.09 MPa 和 1.66 kPa、3.78 kPa、9.20 kPa，相应变化幅度分别为 1.02∶1.02∶1 和 0.18∶0.41∶1，由此可知，新建盾构隧道掌子面的前行仅带动了主应力分布范围的扩大，而对内力大小几乎不产生影响。

表 7.6　各目标断面已建隧道管片环 Von Mises 应力场分布（单位：Pa）

工况	目标断面 1	目标断面 2	目标断面 3
JD-1			
JD-2			
JD-3			
JD-4			
JD-5			

由表 7.6 中还可以看出，新建隧道施工所引起的已建隧道管片环的内力分布范围将随着各影响因素的不同产生相应变化。计算得目标断面 2 处各工况不同影响因素作用下的已建隧道管片环最大和最小主应力之比分别为 0.76∶1∶2.98、0.81∶1.13 和 2.39∶1∶1.87∶2.37∶2.75。最小主应力与新建隧道掌子面距离分别为 9.74 m、6.77 m、4.13 m、5.14 m 和 4.13 m，

相应比值分别为 1.44∶1∶0.61∶0.76∶0.61，由此可知，围岩条件是制约交叠下穿隧道施工对上部已建隧道影响的最主要因素，隧道净距和顶推力次之。

计算得新建隧道施工过程中各目标断面处的已建隧道管片环总位移分布如表 7.7 所示。由表中可以看出：已建管片环总位移环向均匀分布，纵向分布不均匀且差异较大，掌子面后方总位移较大而前方总位移较小，最大位移量位于隧道拱底；随着掌子面的前行，已建隧道总位移逐渐增加且随着新建隧道的贯通，沿环向和纵向均近似呈均匀分布，而在中部附近略有降低。如工况 JD-2 中掌子面顶推至目标断面 1、目标断面 2 和目标断面 3 时的已建隧道最大和最小总位移分别为 0.061 cm、0.21 cm、1.61 cm 和 1.26 cm、1.67 cm、1.87 cm。不同影响因素作用下，已建隧道管片环总位移存在较大差异，计算得各工况下新建隧道施工至目标断面 2 时的已建隧道最大和最小总位移比 JD-1∶JD-2∶JD-3∶JD-4∶JD-5 分别为 1.59∶1∶1.42∶1.04∶1.16 和 4.08∶1∶0.82∶0.023∶0.093。

表 7.7 各目标断面已建隧道管片环总位移场分布（单位：m）

工况	目标断面 1	目标断面 2	目标断面 3
JD-1	.003224 / .005122 / .00702 / .008919 / .010817 / .012715 / .014613 / .016511 / .018409 / .020308	.008561 / .010562 / .012563 / .014564 / .016566 / .018567 / .020568 / .022569 / .02457 / .026571	.030234 / .031008 / .031782 / .032556 / .03333 / .034104 / .034879 / .035653 / .036427 / .037201
JD-2	.611E-03 / .001944 / .003278 / .004611 / .005944 / .007278 / .008611 / .009944 / .011278 / .012611	.002096 / .003718 / .00534 / .006962 / .008585 / .010207 / .011829 / .013451 / .015074 / .016696	.016064 / .016356 / .016648 / .01694 / .017232 / .017524 / .017817 / .018109 / .018401 / .018693
JD-3	.518E-03 / .00269 / .004861 / .007033 / .009205 / .011376 / .013548 / .015719 / .017891 / .020063	.001727 / .004165 / .006603 / .009041 / .011479 / .013917 / .016355 / .018793 / .021231 / .023669	.019283 / .01996 / .020637 / .021314 / .021991 / .022669 / .023346 / .024023 / .0247 / .025377
JD-4	.124E-03 / .001594 / .003064 / .004534 / .006004 / .007474 / .008944 / .010413 / .011883 / .013353	.483E-04 / .001973 / .003897 / .005821 / .007745 / .009669 / .011593 / .013517 / .015442 / .017366	.01327 / .01377 / .014269 / .014769 / .015269 / .015769 / .016269 / .016768 / .017268 / .017768
JD-5	.152E-03 / .001791 / .003431 / .00507 / .00671 / .008349 / .009989 / .011628 / .013268 / .014907	.195E-03 / .002317 / .00444 / .006563 / .008686 / .010809 / .012932 / .015055 / .017177 / .0193	.013676 / .01435 / .015025 / .0157 / .016374 / .017049 / .017723 / .018398 / .019072 / .019747

分析不同影响因素作用下的已建隧道 Von Mises 应力和总位移的分布变化规律可以看出，围岩条件和隧道净距是制约和影响新建隧道施工对已建隧道内力和变形影响的主要因素，与

之相对应，已建隧道上覆土层厚度和掌子面顶推力影响较小。围岩条件改善，结构内力增大而相应由施工所引起的结构总位移大幅度减小；净距增大，已建隧道结构内力和总位移降低；埋深减小，已建隧道结构位移增大而内力减小；掌子面顶推力增大，结构内力和总位移场相应增加。结合结构主应力和总位移变化比值可以看出，围岩条件和隧道净距是影响和制约新建隧道施工对已建隧道影响的最主要因素。

绘制新建隧道施工至各目标断面时已建隧道拱顶、拱底和拱腰（对称取单侧）关键点的水平和铅直位移沿隧道纵向分布如图 7.10 所示，受结构对称性影响，已建隧道拱顶和拱底处仅存在铅直沉降位移，而拱腰则同时存在较大的水平和铅直位移。由图中可以看出，新建交叠下穿隧道施工将引起已建上部隧道各关键点产生较大沉降。随各点与掌子面相对位置的不同，已建隧道拱腰、拱顶和拱底的水平和铅直位移沿隧道纵向的分布变化规律也存在较大差异，主要表现在掌子面后方存在较大沉降，但随着与掌子面的临近，各特征点沉降量迅速减小，并在掌子面前方一定距离处形成较小沉降量，甚至略有隆起（如工况 JD-1 目标断面 1 处）。

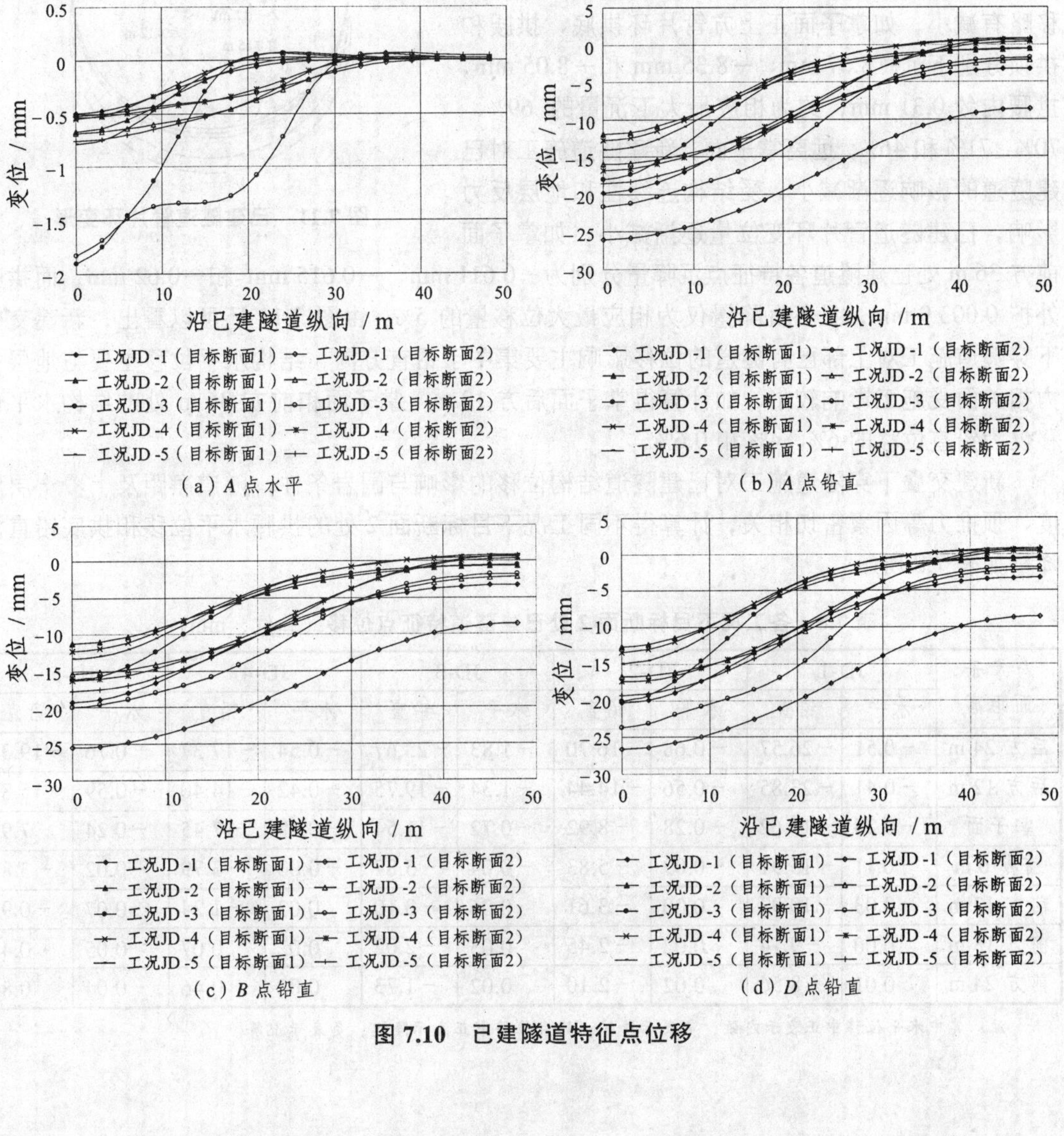

图 7.10 已建隧道特征点位移

不同影响因素作用下，已建隧道各特征点的水平和铅直位移及位移最大值出现点均存在较大差异，以目标断面 1 为例，计算得各工况下掌子面后方拱底最大沉降量分别为 −20.3 mm、−12.6 mm、−20.1 mm、−13.4 mm 和 −14.9 mm（负号表示下沉，下同），而掌子面前方拱底最小沉降量（或最大隆起量）分别为 −3.22 mm、−0.611 mm、−0.518 mm、0.653 mm 和 0.855 mm，均出现在离掌子面较远处。

根据计算结果绘制工况 JD-2 目标断面 1 处掌子面后方 12 m（$Z=0$ m）、掌子面（$Z=-12$ m）、掌子面前方 15 m（$Z=-27$ m）和 36 m（$Z=-48$ m）处已建隧道管片环整环变形如图 7.11 所示。由图中可以明显地看出，掌子面后方及其附近的已建隧道管片环主要产生沉降变位，其中拱底下沉量最大，拱腰次之，而拱顶最小，两侧拱腰向内收缩，如对掌子面后方 12 m 处已拼装完成管片环而言，拱底、拱腰和拱顶下沉量分别为 −12.6 mm、−11.3 mm 和 −11.9 mm，拱腰内敛 0.67 mm；邻近掌子面，已建隧道特征点位移略有减小，如掌子面正上方管片环拱底、拱腰和拱顶分别下沉 −8.67 mm、−8.35 mm 和 −8.05 mm，拱腰内敛 0.31 mm，约为相应最大下沉量的 69%、70%、71% 和 46%；远离掌子面，新建隧道施工对已建隧道的影响逐渐减小，受结构连续性和地层反力影响，已建隧道管片环变位量逐渐减小，如掌子面

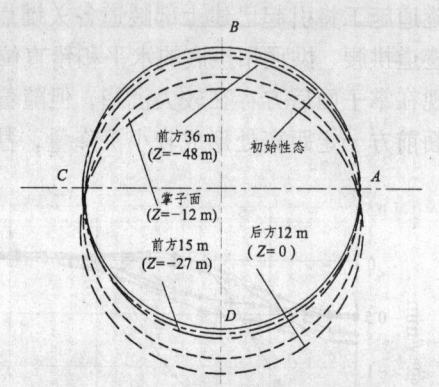

图 7.11 已建隧道管片环变形

前方 36 m 处已建隧道各特征点沉降量分别为 −0.611 mm、−0.615 mm 和 −0.62 mm，而拱腰外扩 0.003 9 mm，且各沉降量仅为相应最大位移量的 5%。由图 7.11 还可以看出，新建交叠下穿隧道施工对上部已有隧道的位移影响主要集中于铅直方向，结构水平位移主要与地层反力相关而受施工影响较小，如计算得掌子面后方 12 m、掌子面和前方 36 m 处的结构水平位移仅为铅直位移的 6%、4% 和 0.6%。

新建交叠下穿隧道施工对已建隧道结构位移的影响与围岩条件、隧道净距及上覆土层厚度、顶推力等因素密切相关，计算得不同工况下目标断面 2 处的拱腰水平位移和拱底铅直沉降量如表 7.8 所示。

表 7.8 各工况下目标断面 2 处已建隧道特征点位移（单位：mm）

与掌子面距离	JD-1		JD-2		JD-3		JD-4		JD-5	
	水平	铅直	水平	铅直	水平	铅直	水平	铅直	水平	铅直
后方 24 m	−0.51	−26.57	−0.68	−16.70	−1.83	−23.67	−0.54	−17.37	−0.76	−19.30
后方 12 m	−0.41	−23.85	−0.56	−14.44	−1.34	−19.75	−0.42	−14.40	−0.59	−15.89
掌子面	−0.25	−17.62	−0.28	−8.92	−0.72	−11.54	−0.19	−7.45	−0.24	−7.97
前方 6 m	−0.11	−13.91	−0.09	−5.83	−0.04	−5.87	−0.03	−3.79	−0.02	−3.80
前方 12 m	−0.03	−10.92	0.00	−3.61	0.06	−3.10	0.03	−1.24	0.07	−0.97
前方 18 m	0.00	−9.14	0.02	−2.45	0.03	−2.02	0.02	0.07	0.05	0.43
前方 24 m	0.01	−8.56	0.02	−2.10	0.02	−1.73	0.02	0.46	0.04	0.84

注：其中水平位移中正表示内敛，负表示外扩；铅直位移中正表示隆起，负表示沉降。

分析图 7.11 和表 7.8 可知，受下穿隧道施工扰动影响，已建隧道呈总体下沉趋势。各影响因素发生变化时，各关键点水平和铅直位移将产生较大差异，围岩条件改善，已建隧道铅直位移减小而水平位移增大，如计算得掌子面处 I 类围岩中管片环外扩 0.25 mm，沉降量达 −17.62 mm，而相应 II 类围岩管片环外扩和沉降量分别为 0.28 mm 和 −8.92 mm，I 类围岩管片环拱腰内敛出现点位于掌子面前方约 18 m，而相应 II 类围岩所需距离仅为该长度的 66%，即 12 m；净距减小，已建隧道受施工扰动加剧，具体表现在水平和铅直位移均出现较大增长，如计算得净距为 $1D$ 和 $2D$ 时新建隧道施工所产生的已建隧道掌子面处拱腰水平位移量之比为 2.57∶1，拱底沉降量之比为 1.29∶1；埋深减小，已建隧道水平和铅直位移均呈增大趋势，如计算得已建隧道拱顶埋深分别为 $1D$ 和 $2D$ 时，掌子面处的水平和铅直位移之比分别为 1.47∶1 和 1.20∶1；掌子面顶推力的增大将导致后方管片环拱腰外扩量和拱底沉降量的显著增加以及掌子面前方管片环拱腰内敛和拱底隆起变位的提早出现，如计算得 0.40 MPa 顶推力所引起的掌子面后方 24 m 处管片环拱底沉降量和拱腰水平位移分别为 0.30 MPa 时的 112% 和 116%，而拱腰水平位移为 0 出现点所需距离仅为前者的 61%，且 0.40 MPa 顶推力将在掌子面前方 24 m 已建隧道拱顶处形成 0.84 mm 的隆起，而 0.30 MPa 时将形成 −2.10 mm 的沉降。

对于交叠隧道而言，拱顶和拱底沉降量之差即为管片环铅直变形，而两侧拱腰内敛（或外扩）差即为管片环水平变形，为了探明不同影响因素对上部已建隧道管片环的变形影响，列举计算所得目标断面 1 处掌子面后方 12 m、前方 18 m 和 36 m 处的管片环各特征点位移如表 7.9 所示。

表 7.9 已建隧道特征点变位（单位：mm）

工况	与掌子面距离	A	B	D	水平变形	铅直变形
JD-1	−12 m	−0.496	−19.316	−20.308	−0.991	−0.992
	18 m	0.001	−5.736	−5.732	0.002	0.005
	36 m	0.006	−3.237	−3.224	0.011	0.013
JD-2	−12 m	−0.667	−11.277	−12.611	−1.334	−1.334
	18 m	0.019	−1.980	−1.940	0.038	0.040
	36 m	0.004	−0.620	−0.611	0.008	0.009
JD-3	−12 m	−1.899	−16.215	−20.063	−3.798	−3.848
	18 m	0.033	−1.658	−1.591	0.066	0.068
	36 m	0.002	−0.522	−0.518	0.003	0.004
JD-4	−12 m	−0.547	−12.263	−13.353	−1.094	−1.090
	18 m	0.024	−0.741	−0.692	0.048	0.049
	36 m	0.002	0.649	0.653	0.005	0.005
JD-5	−12 m	−0.788	−13.331	−14.907	−1.577	−1.576
	18 m	0.053	−0.731	−0.624	0.106	0.107
	36 m	0.004	0.848	0.855	0.007	0.007

注：① A 中正表示内敛，负表示外扩；B 和 D 中正表示隆起，负表示沉降。
② 水平变形中正表示拱腰内敛，负表示拱腰外扩。
③ 铅直变形中正表示拱顶沉降量大于拱底沉降量；负表示拱顶沉降量小于拱底沉降量。

（四）地表沉隆变位

计算得新建盾构隧道掌子面分别施工至各目标断面时，不同影响因素作用下的地表沉隆变位如表7.10所示。

表7.10　各目标断面地表沉隆变位分布（单位：m）

工况	目标断面1	目标断面2	目标断面3
JD-1	.011321 .019254 .027188 .035121 .043055 .050988 .058922 .066855 .074789 .082723	.014912 .023111 .03131 .03951 .047709 .055908 .064107 .072307 .080506 .088705	.019937 .028755 .037573 .04639 .055208 .064026 .072843 .081661 .090479 .099296
JD-2	.003935 .008216 .012497 .016778 .021059 .02534 .029621 .033902 .038183 .042464	.003935 .008216 .012497 .016778 .021059 .02534 .029621 .033902 .038183 .042464	.007981 .01208 .016178 .020277 .024376 .028475 .032574 .036672 .040771 .04487
JD-3	.00636 .01003 .013699 .017369 .021038 .024707 .028377 .032046 .035716 .039385	.007129 .011173 .015217 .019261 .023306 .02735 .031394 .035438 .039482 .043526	.0111 .014955 .018809 .022664 .026519 .030373 .034228 .038083 .041937 .045795
JD-4	.761E-04 .00487 .009664 .014457 .019251 .024045 .028839 .033632 .038426 .04322	.955E-04 .005341 .010587 .015833 .021078 .026324 .03157 .036815 .042061 .047307	.002603 .007636 .012668 .017701 .022733 .027766 .032798 .037831 .042864 .047896
JD-5	.00185 .006097 .010343 .01459 .018837 .023083 .02733 .031577 .035823 .04007	.001772 .006531 .01129 .016048 .020807 .025566 .030325 .035084 .039843 .044602	.006237 .010614 .014991 .019368 .023745 .028122 .032499 .036876 .041253 .04563

分析地表沉隆变位和横向沉降槽变化可知，新建交叠下穿隧道施工将引起已有地表沉隆量较大幅度的增长，而对地表沉隆变位分布规律几乎没有影响，即各工况施工所得地表最大沉降量仍均分布于隧道纵向中心线正上方。如计算得各工况下已建隧道贯通后的地表最大沉降量分别为6.15 cm、2.72 cm、2.70 cm、2.80 cm和2.72 cm，而新建隧道贯通后该地表最大沉降量分别为8.78 cm、4.17 cm、4.15 cm、4.28 cm和4.19 cm，相应沉降量增幅分别达42.8%、53.3%、53.7%、52.8%和54.0%；不同影响因素作用下，新建隧道施工完成后的地表最终沉降量变化也存在较大差异，计算得相关比值为2.10∶1∶0.99∶1.03∶1，由此可知，对于交叠隧道而言，围岩条件是制约施工对地表沉隆变位影响的最主要因素之一，除此之外，已建隧道埋深和顶推力也将在一定程度上对地表沉隆变位产生影响。

新建隧道施工至目标断面1和目标断面2处的地表横向沉降曲线分别如图7.12和图7.13所示。由图中可以看出，交叠隧道施工对地表横向沉降槽的分布形态几乎没有影响，地表仅存在单一沉降槽，但该沉降槽宽度和沉降量将随着施工掌子面的推进而不断加大。以两隧道先后修建完成后的目标断面2地表横向沉降槽为例，计算得最大沉降量和沉降量超过1cm（其中JD-1为2cm以上的沉降槽宽度及其相应增长幅度分别如表7.11所示。

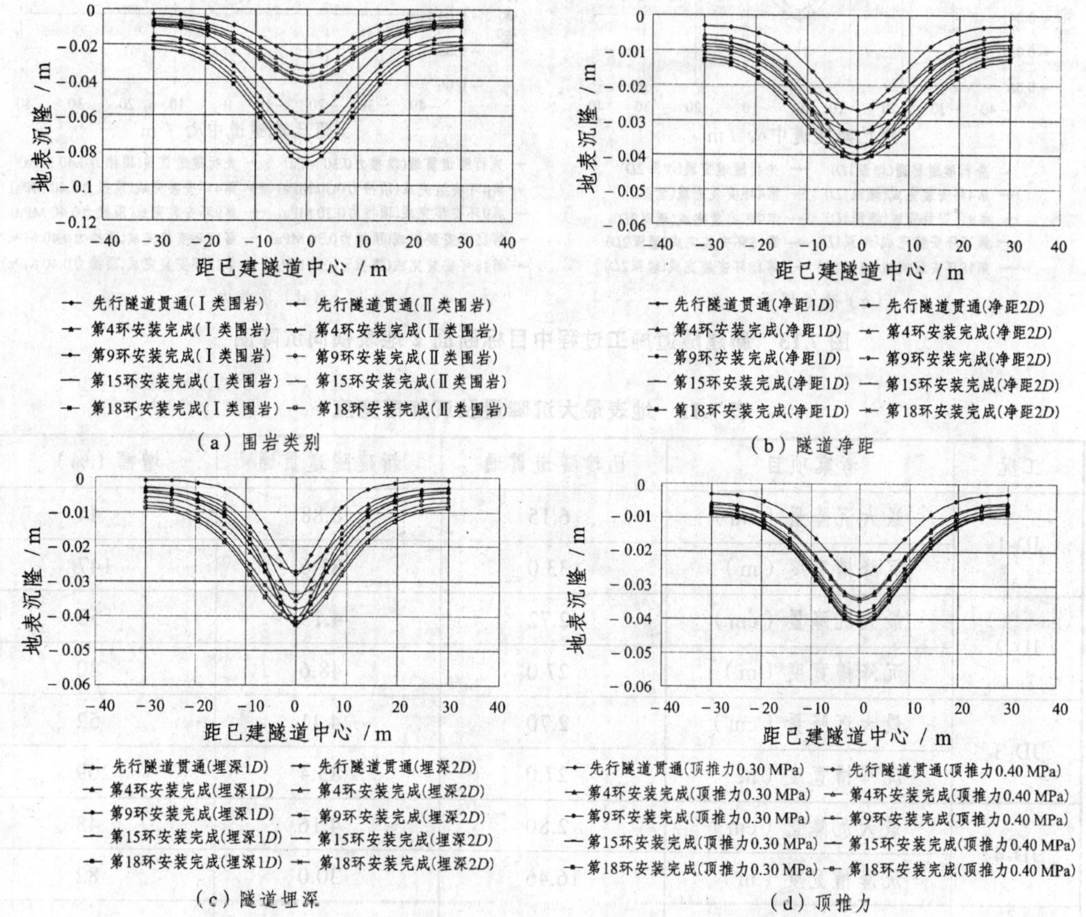

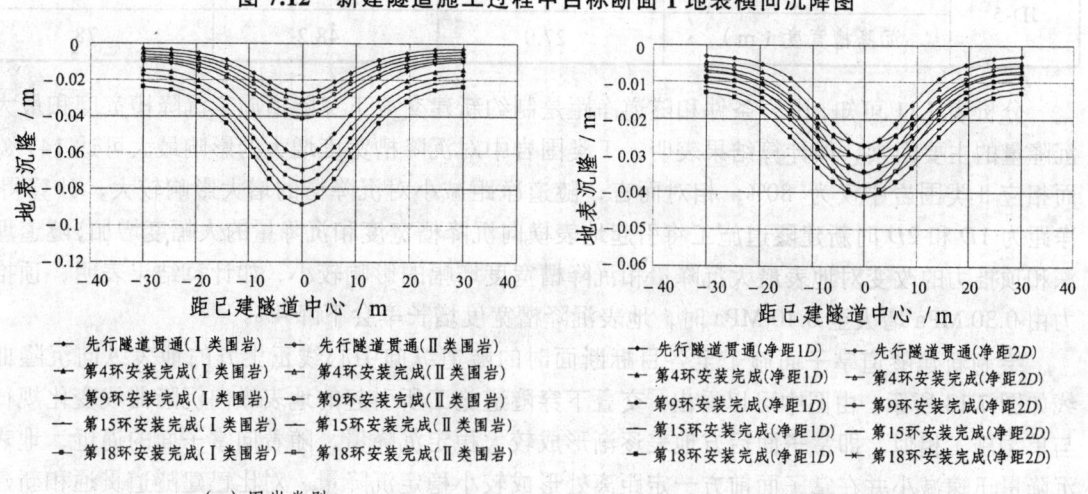

(a) 围岩类别　　　　　　　　　(b) 隧道净距

(c) 隧道埋深　　　　　　　　　(d) 顶推力

图7.12　新建隧道施工过程中目标断面1地表横向沉降图

(a) 围岩类别　　　　　　　　　(b) 隧道净距

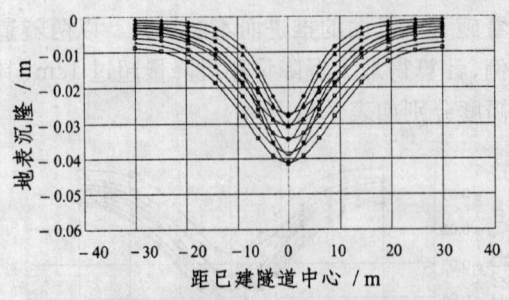
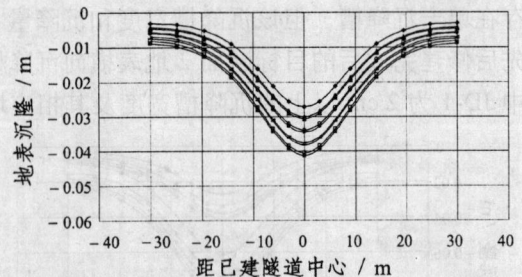

（c）隧道埋深　　　　　　　　　　　　　　　　（d）顶推力

图 7.13　新建隧道施工过程中目标断面 2 地表横向沉降图

表 7.11　地表最大沉降量及沉降槽宽度

工况	考察项目	已建隧道贯通	新建隧道贯通	增幅（%）
JD-1	最大沉降量（cm）	6.15	8.88	44
	沉降槽宽度（m）	33.0	81.6	147
JD-2	最大沉降量（cm）	2.72	4.13	52
	沉降槽宽度（m）	27.0	48.6	80
JD-3	最大沉降量（cm）	2.70	4.11	52
	沉降槽宽度（m）	27.0	83.4	209
JD-4	最大沉降量（cm）	2.80	4.16	48
	沉降槽宽度（m）	16.46	30.0	82
JD-5	最大沉降量（cm）	2.72	4.05	48
	沉降槽宽度（m）	27.0	48.2	78

分析表 7.11 可知，围岩条件和隧道净距是制约新建交叠下穿隧道施工沉降槽宽度和最大沉降量的主要因素，如计算结果表明，Ⅰ类围岩中对沉降槽宽度增大的影响最大可达 147%，而相应Ⅱ类围岩中仅为 80%；相对而言，隧道净距减小对沉降槽的增大影响较大，计算得净距为 1D 和 2D 时新建隧道施工将引起地表横向沉降槽宽度和沉降量的大幅度增加；隧道埋深和顶推力的改变对地表最大沉降量和沉降槽宽度增幅的影响较小，如计算结果表明，顶推力由 0.30 MPa 增大至 0.40 MPa 时，地表沉降槽宽度增长率会下降 4%。

绘制新建隧道掌子面施工至各目标断面时的隧道纵向中心线正上方的地表纵向沉降曲线如图 7.14 所示，由图中可以看出，交叠下穿隧道施工所引起的地表纵向沉降曲线变化规律与单洞施工相似，即掌子面后方地表逐渐形成较大稳定沉降量，随着向掌子面的逼近，地表沉降量迅速减小并在掌子面前方一定距离处形成较小稳定沉降量。对比已建隧道贯通和新建隧道施工过程中的地表纵向沉降量可以看出，新建隧道施工对地表纵向沉降量的影响远小于已建隧道，这在前面地表横向沉降槽研究中已得到证实。

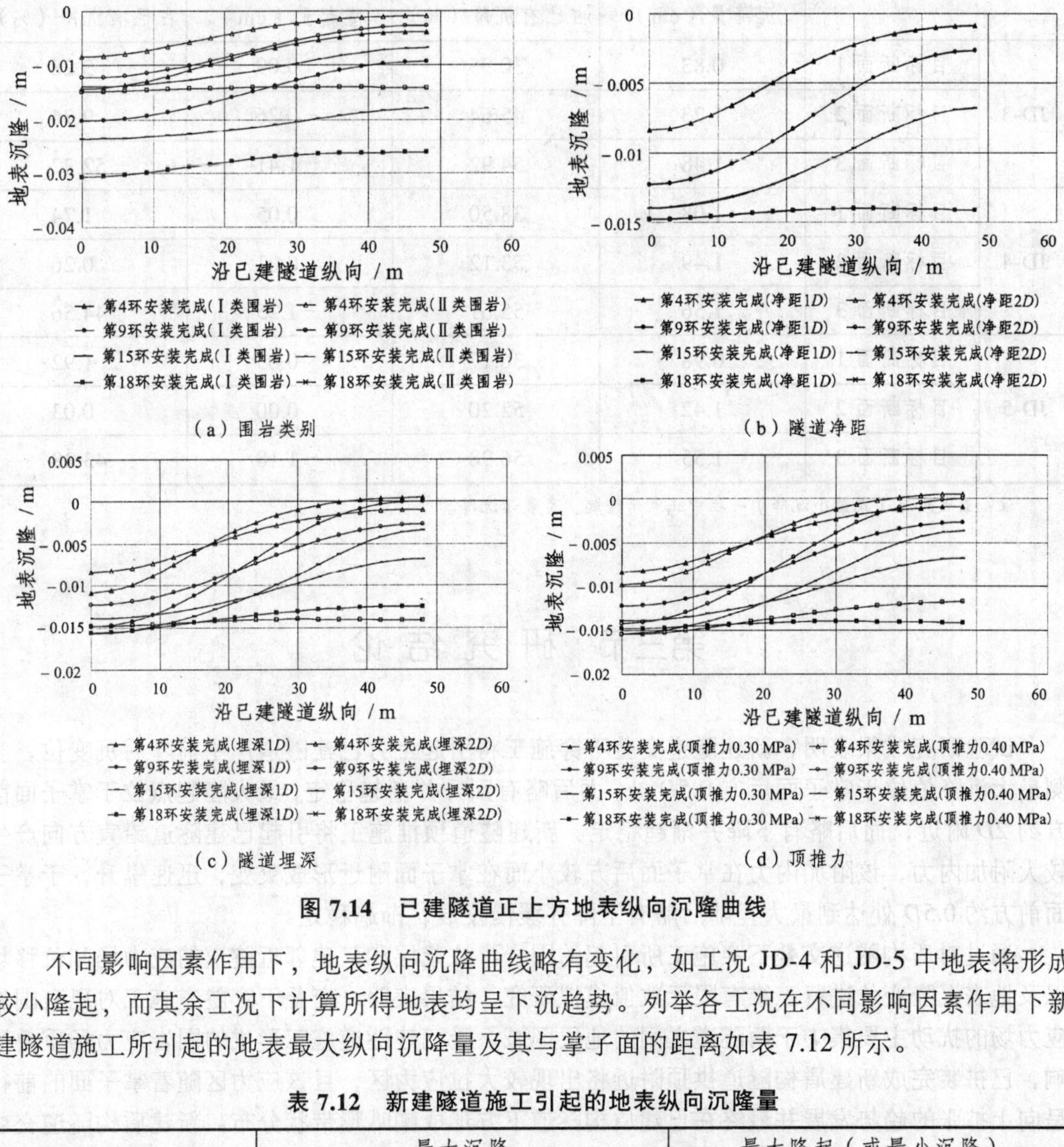

(a) 围岩类别

(b) 隧道净距

(c) 隧道埋深

(d) 顶推力

图7.14 已建隧道正上方地表纵向沉隆曲线

不同影响因素作用下，地表纵向沉降曲线略有变化，如工况JD-4和JD-5中地表将形成较小隆起，而其余工况下计算所得地表均呈下沉趋势。列举各工况在不同影响因素作用下新建隧道施工所引起的地表最大纵向沉降量及其与掌子面的距离如表7.12所示。

表7.12 新建隧道施工引起的地表纵向沉隆量

工况及目标断面		最大沉降		最大隆起（或最小沉降）	
		沉降量（cm）	占已有沉降（%）	隆起量（cm）	占已有沉降（%）
JD-1	目标断面1	1.43	23.25	−0.39	6.33
	目标断面2	2.01	32.68	−0.94	15.22
	目标断面3	3.07	49.92	−2.62	42.60
JD-2	目标断面1	0.84	30.74	−0.09	3.40
	目标断面2	1.23	45.22	−0.27	9.89
	目标断面3	1.48	54.41	−1.41	51.84

续表 7.12

工况及目标断面		最大沉降		最大隆起（或最小沉降）	
		沉降量（cm）	占已有沉降（%）	隆起量（cm）	占已有沉降（%）
JD-3	目标断面 1	0.83	30.95	-0.09	3.28
	目标断面 2	1.23	45.64	-0.26	9.76
	目标断面 3	1.48	54.92	-1.41	52.32
JD-4	目标断面 1	1.08	38.50	0.05	1.74
	目标断面 2	1.49	53.12	0.01	0.26
	目标断面 3	1.56	55.61	-1.25	44.56
JD-5	目标断面 1	0.98	36.17	0.05	1.92
	目标断面 2	1.42	52.20	0.00	0.03
	目标断面 3	1.55	56.98	-1.18	43.38

注：最大隆起（或最小沉降）一栏中正表示隆起，负表示沉降。

第三节　研究结论

　　试验研究成果表明，新建隧道交叠下穿施工将引起上方已建隧道产生前隆后沉变位，实测最大沉降值位于掌子面后方 $0.5D$ 处，而后略有回升并渐趋稳定；最大隆起点位于掌子面前方约 $2D$ 附近，而后略有下降并渐趋稳定。新建隧道顶推施工将引起已建隧道铅直方向产生较大附加内力，该附加内力在掌子面后方较小而在掌子面附近形成突变，迅速攀升，于掌子面前方约 $0.5D$ 处达到最大，随后略有下降并缓慢发展，渐趋稳定。

　　通过对盾构隧道交叠下穿施工所引起的围岩、注浆层和已建邻近隧道的应力场和位移场以及地表沉隆变位进行三维有限元数值模拟研究，结果表明：交叠下穿隧道施工对已有围岩应力场的扰动主要集中于两隧道之间的地层区域，受已建隧道施工形成的围岩应力场重叠影响，已拼装完成新建盾构隧道拱顶附近将出现较大拉应力区，且该应力区随着掌子面的前行呈向上扩张的趋势发展并最终在已建盾构隧道下方形成喇叭形带状分布。新建盾构隧道交叠下穿施工将主要引起上部已建隧道产生前隆后沉变位，掌子面后方已建隧道管片环整体下沉，拱底沉降量最大，拱顶最小，拱腰向内收敛；掌子面前方管片环略有隆起。施工所引起的衬砌结构最大应力位于已建隧道拱底。施工完成后，地表呈单一沉降槽，沉降量大于单隧道施工，地表最大沉降区位于隧道纵轴线正上方。

第八章　正交盾构隧道施工对环境的影响

第一节　正交盾构隧道下穿施工对环境影响的模型试验

模型试验在图 5.6 试验台架和试验槽内进行，空间正交盾构隧道下穿施工对环境影响研究中的两隧道相对位置关系如图 8.1 所示。

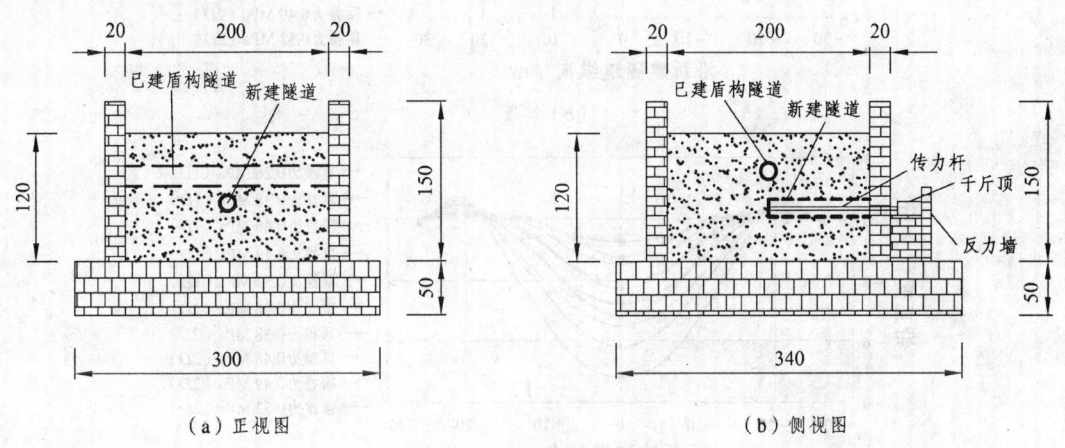

图 8.1　试验装置简图

结合盾构隧道顶推施工对已建邻近空间正交隧道影响控制因素，对拱顶埋深为 $2D$，两隧道净距分别为 $1D$ 和 $2D$，掌子面顶推力为 $0.26\sim0.52$ MPa 的情况下，盾构隧道空间正交下穿顶推施工所引起的已建上方隧道变形和附加内力分布变化规律进行了研究，相关材料参数如第五章所述。

一、隧道变形

实测不同围岩条件下，新建隧道分别以净距为 $1D$ 和 $2D$ 时正交下穿施工所引起的已建隧道拱腰、拱顶和拱底的水平和铅直变位分别如图 8.2 和图 8.3 所示（拱腰外扩为正，拱顶、拱底隆起为正）。

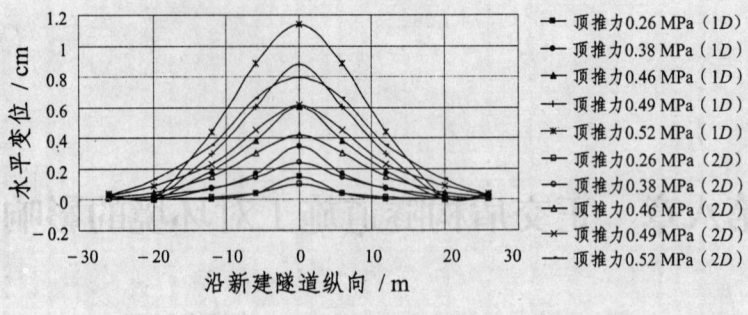

(a) 拱腰

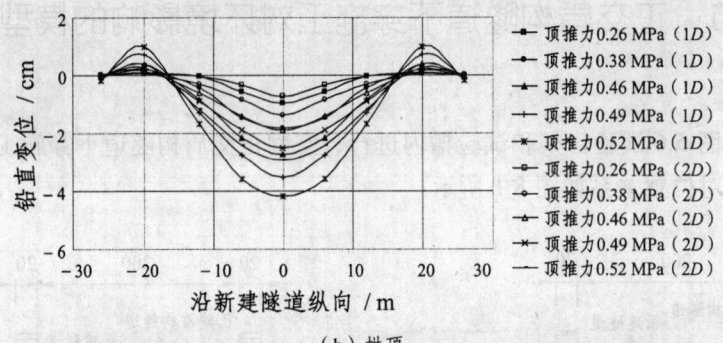

(b) 拱顶

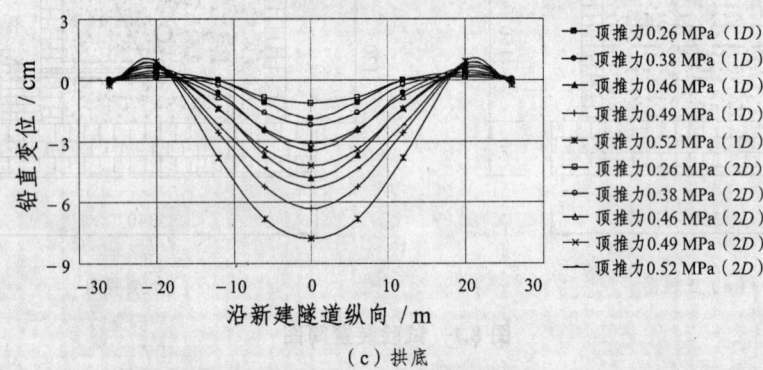

(c) 拱底

图 8.2　I 类围岩中已建正交隧道测点变位

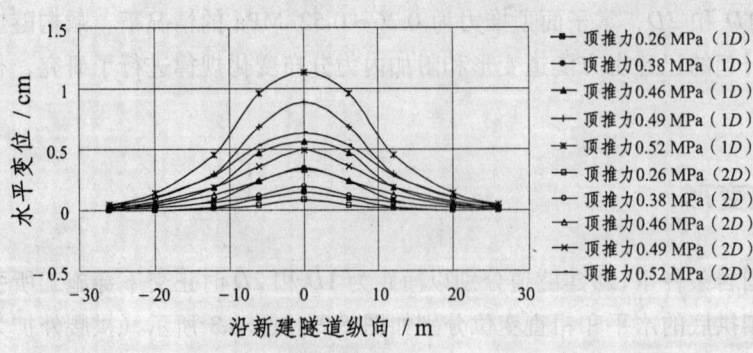

(a) 拱腰

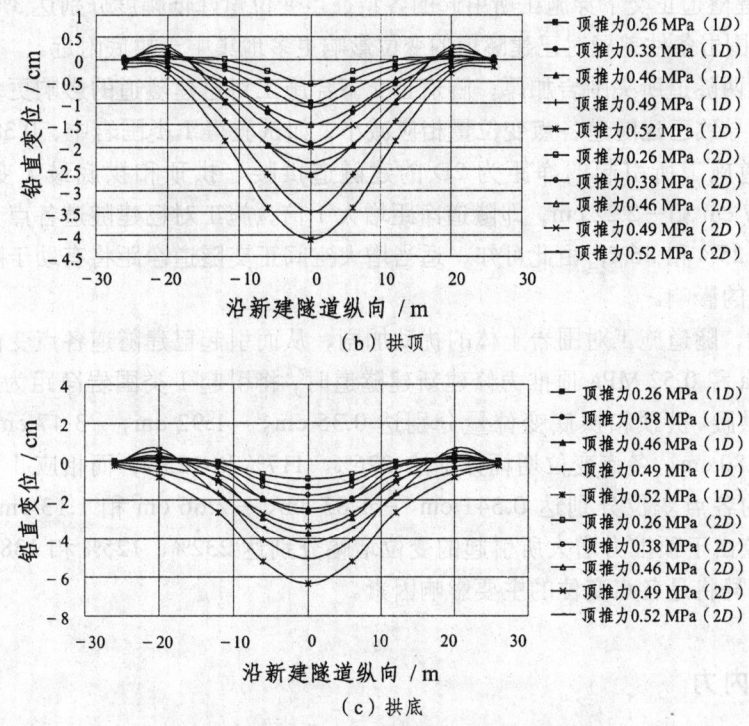

图 8.3 Ⅱ类围岩中已建正交隧道测点变位

由实测结果可以看出：新建隧道正交下穿已建隧道施工过程中，已建隧道拱腰均向两侧产生水平挤压，形成侧鼓，而拱顶和拱底产生铅直下沉变位，受端头约束效应影响，两约束端面附近略有上扬。在不同工况和影响因素作用下的已建隧道水平和铅直最大变位量均位于已建隧道正中央。分析各点的水平和铅直变位分布变化规律可以发现，新建隧道施工将导致已建隧道产生整体下沉变位，最大变位量位于拱底，拱顶次之，而拱腰（水平）变位量较小，即已建隧道呈明显的"竖鸭蛋"变形。在不同影响因素作用下，各水平和铅直变位量将产生一定差异，但整体变形趋势一致。为了更加清晰地看出已建隧道的整体变化趋势，点绘各影响因素作用下已建隧道正中央（即掌子面正上方）整环变形如图 8.4 所示。

在不同影响因素作用下，已建隧道各点的水平和铅直变位存在如下规律：围岩条件提高，各点变位量减小，这是由于围岩条件的提高将带动土体自身稳定性的增加，从而在一定程度上缓解了新建隧道顶推施工对已建隧道的变位影响，如实测 0.38 MPa 顶推力作用下，新建隧道在已建隧道下方呈净距为 $1D$ 正交穿越时，Ⅰ类围岩中的已建隧道拱腰、拱底和拱顶的水平（铅直）变位量分别为 0.35 cm、−1.92 cm 和 −3.47 cm，而相应Ⅱ类围岩中的已建隧道拱腰、拱底和拱顶的水平（铅直）变位量仅为 0.34 cm、−1.83 cm 和 −2.66 cm，即随着围岩

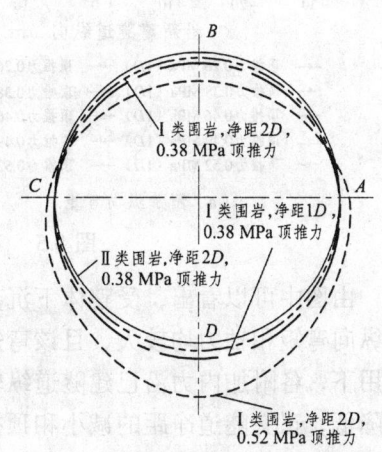

图 8.4 已建正交隧道环向变形

条件的改善,新建隧道正交下穿施工所引起的各特征点变位量降低幅度分别达 3%、5% 和 23%,由此可以看出,围岩条件差异对已建隧道的变位影响更多地集中于拱底附近。

净距增大,两隧道所夹围岩加厚,隧道正交下穿施工对已建隧道的影响更多地被围岩变形所吸收,从而导致已建隧道各点变位量相应减小,如试验得 I 类围岩中,0.38 MPa 顶推力作用下新建隧道施工所引起的净距为 2D 的建隧道拱腰、拱顶和拱底最大变位量分别为 0.24 cm、−1.37 cm 和 −2.22 cm,即隧道净距增大 1 倍,施工对已建隧道各点变位的影响将相应减少 32%、25% 和 36%,由此可知,适当增大空间正交隧道净距将有助于降低施工对已有建筑物安全性的影响。

顶推力增大,隧道施工对围岩土体的扰动加剧,从而引起已建隧道各点变位量增加,如分别以 0.38 MPa 和 0.52 MPa 顶推力修建新建隧道时,将引起 I 类围岩净距为 1D 的上方已建正交隧道的拱腰、拱顶和拱底变位量分别达 0.35 cm、−1.92 cm、−3.47 cm 和 1.14 cm、−4.17 cm、−7.80 cm,各点变位增幅分别达 226%、117% 和 125%,而相应 II 类围岩中不同顶推力所引起的各点变位分别达 0.341 cm、−1.83 cm、−2.66 cm 和 1.13 cm、−4.12 cm、−6.34 cm,相应由于顶推力增大所引起的变位增幅分别达 232%、125% 和 138%,由此可以看出,顶推力差异将是各点变位的主要影响因素。

二、附加内力

实测不同围岩条件下,新建盾构隧道正交下穿施工所引起的上部已建隧道的附加纵向内力分布变化规律分别如图 8.5 和图 8.6 所示。

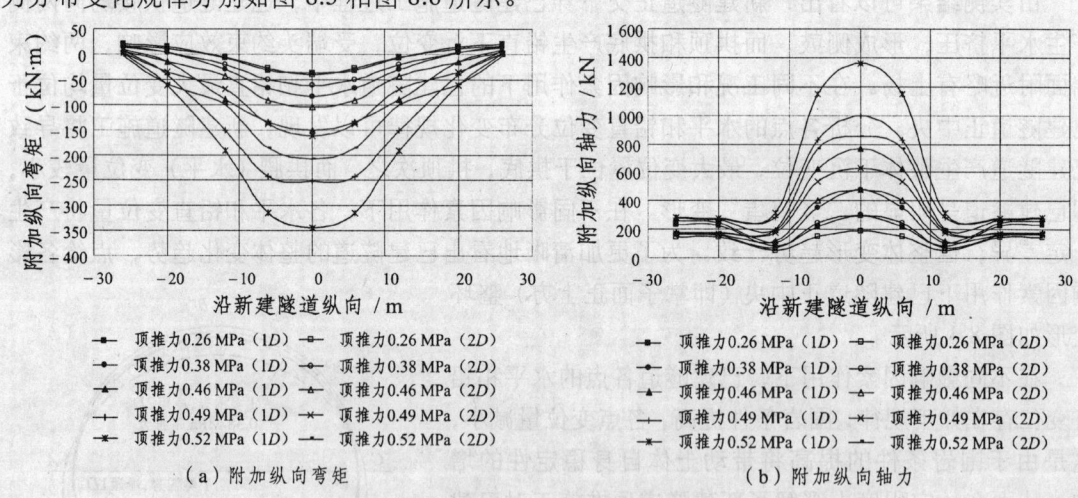

图 8.5 I 类围岩中已建正交隧道附加内力

由图中可以看出,受整体下沉变位影响,已建隧道呈"下拉上压"状态变化,结构的附加纵向弯矩和轴力均较大,且该弯矩和轴力最大值均位于已建隧道正中央。在不同影响因素作用下,各附加内力沿已建隧道纵轴中心线的分布和变化规律一致,且都随着隧道围岩条件的降低,正交隧道净距的减小和顶推力的增加呈增大趋势变化。试验数据显示,在 I 类围岩中以 0.46 MPa 顶推力修建新建隧道过程中将引起净距为 1D 的已建隧道产生 150 kN·m 的

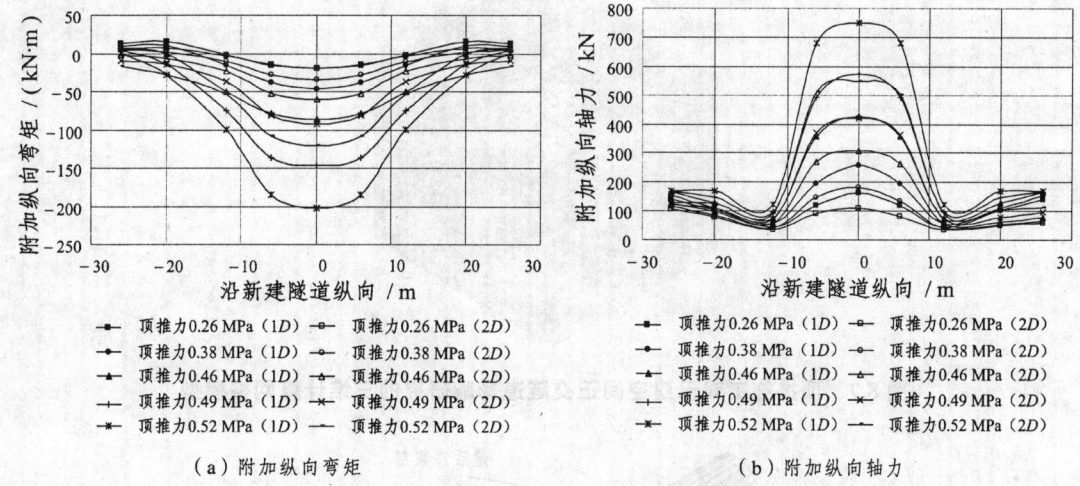

(a) 附加纵向弯矩　　　　　　　　　　　(b) 附加纵向轴力

图 8.6　Ⅱ类围岩中已建正交隧道附加内力

弯矩和 763 kN 的轴力，而相应净距为 2D 的已建隧道附加纵向弯矩和轴力则分别为 103 kN·m 和 477 kN，即随着隧道净距的增大，已建隧道内力将分别降低 31%和 38%；而当顶推力增大至 0.52 MPa 时，净距为 1D 的已建隧道纵向附加弯矩和轴力则分别可达 345 kN·m 和 851 kN，内力增加幅度分别为 130% 和 12%；提高隧道所处围岩条件，试验得Ⅱ类围岩中，净距为 1D，0.46 MPa 顶推力所引起的已建隧道附加弯矩和轴力仅为Ⅰ类围岩的 58% 和 56%。

第二节　正交盾构隧道下穿施工对环境影响的数值模拟

一、计算模型说明

本节主要是在单条盾构隧道施工研究基础上，结合隧道所处围岩条件、埋深、净距及顶推力等影响因素，讨论新建盾构隧道正交下穿施工所引起的已建隧道变形（变位）和应力变化，以及在不同影响因素作用下先后修建两正交隧道时的地表沉降曲线的分布变化规律。

结合广州地铁 3 号线大—沥区间盾构隧道结构尺寸，建立三维有限元计算网格模型如图 8.7 所示，新建隧道正交下穿施工过程中的盾构机和已建隧道相对位置关系如图 8.8 所示，贯通后的空间正交盾构隧道和壁后注浆层如图 8.9 所示。

计算模型宽 60 m，长 66 m，高 56 m，为了缩短计算时间并获取满足计算要求的较高精度，计算采用 2 环 1 组的拼装进度进行顶推施工，单次顶推进尺 3 m（相当于 2 环），下穿已建隧道过程中单次顶推进尺 9 m，共沿隧道纵向顶推 18 个管片环。

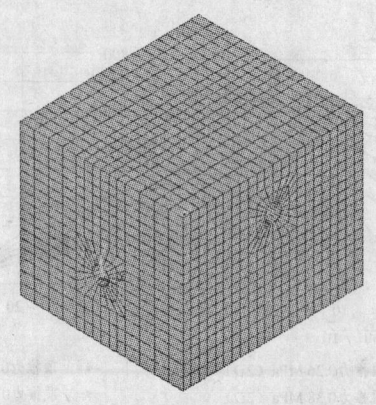

图 8.7　顶推施工对已建空间正交隧道影响研究的三维计算网格模型

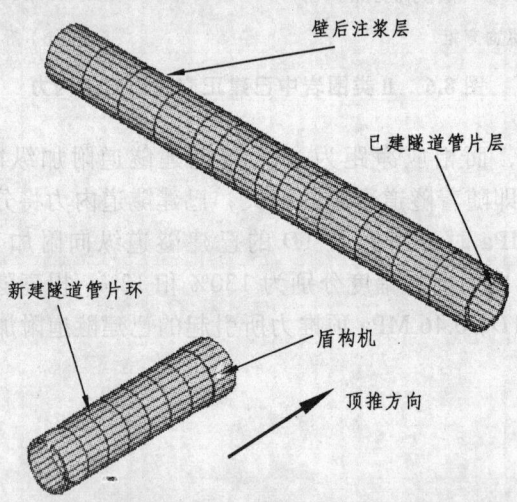

图 8.8　修建过程中的空间正交隧道相对位置关系

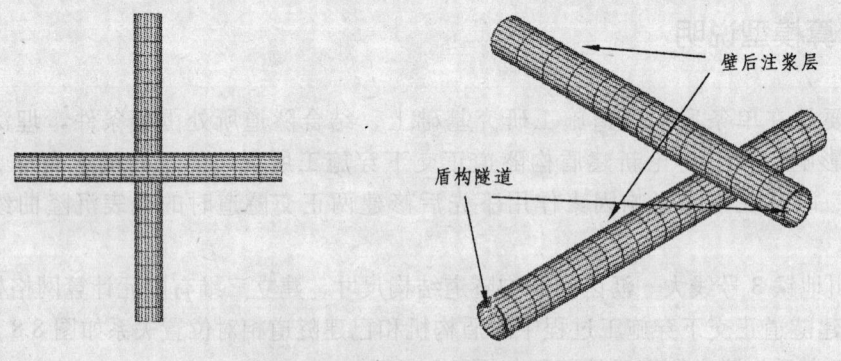

图 8.9　贯通后的空间正交盾构隧道及壁后注浆层

计算过程中主要选用三维实体单元对围岩土体、壁后注浆层、管片结构和盾构机进行结构单元模拟，岩土体本构关系采用 Mohr-Coulomb 塑性准则，相关计算参数分别如表 5.2 和

表 5.3 所示。各研究目标面和考察关键点分别如图 5.27 所示。

二、计算结果分析

（一）围岩应力场和位移场

新建盾构隧道空间正交下穿已建隧道施工过程中必将引起已有围岩应力场和位移场的重新分布。绘制各工况不同影响因素作用下新建隧道施工对已有围岩应力场的影响如表 8.1 所示，表中结果均已通过相应荷载工况组合，显示结果为先后修建两隧道所引起的围岩竖向应力场分布变化规律。

表 8.1 各目标断面围岩竖向应力场分布（单位：Pa）

工况	目标断面 1	目标断面 2	目标断面 3
ZJ-1	-140991, -115375, -89759, -64143, -38526, -12910, 12706, 38322, 63938, 89555	-140780, -114265, -87750, -61234, -34719, -8204, 18311, 44827, 71342, 97857	-145093, -118464, -91836, -65208, -38579, -11951, 14677, 41306, 67934, 94562
ZJ-2	-163497, -131960, -100422, -68885, -37347, -5810, 25728, 57265, 88803, 120341	-172414, -139373, -106332, -73291, -40250, -7209, 25832, 58874, 91915, 124956	-157513, -126594, -95676, -64758, -33839, -2921, 27997, 58916, 89834, 120753
ZJ-3	-132609, -104897, -77184, -49472, -21759, 5953, 33665, 61378, 89090, 116803	-130314, -101257, -72200, -43143, -14086, 14971, 44028, 73085, 102142, 131199	-129708, -99280, -68852, -38424, -7996, 22432, 52860, 83287, 113715, 144143
ZJ-4	-130704, -105023, -79342, -53661, -27980, -2299, 23382, 49063, 74745, 100426	-140913, -113890, -86868, -59846, -32824, -5801, 21221, 48243, 75265, 102288	-129153, -103801, -78449, -53097, -27744, -2392, 22960, 48312, 73664, 99016
ZJ-5	-155769, -124830, -93890, -62951, -32011, -1072, 29868, 60807, 91747, 122687	-166096, -133707, -101319, -68930, -36542, -4153, 28236, 60624, 93013, 125401	-154323, -123717, -93111, -62505, -31899, -1293, 29313, 59919, 90525, 121130

计算结果表明，在不同围岩条件、隧道净距、埋深和顶推力等影响因素作用下的围岩竖向应力场分布变化规律具有一致性。新建隧道贯通后的围岩最大竖向拉应力主要分布于两隧道空间正交点附近的新建隧道拱顶附近，围岩最大竖向拉应力影响范围呈以该正交点为中心的等腰三角形分布，正交点附近新建和已建隧道拱底附近围岩次之；围岩最大压应力位于该空间正交点附近的新建隧道拱腰附近，已建隧道拱腰附近围岩次之。现对在不同影响因素作用下，新建盾构隧道正交下穿施工对已建隧道施工所形成的围岩竖向应力场分布变化规律的扰动进行研究和总结。

由表 8.1 可以看出，随着新建隧道掌子面的不断推进，后续施工所引起的围岩拉、压应力分布范围将发生显著增长，围岩压应力量值略有增大，而拉应力则呈先增加后减小的趋势发展。以 ZJ-2 为例，计算得掌子面顶推至目标断面 1 时，新建隧道施工影响范围不足以涵盖掌子面前方较远端的围岩应力及已建隧道结构的变形和内力分布，两隧道施工所引起的围岩应力分布范围相互独立，与单线盾构隧道顶推施工相似，围岩最大拉应力位于新建隧道拱底，已建隧道拱底次之，围岩最大压应力位于新建隧道拱腰，已建隧道拱腰次之，这与单条盾构隧道施工过程中掌子面和后方已拼装完成管片环附近的围岩应力分布规律相同；随着新建隧道掌子面的前移并正交下穿已建隧道，两隧道施工应力区相互重叠，空间正交点附近新建隧道拱顶围岩出现最大拉应力，该环管片拱腰附近出现最大压应力，与此同时，已建隧道四周围岩应力相应增大；随着新建隧道正交下穿已建隧道施工的完成和掌子面的逐渐远离，围岩竖向应力场逐渐对称于已建隧道纵向中心线，围岩最大拉应力位于空间正交点附近的新建隧道拱顶、拱底和已建隧道拱底附近，而围岩最大压应力分别位于该新建隧道管片环和已建隧道拱腰。计算得新建隧道掌子面分别施工至目标断面 1、目标断面 2 和目标断面 3 时，围岩最大拉应力分别为 1.203 MPa、1.250 MPa 和 1.208 MPa，压应力分别为 1.454 MPa、1.532 MPa 和 1.575 MPa。

以新建隧道施工至各目标断面时的围岩最大拉、压应力为例，对施工过程中在各影响因素作用下的围岩应力进行分析。围岩条件降低，新建隧道正交下穿施工对围岩应力的施工扰动增大，如计算得目标断面 2 处 II 类和 I 类围岩的最大拉、压应力之比分别为 0.78∶1 和 0.92∶1；净距减小，施工对两隧道所夹地层应力扰动范围扩大，受新建隧道管片环四周地层松动压力影响，围岩压应力减小而拉应力略有提升，计算得新建隧道正交下穿（目标断面 2）施工过程中及逐渐远离（目标断面 3）时的围岩最大拉应力之比 $1D∶2D$ 分别为 1.05∶1 和 1.19∶1，相应最大压应力之比 $1D∶2D$ 分别为 0.83∶1 和 0.82∶1；对净距为 $2D$，上覆土层厚度分别为 $1D$ 和 $2D$ 情况下的正交隧道施工计算，结果表明，隧道埋深的减小有助于降低施工对围岩竖向应力场的影响，且该影响较为稳定，如计算得各目标断面处埋深为 $1D$ 时新建隧道施工所引起的围岩最大拉、压应力仅为 $2D$ 时的 82%；掌子面顶推力的增加将导致前方地层压应力的增大，而对围岩竖向压力场影响较小，如计算得目标断面 1 处掌子面顶推力由 0.30 MPa 增大至 0.40 MPa 后，围岩竖向最大压应力仅减小 1%，而最大拉应力仅增大 2%，几乎没有影响。计算得各工况下不同目标断面处的地层竖向位移场分布变化规律如表 8.2 所示。

计算所得各工况下的地层竖向位移场的分布变化规律与围岩竖向应力场相似，即当掌子面距离已建隧道较远时，两隧道施工影响相互独立，围岩竖向位移场类似于两个单线盾构隧

道施工，围岩最大隆起位移位于新建隧道拱底，而拱顶处将产生最大沉降位移，已建隧道拱

表 8.2 各目标断面围岩竖向位移场分布（单位：m）

工况	目标断面 1	目标断面 2	目标断面 3
ZJ-1	-.190072 / -.149969 / -.109867 / -.069765 / -.029663 / .010439 / .050542 / .090644 / .130746 / .170848	-.202353 / -.157964 / -.113574 / -.069185 / -.024796 / .019594 / .063983 / .108372 / .152762 / .197151	-.216459 / -.170919 / -.125378 / -.079838 / -.034297 / .011243 / .056784 / .102324 / .147865 / .193405
ZJ-2	-.088808 / -.070248 / -.051687 / -.033127 / -.014566 / .003994 / .022555 / .041115 / .059676 / .078236	-.094805 / -.074644 / -.054483 / -.034322 / -.014161 / .006 / .026161 / .046322 / .066483 / .086644	-.102341 / -.081471 / -.0606 / -.03973 / -.018859 / .002011 / .022882 / .043752 / .064623 / .085493
ZJ-3	-.087219 / -.070473 / -.053728 / -.036983 / -.020238 / -.003493 / .013253 / .029998 / .046743 / .063488	-.093636 / -.07502 / -.056404 / -.037789 / -.019173 / .558E-03 / .018058 / .036674 / .055289 / .073905	-.101102 / -.081728 / -.062354 / -.04298 / -.023606 / -.004231 / .015143 / .034517 / .053891 / .073265
ZJ-4	-.073459 / -.058019 / -.042579 / -.027139 / -.0117 / .00374 / .01918 / .03462 / .05006 / .0655	-.076676 / -.060451 / -.044227 / -.028002 / -.011777 / .004447 / .020672 / .036896 / .053121 / .069346	-.076185 / -.060172 / -.044159 / -.028146 / -.012133 / .00388 / .019893 / .035906 / .051919 / .067932
ZJ-5	-.092065 / -.072957 / -.053848 / -.03474 / -.015632 / .003476 / .022585 / .041693 / .060801 / .079909	-.095875 / -.07563 / -.055385 / -.03514 / -.014896 / .005349 / .025594 / .045839 / .066084 / .086329	-.101525 / -.080804 / -.060083 / -.039362 / -.01864 / .002081 / .022802 / .043523 / .064244 / .084965

底和拱顶位移次之；随着掌子面的不断推进，两先后修建隧道围岩竖向位移场开始相交并逐渐重叠，形成较大地层位移，围岩最大隆起量位于空间正交点附近的新建隧道拱底，最大沉降量位于已建隧道拱顶，已建隧道拱腰左右变形不对称；随着新建隧道的贯通，掌子面正交下穿已建隧道的施工影响逐渐消失，围岩竖向位移场对称于已建隧道纵轴中心，最大隆起点位于空间正交点附近的新建隧道拱底，最大沉降量位于已建隧道拱顶，而新建隧道拱顶沉降量次之，受围岩后期固结影响，已建隧道略有回落，拱底隆起略有下降。以 ZJ-2 为例，新建正交下穿隧道施工至各目标断面所引起的围岩最大隆起量分别为 7.82 cm、8.66 cm 和 8.55 cm，最大沉降量分别为 -8.88 cm、-9.48 cm 和 -10.23 cm，由此可知，新建隧道掌子面顶推力将对围岩产生约 10.7% 的隆起位移和 6.8% 的沉降位移，而新建隧道施工完成后围岩二次沉降将导致已建隧道和地层回落，使得围岩隆起量减小而沉降量增大，该沉降比例约占正交下穿施工的 1.3% 和 7.9%。

以目标断面2为例可以看出,在不同影响因素作用下新建隧道施工所引起的围岩最大竖向隆起位移均位于新建隧道拱底,围岩最大沉降位移主要分布于已建隧道拱顶。随各影响因素的变化,围岩竖向位移量也存在较大差异。围岩条件的恶化将导致围岩竖向位移量的大幅度增加,如计算得Ⅰ类围岩条件下围岩最大隆起量约为Ⅱ类围岩的228%,而最大沉降量约为214%;净距减小,施工所引起的地层沉隆位移量将相应较少,如计算得净距为2D时围岩最大沉降量分别为9.48 cm和8.66 cm,而净距为1D时的地层沉隆量分别仅占98.7%和85.3%;埋深减小,地层沉隆位移减少,就本书计算结果而言,隧道埋深由2D降低为1D时,地层沉隆量将相应减小约20%;顶推力的改变对地层围岩沉隆位移量影响较小,如计算结果表明,顶推力由0.30 MPa增大至0.40 MPa后,地层沉隆量仅仅改变了1%,几乎没有影响。

(二)已建隧道壁后注浆层应力场和位移场

由表8.3新建隧道施工过程中已建隧道管片环壁后注浆层Von Mises应力分布变化规律

表8.3 各目标断面已建隧道壁后注浆层Von Mises应力场分布(单位:Pa)

工况	目标断面1	目标断面2	目标断面3
ZJ-1	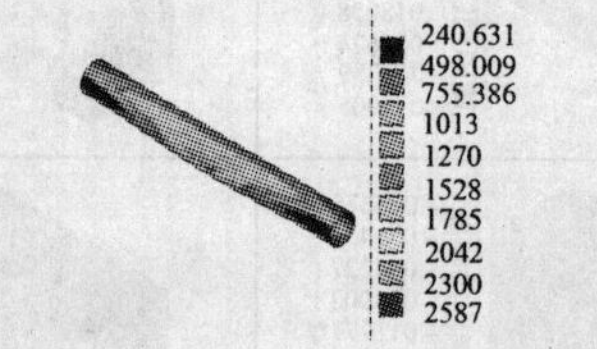 240.631 / 498.009 / 755.386 / 1013 / 1270 / 1528 / 1785 / 2042 / 2300 / 2587	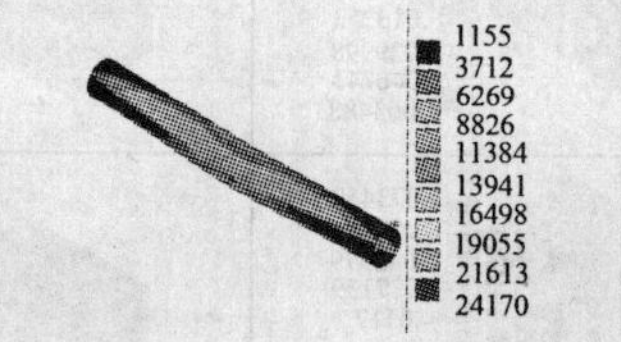 1155 / 3712 / 6269 / 8826 / 11384 / 13941 / 16498 / 19055 / 21613 / 24170	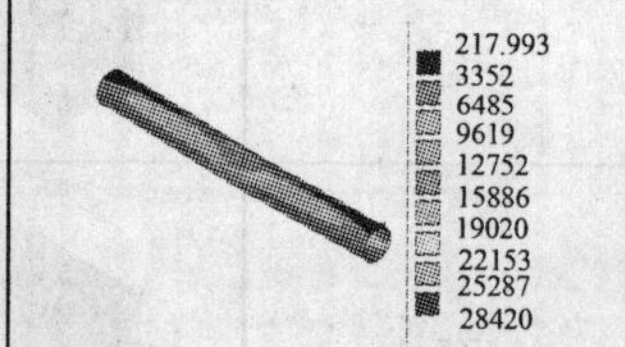 217.993 / 3352 / 6485 / 9619 / 12752 / 15886 / 19020 / 22153 / 25287 / 28420
ZJ-2	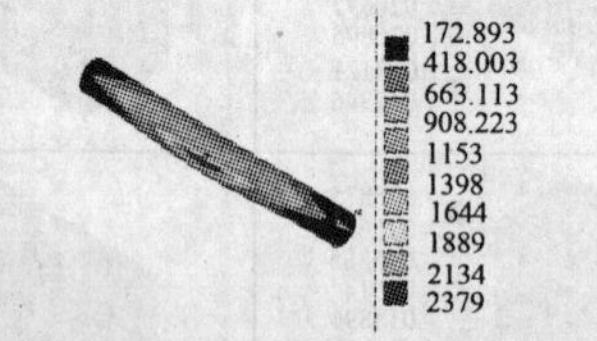 172.893 / 418.003 / 663.113 / 908.223 / 1153 / 1398 / 1644 / 1889 / 2134 / 2379	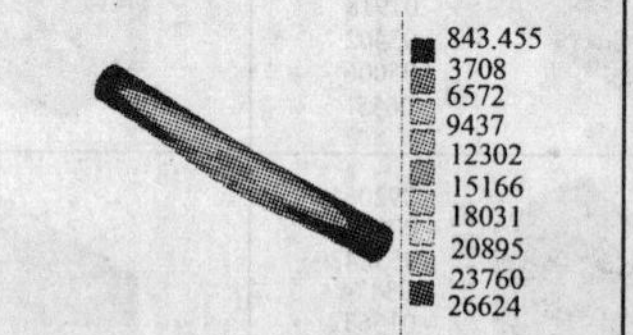 843.455 / 3708 / 6572 / 9437 / 12302 / 15166 / 18031 / 20895 / 23760 / 26624	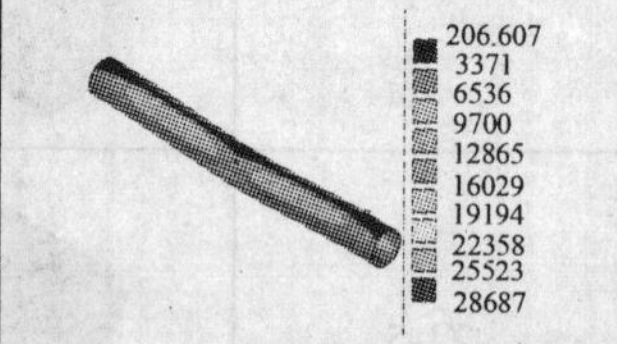 206.607 / 3371 / 6536 / 9700 / 12865 / 16029 / 19194 / 22358 / 25523 / 28687
ZJ-3	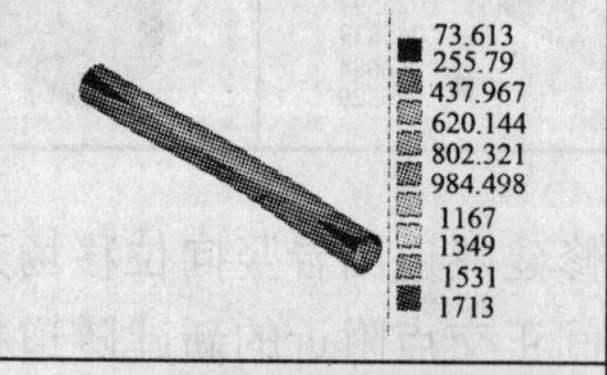 73.613 / 255.79 / 437.967 / 620.144 / 802.321 / 984.498 / 1167 / 1349 / 1531 / 1713	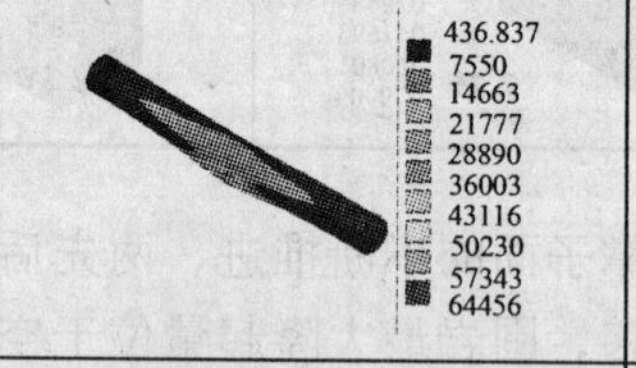 436.837 / 7550 / 14663 / 21777 / 28890 / 36003 / 43116 / 50230 / 57343 / 64456	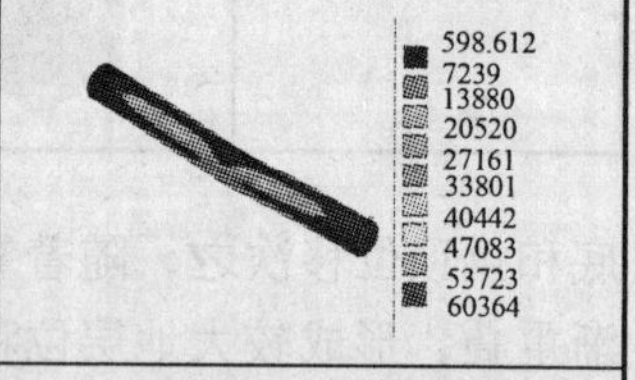 598.612 / 7239 / 13880 / 20520 / 27161 / 33801 / 40442 / 47083 / 53723 / 60364
ZJ-4	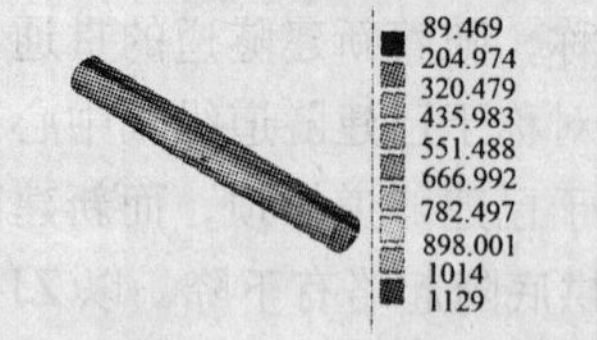 89.469 / 204.974 / 320.479 / 435.983 / 551.488 / 666.992 / 782.497 / 898.001 / 1014 / 1129	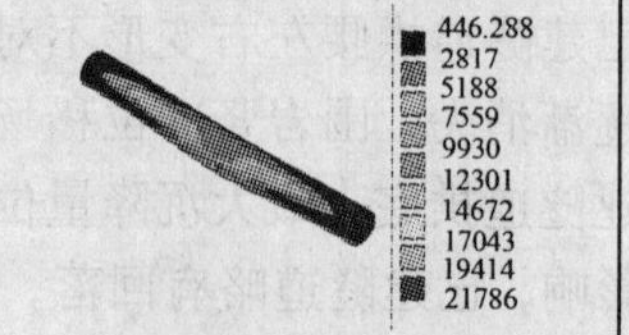 446.288 / 2817 / 5188 / 7559 / 9930 / 12301 / 14672 / 17043 / 19414 / 21786	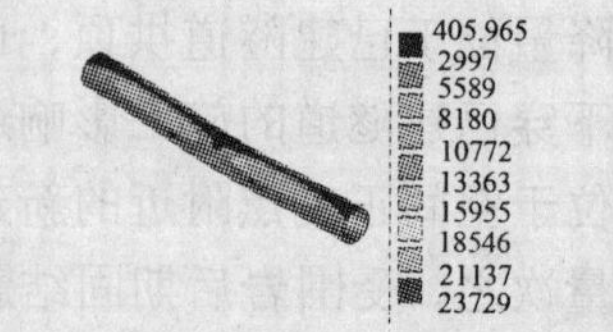 405.965 / 2997 / 5589 / 8180 / 10772 / 13363 / 15955 / 18546 / 21137 / 23729
ZJ-5	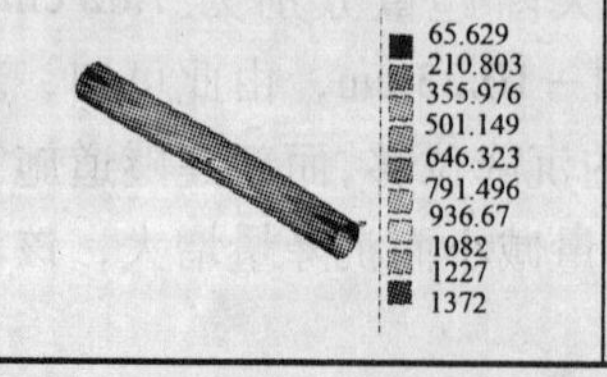 65.629 / 210.803 / 355.976 / 501.149 / 646.323 / 791.496 / 936.67 / 1082 / 1227 / 1372	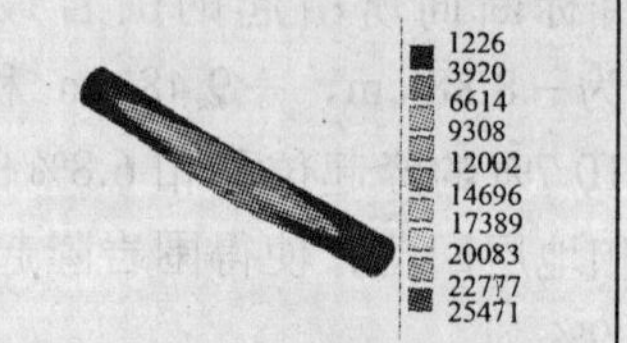 1226 / 3920 / 6614 / 9308 / 12002 / 14696 / 17389 / 20083 / 22777 / 25471	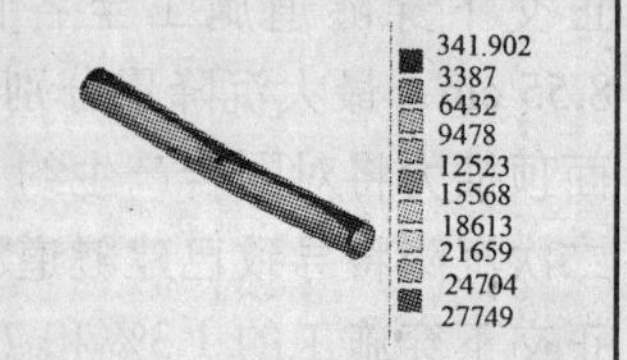 341.902 / 3387 / 6432 / 9478 / 12523 / 15568 / 18613 / 21659 / 24704 / 27749

可以看出，注浆层 Von Mises 应力分布和变化规律与掌子面和已建隧道的相对位置关系密切相关。各工况计算结果均表明，新建隧道逼近已建隧道施工过程中，已建隧道邻近掌子面侧拱腰处将出现较大应力分布，而背离掌子面侧拱腰应力较小；随着掌子面的临近，该注浆层较大应力分布点逐渐向拱底转移，并在新建隧道正交下穿已建隧道时，该应力点与已建隧道圆心连线同铅直方向形成的夹角约为 30°；随着掌子面的远离和新建隧道的贯通，该 Von Mises 应力最大点最终停留于已建隧道拱底并不再发生改变。新建隧道下穿施工所引起的已建隧道壁后注浆层 Von Mises 应力较小，且应力增长期主要集中于下穿施工过程，如计算得目标断面 2 处的注浆层最大主应力较目标断面 1 增长约 10.2 倍，而目标断面 3 仅较目标断面 2 增长了 7.7%。

已建隧道壁后注浆层 Von Mises 应力受各因素影响较大，如计算得各工况下新建隧道贯通后的注浆层最大 Von Mises 应力分别为 24.17 kPa、26.62 kPa、64.46 kPa、21.78 kPa 和 25.47 kPa，相应比值分别为 0.91∶1∶2.42∶0.82∶0.96，由此可以看出，净距是影响正交下穿隧道施工对已建隧道壁后注浆层内力分布的最主要因素，其次，隧道埋深也将在一定程度上对该主应力产生影响。

列举各工况下新建隧道掌子面施工至不同目标断面时所引起的已建隧道壁后注浆层总位移分布如表 8.4 所示。由表中可以看出，壁后注浆层总位移分布及变化规律与其 Von Mises

表 8.4 各目标断面已建隧道壁后注浆层总位移场分布（单位：m）

工况	目标断面 1	目标断面 2	目标断面 3
ZJ-1	.002908 .003097 .003285 .003474 .003662 .003851 .004039 .004228 .004416 .004605	.013264 .01427 .015275 .01628 .017285 .01829 .019295 .020301 .021306 .022311	.027648 .026088 .027529 .028969 .03041 .03185 .033291 .034731 .036172 .037612
ZJ-2	.709E-03 .822E-03 .936E-03 .001049 .001162 .001275 .001388 .001501 .001614 .001728	.004219 .004967 .005715 .006463 .007212 .00796 .008708 .009456 .010204 .010952	.008627 .009835 .011043 .012252 .01346 .014668 .015877 .017085 .018294 .019502
ZJ-3	.170E-03 .304E-03 .438E-03 .572E-03 .705E-03 .839E-03 .973E-03 .001107 .001241 .001374	.002567 .003609 .004651 .005693 .006735 .007777 .008819 .009861 .010903 .011945	.006096 .007170 .009338 .010959 .012579 .0142 .015821 .017442 .019062 .020683
ZJ-4	.973E-05 .945E-04 .179E-03 .264E-03 .349E-03 .434E-03 .519E-03 .603E-03 .688E-03 .773E-03	.002761 .003428 .004094 .00476 .005426 .006093 .006759 .007425 .008091 .008758	.006589 .00766 .00873 .009801 .010871 .011942 .013012 .014083 .015153 .016224
ZJ-5	.811E-04 .212E-03 .343E-03 .474E-03 .605E-03 .736E-03 .867E-03 .999E-03 .00113 .001261	.003205 .003951 .004696 .005442 .006187 .006933 .007678 .008424 .009169 .009915	.007989 .009168 .010346 .011524 .012702 .01388 .015059 .016237 .017415 .018593

应力的分布和变化规律相似,即在掌子面接近新建隧道阶段,注浆层两侧拱腰存在较大位移差,最大位移发生点位于距掌子面较近一侧,随着掌子面的靠近、正交下穿和逐渐远离,注浆层最大位移发生点逐渐向注浆环底部转移,并在两隧道空间正交点附近形成较大范围的总位移分布区。新建隧道正交下穿施工过程中,已建隧道壁后注浆层总位移量将产生较大增长,这与其 Von Mises 应力发展规律相一致,如工况 ZJ-2 中计算得不同目标断面处壁后注浆层最大总位移量分别为 0.17 mm、1.09 mm 和 1.95 mm,相应增幅分别为 541% 和 79%。分析不同阶段下的壁后注浆层位移组成可以发现,前期阶段壁后注浆层主要是在掌子面顶推力作用下形成远离掌子面的水平位移,而后受下穿隧道施工地层损失影响形成一定程度的铅直沉降,新建隧道贯通后的总位移主要由地层后期沉降带动注浆环的下沉引起,总位移逐渐增加。

分析各工况下的注浆层最大位移量可以看出,围岩条件仍然是制约结构变位的最主要因素,如本书计算得 II 类围岩条件下的注浆层总位移量大约仅为 I 类围岩的 52%;目标断面 1 和目标断面 2 的计算结果均表明,增大隧道净距有助于削弱正交隧道下穿施工对已有注浆环的位移影响,当两隧道净距由 1D 增加至 2D 后,施工扰动所引起的注浆环总位移量将分别减少 9.2% 和 6.2%;上覆土层厚度减小,扰动土体后续沉降量减小,壁后注浆环沉降量也将相应减少,计算结果表明,当已建隧道埋深由 2D 减至 1D 时,目标断面 1 和目标断面 2 处的注浆环总位移量将分别减少 19% 和 5%。

(三)已建隧道管片环应力场和位移场

计算得不同工况下新建隧道正交下穿已建隧道施工过程中,掌子面行进至不同目标面处的已建隧道管片环 Von Mises 应力场分布变化规律如表 8.5 所示。由研究成果可知,新建隧道正交下穿施工过程中已建隧道沿水平和铅直方向均产生了较大位移,管片环 Von Mises 应力近似呈网格状分布,较为复杂,具体表现为:随着新建隧道向已建隧道的逼近,已建隧道管片环最大 Von Mises 应力位于靠近掌子面侧拱腰,但应力量值较小;随着新建隧道正交下穿施工的完成并逐渐远离,已建管片环最大 Von Mises 应力逐渐向拱底转移,但拱腰侧仍存在较大应力,直至新建隧道贯通。

随着掌子面与已建隧道的临近,已建隧道管片环主应力分布区域几乎不变,但量值迅速攀升,如工况 ZJ-2 中掌子面分别施工至目标断面 1、目标断面 2 和目标断面 3 时,已建隧道管片环最大和最小主应力分别为 0.1 MPa、1.12 MPa、1.85 MPa 和 2.13 kPa、19.90 kPa、23.81 kPa,新建隧道下穿施工所引起的已建管片环最大和最小主应力增幅分别达 10.2 倍和 8.34 倍;随着下穿施工的完成和掌子面的逐渐远离,施工扰动围岩次固结沉降也将导致已建隧道管片环内力发生较大增长,如计算得该工况下的管片环最大和最小主应力增长幅度分别达 65% 和 20%。

新建盾构隧道正交下穿施工所引起的已建隧道管片环 Von Mises 应力随各影响因素的不同而存在一定差异,如计算得各工况中掌子面分别施工至目标断面 2 和目标断面 3 时的已建隧道管片环最大 Von Mises 应力之比 ZJ-1:ZJ-2:ZJ-3:ZJ-4:ZJ-5 分别为 1.02:1:1.82:0.91:0.98 和 0.96:1:1.53:0.89:0.97。分析量值比较可以看出,隧道净距是制约新建隧道施工对已建隧道结构内力产生影响的最主要因素,如将隧道净距由 2D 减为 1D 后,管片环 Von Mises 应力将增大约 53%~82%。

由表 8.6 计算结果可以看出，各工况下新建隧道正交下穿施工所引起的管片环总位移分布变化规律与注浆环相似，即随着掌子面与已建隧道相对位置关系的不同，已建隧道管片环总位移分布与变化存在较大差异，如目标断面 1 处已建隧道管片环最大总位移主要位于邻近掌子面侧拱腰；随着掌子面前行对已建隧道底部土体扰动的加剧，空间正交点附近已建隧道中央形成较明显沉降，位移最大点逐渐向拱底转移；新建隧道贯通，扰动土体后续沉降带动的已建隧道沉降量不断增大，结构最大位移位于已建管片环拱底。

表 8.5 各目标断面已建隧道管片环 Von Mises 应力场分布（单位：Pa）

工况	目标断面 1	目标断面 2	目标断面 3
ZJ-1			
ZJ-2			
ZJ-3			
ZJ-4			
ZJ-5			

新建盾构隧道正交下穿施工对已建隧道总位移的影响与正交点和掌子面距离、围岩条件、顶推力、隧道净距和埋深等因素密切相关，计算得各工况下掌子面分别顶推至目标断面 1、目标断面 2 和目标断面 3 时已建隧道的最大总位移量比分别为 2.67∶1∶0.79∶0.44∶0.72 和 2.03∶1∶1.09∶0.79∶0.90 及 1.93∶1∶1.06∶0.83∶0.95。根据上述比值可以看出，围岩

条件是制约已建隧道管片环总位移量的最主要因素，围岩条件降低，已建隧道总位移将大幅度增加。另外，隧道埋深、净距和顶推力等因素的变化也将在一定程度上对管片环总位移产生影响，且该影响主要集中于下穿施工阶段（即目标断面2），随着新建隧道正交下穿施工的结束，结构位移趋于稳定且较少因为各影响因素的改变而产生变化。

表8.6　各目标断面已建隧道管片环总位移场分布（单位：m）

工况	目标断面1	目标断面2	目标断面3
ZJ-1	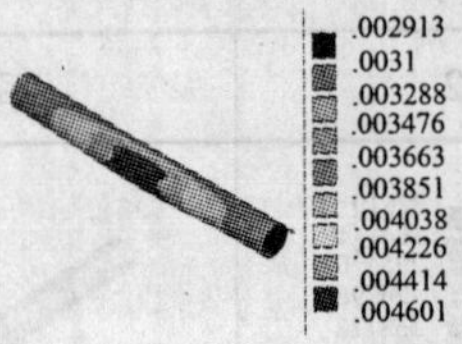 .002913 .0031 .003288 .003476 .003663 .003851 .004038 .004226 .004414 .004601	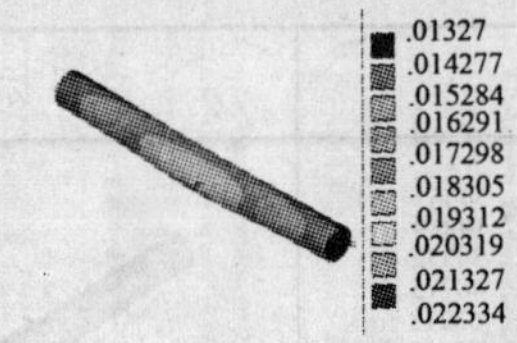 .01327 .014277 .015284 .016291 .017298 .018305 .019312 .020319 .021327 .022334	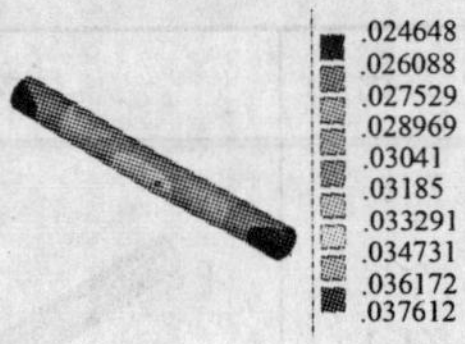 .024648 .026088 .027529 .028969 .03041 .03185 .033291 .034731 .036172 .037612
ZJ-2	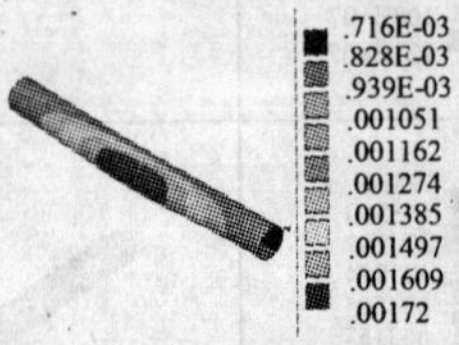 .716E-03 .828E-03 .939E-03 .001051 .001162 .001274 .001385 .001497 .001609 .00172	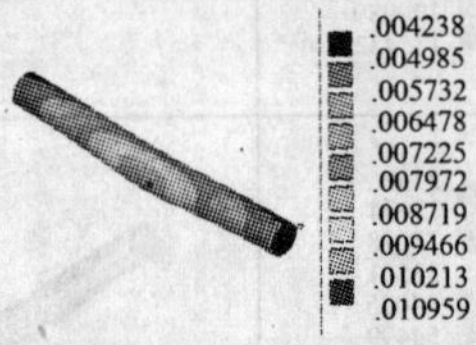 .004238 .004985 .005732 .006478 .007225 .007972 .008719 .009466 .010213 .010959	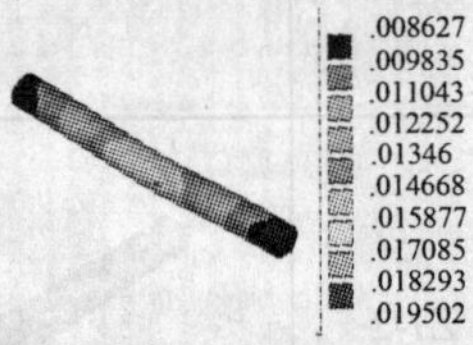 .008627 .009835 .011043 .012252 .01346 .014668 .015877 .017085 .018293 .019502
ZJ-3	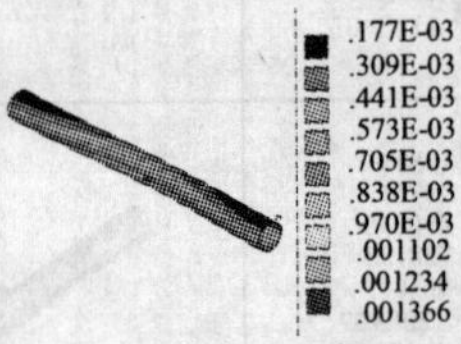 .177E-03 .309E-03 .441E-03 .573E-03 .705E-03 .838E-03 .970E-03 .001102 .001234 .001366	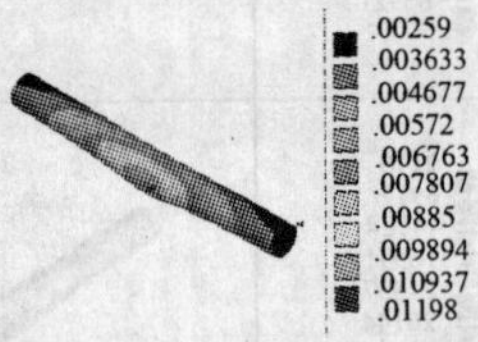 .00259 .003633 .004677 .00572 .006763 .007807 .00885 .009894 .010937 .01198	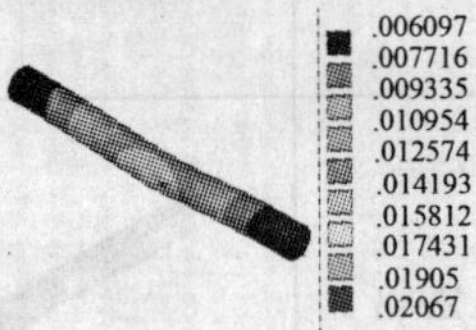 .006097 .007716 .009335 .010954 .012574 .014193 .015812 .017431 .01905 .02067
ZJ-4	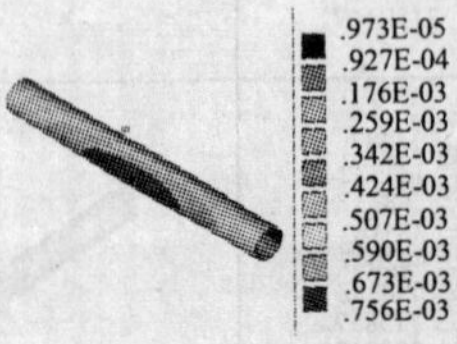 .973E-05 .927E-04 .176E-03 .259E-03 .342E-03 .424E-03 .507E-03 .590E-03 .673E-03 .756E-03	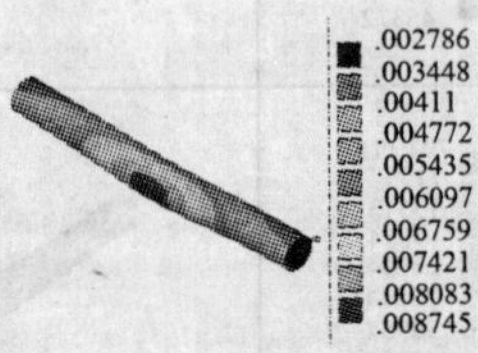 .002786 .003448 .00411 .004772 .005435 .006097 .006759 .007421 .008083 .008745	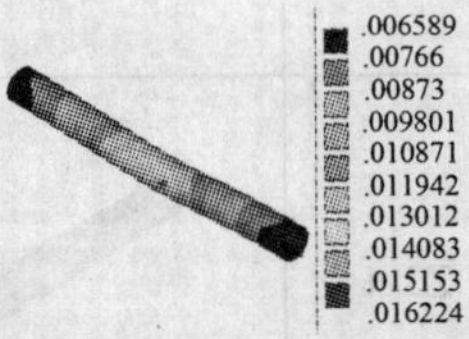 .006589 .00766 .00873 .009801 .010871 .011942 .013012 .014083 .015153 .016224
ZJ-5	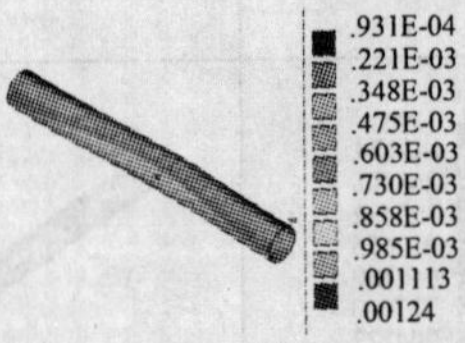 .931E-04 .221E-03 .348E-03 .475E-03 .603E-03 .730E-03 .858E-03 .985E-03 .001113 .00124	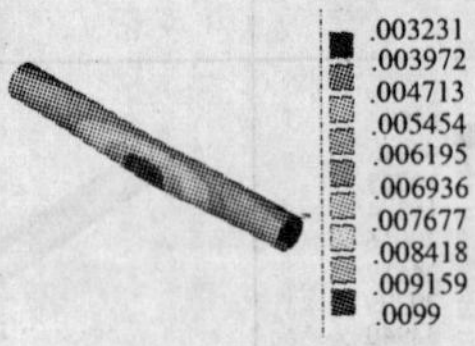 .003231 .003972 .004713 .005454 .006195 .006936 .007677 .008418 .009159 .0099	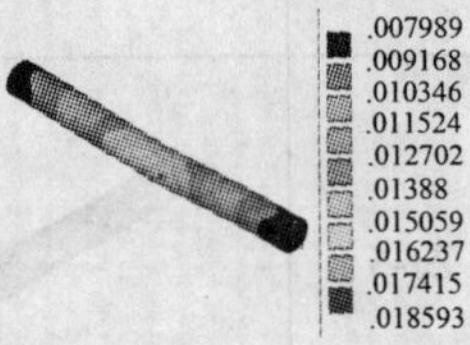 .007989 .009168 .010346 .011524 .012702 .01388 .015059 .016237 .017415 .018593

点绘工况ZJ-2至ZJ-5及工况ZJ-1新建隧道施工过程中已建隧道拱顶、拱腰和拱底的水平和铅直位移沿隧道纵向的分布变化规律分别如图8.10、图8.11和图8.12所示，列举计算所得掌子面顶推至不同目标断面时的已建隧道最大水平和铅直位移量如表8.7所示，表中首先根据新建隧道施工引起的该断面处A和C点水平位移差对已建管片环水平变形进行判断，随后根据B和D点竖向位移差进行铅直方向变形判断，最后根据水平和铅直方向位移差绝对

值比较对已建隧道管片环整体变形进行判断。研究结果表明，在不同因素影响下，新建隧道正交下穿施工所引起的已建隧道铅直方向变位几乎均大于水平方向的变位。下面将对各新建隧道施工阶段对已有隧道的影响进行详细论述。

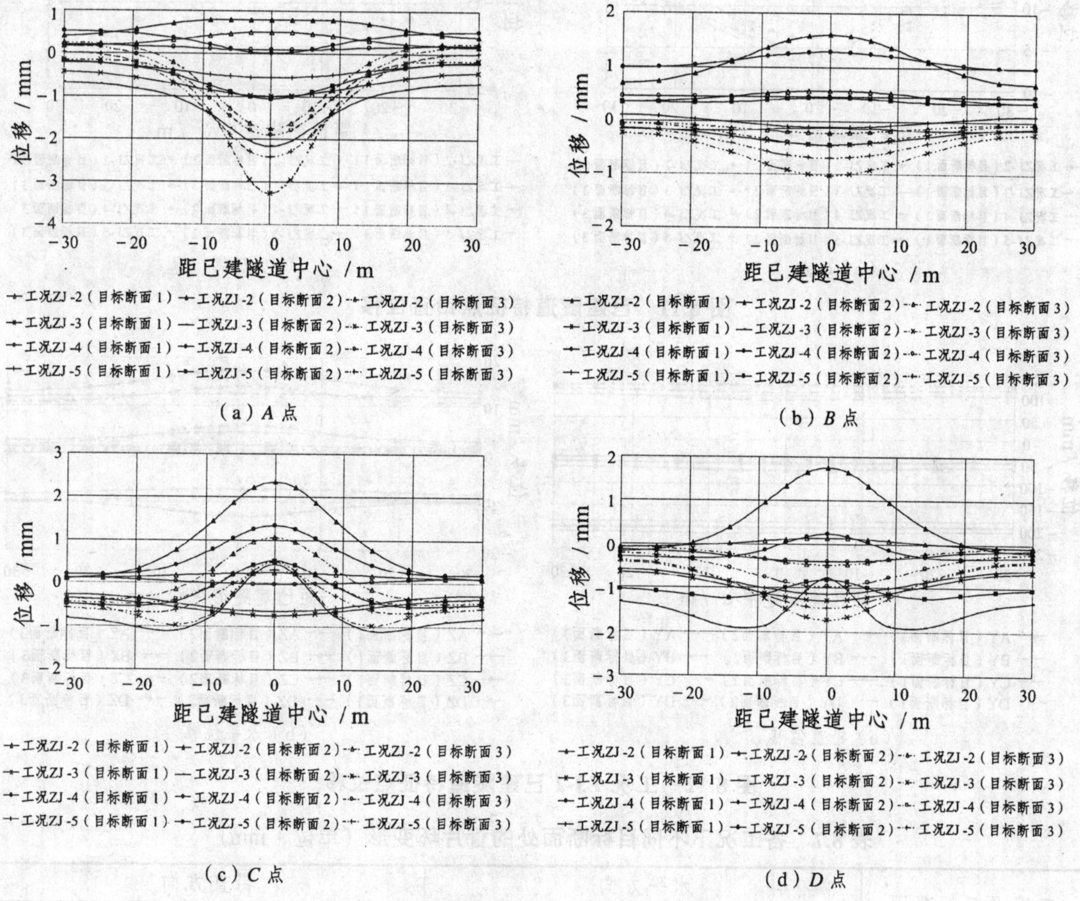

(a) A 点

(b) B 点

(c) C 点

(d) D 点

图 8.10 已建隧道特征点沿顶推方向水平位移

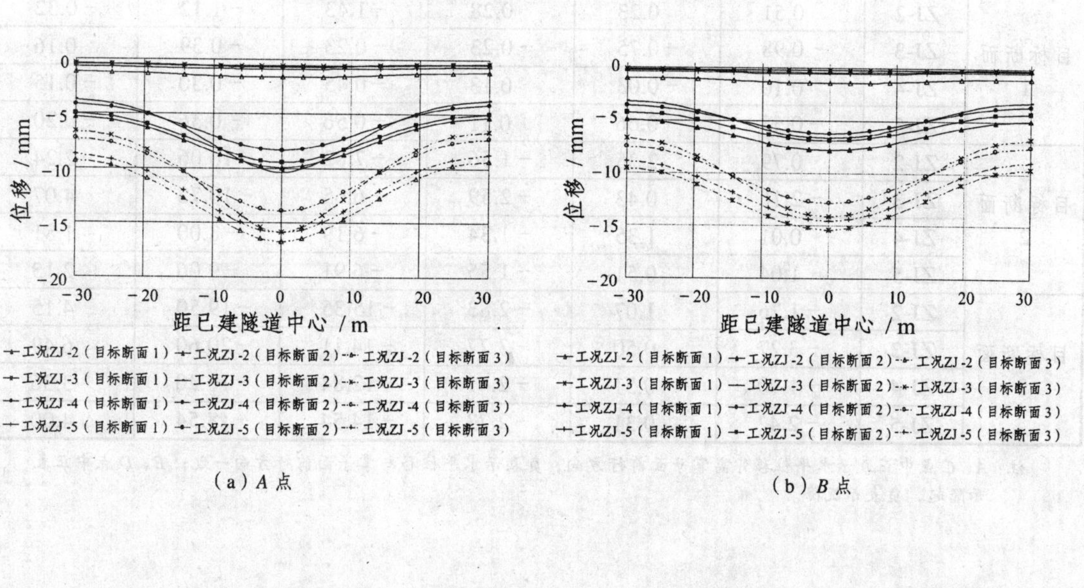

(a) A 点

(b) B 点

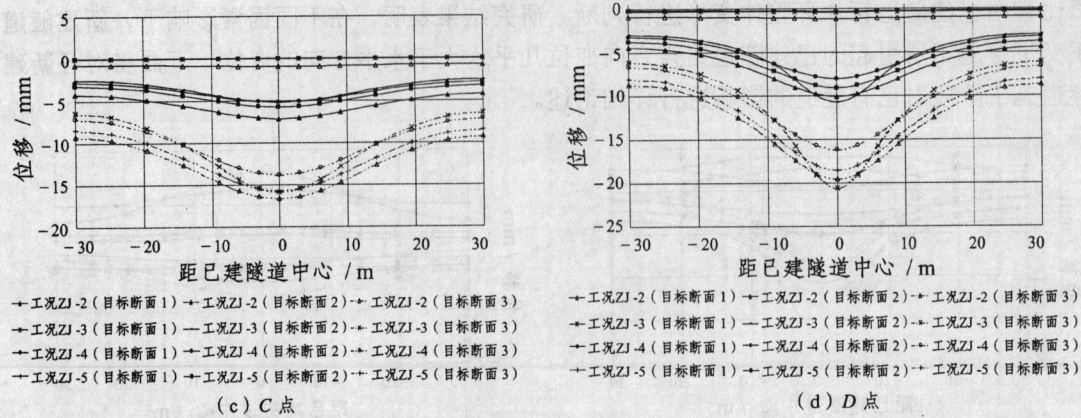

(c) C 点　　　　　　　　　　　　　　(d) D 点

图 8.11　已建隧道特征点铅直位移

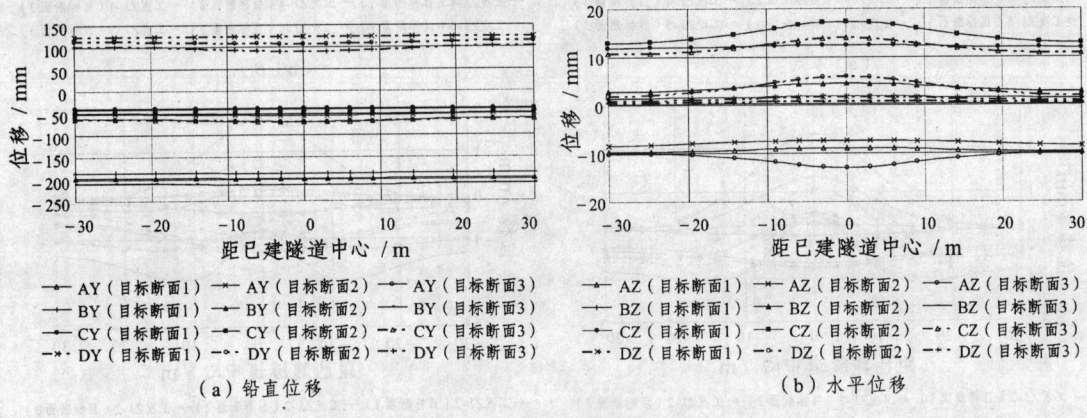

(a) 铅直位移　　　　　　　　　　　　(b) 水平位移

图 8.12　工况 ZJ-1 已建隧道特征点位移

表 8.7　各工况下不同目标断面处的管片环变形（单位：mm）

工况及目标断面		水平方向			铅直方向		
		A	C	变形量	B	D	变形量
目标断面 1	ZJ-2	0.51	0.23	0.28	-1.43	-1.12	-0.32
	ZJ-3	-0.98	-0.75	-0.23	-0.23	-0.39	0.16
	ZJ-4	0.10	-0.03	0.13	-0.45	-0.30	-0.15
	ZJ-5	-0.55	-0.66	0.11	-0.56	-0.36	-0.20
目标断面 2	ZJ-2	0.79	2.35	-1.56	-7.82	-10.06	2.24
	ZJ-3	-2.16	0.43	-2.59	-6.65	-10.72	4.07
	ZJ-4	0.01	1.35	-1.34	-6.19	-8.00	1.81
	ZJ-5	-1.04	0.51	-1.55	-6.91	-9.06	2.15
目标断面 3	ZJ-2	-1.76	1.07	-2.83	-15.35	-19.50	4.15
	ZJ-3	-3.27	0.50	-3.77	-14.11	-20.60	6.49
	ZJ-4	-1.90	0.51	-2.41	-12.84	-16.20	3.36
	ZJ-5	-2.42	0.31	-2.73	-14.54	-18.54	4.00

注：A、C 点中正表示水平位移背离掌子面前行方向，负表示水平位移与掌子面前行方向一致；B、D 点中正表示隆起，负表示沉降。

由研究成果不难看出，就铅直位移而言，新建隧道施工所引起的已建隧道拱顶 B 点、拱底 D 点和靠近掌子面拱腰 A 点处位移主要以沉降为主，而背离掌子面关键点 C 铅直位移根据各影响因素的不同在目标断面1处略有隆起，但该隆起量较小，随后下沉；且沉降量较大，各点水平位移则根据影响因素的不同呈不同变化趋势。

计算得工况 ZJ-2 新建隧道施工至目标断面1时已建隧道中央截面各关键点水平和铅直位移分别为 0.51 mm、0.57 mm、0.23 mm、0.15 mm 和 −1.64 mm、−1.43 mm、−0.91 mm、−1.12 mm，拱腰2关键点的水平和铅直位移差分别为 0.28 mm 和 0.73 mm，而拱顶和拱底2关键点的水平和铅直位移差分别为 0.42 mm 和 0.31 mm，结构整体沉降量较小。受顶推力带动土体剪切力影响，两侧拱腰呈不均匀沉降，且拱顶和拱底水平位移存在一定差异，即管片环沿已建隧道纵向扭曲变形而环向外扩，此时各关键点水平位移量均较小，拱顶、拱底铅直位移成为制约结构变形的主要因素。

新建隧道正交下穿施工将引起已建隧道各关键点沉降量的大幅增加且将在一定程度上影响着已建隧道管片环的整环变形，受管片结构和围岩土体应力调整的影响，各关键点水平位移逐渐增大。计算得工况 ZJ-2 目标断面2处各点水平变位和铅直沉降量分别为 0.79 mm、1.61 mm、2.35 mm、1.74 mm 和 −9.94 mm、−7.82 mm、−7.12 mm、−10.06 mm，管片环呈整体下沉趋势，2拱腰关键点的水平和铅直位移差分别达 1.56 mm 和 2.82 mm，拱顶和拱底2关键点的水平和铅直位移差分别达 0.13 mm 和 2.24 mm，管片环扭曲变形加剧，两侧拱腰水平位移差和拱顶与拱底铅直位移差制约着管片环的最终变形。

随着正交下穿施工的完成和掌子面的逐渐远离，新建隧道施工影响逐渐消散。伴随着扰动围岩土体次固结的发生和围岩应力的不断调整，已建隧道将产生较大的后期沉降，且两侧拱腰不均匀沉降差逐渐减小，管片环扭曲变形相应缓解。计算得目标断面3处的各关键点水平位移和铅直沉降量分别为 1.76 mm、0.23 mm、1.07 mm、0.48 mm 和 −16.67 mm、−15.35 mm、−16.63 mm、−19.50 mm，2拱腰关键点的水平和铅直位移差分别为 −2.83 mm 和 0.04 mm，拱顶和拱腰关键点的水平和铅直位移差达 0.25 mm 和 4.15 mm，管片环扭曲变形逐渐消失。

在不同影响因素作用下的已建隧道管片环变形并非完全遵循上述规律，如工况 ZJ-3 目标断面1处管片环的水平位移量即大于铅直变位量。

根据研究成果绘制工况 ZJ-2 掌子面分别施工至目标断面1、目标断面2和目标断面3时的已建隧道中央管片环变形如图 8.13 所示。

对比各目标断面处的已建隧道拱底最大沉降（隆起）量及已建隧道管片环变形可以看出，围岩条件是制约正交隧道施工影响的最主要因素，围岩条件的降低将导致已建隧道沉降量大幅度增加，从而在一定程度上决定着工程建设的成败；净距减小，埋深和顶推力增加都将导致上部已建正交隧道施工沉降量的减小，有利于结构稳定性和长期安全性。

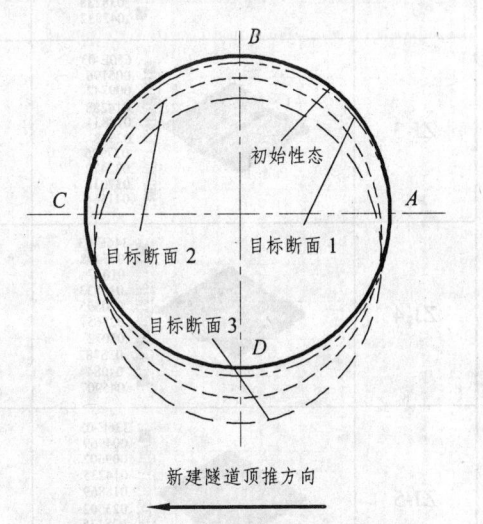

图 8.13 ZJ-2 已建隧道管片环变形

(四)地表沉隆变位

计算得新建盾构隧道分别完成了第 4 环、第 8 环管片拼装和隧道全长贯通时,在不同影响因素作用下的地表位移分布变化规律如表 8.8 所示。计算得在不同影响因素作用下新建隧道施工对已建隧道地表横向沉降曲线的分布影响和变化规律如图 8.14 所示。由研究结果可以看出,两隧道空间正交施工后的地表最大沉降量仍位于已建隧道纵轴中心线正上方,而随着新建隧道的正交下穿施工,已有地表对称横向沉降槽将逐渐产生倾斜,已有沉降槽在新建隧道已拼装完成管片侧附近地表沉降量增加,而掌子面前方(已有沉降槽另一侧)沉隆变位较小。地表沉降槽不对称变形是由于新建隧道施工所引起的地表纵向沉隆曲线和已有地表横向沉降曲线的叠加效应;随着掌子面向空间正交点的逼近,新建隧道施工对已有横向沉降槽的影响逐渐增大,横向沉降槽不对称变形加剧且该不对称沉降量在两隧道的空间正交点附近达到最大;下穿施工完成,掌子面逐渐远离已有隧道,地层次固结后续沉降量和纵向沉隆曲线的向前推移,已有不对称横向沉降槽另一侧沉降量逐渐加大,沉降差异逐渐减小并渐趋对称。

表 8.8 各目标断面地表沉隆变位分布(单位:m)

工况	目标断面 1	目标断面 2	目标断面 3
ZJ-1	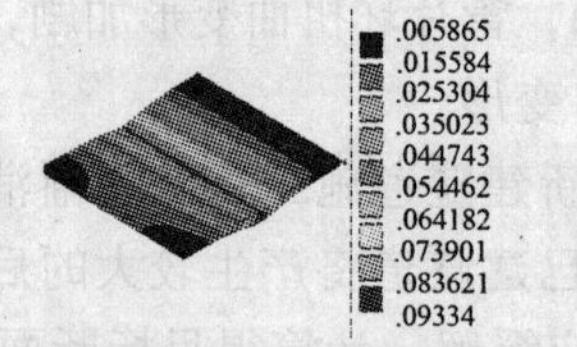	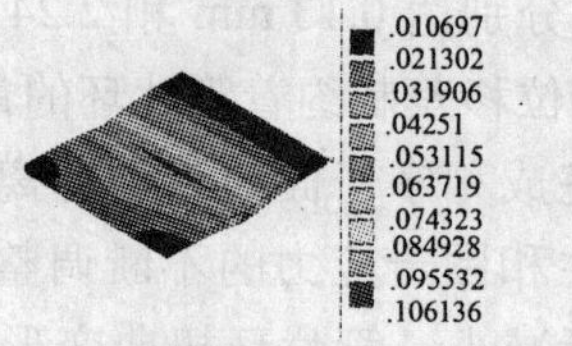	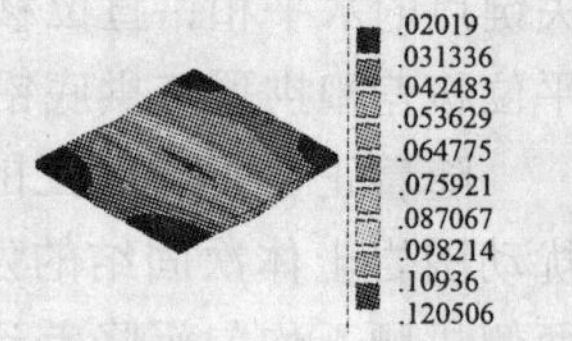
ZJ-2			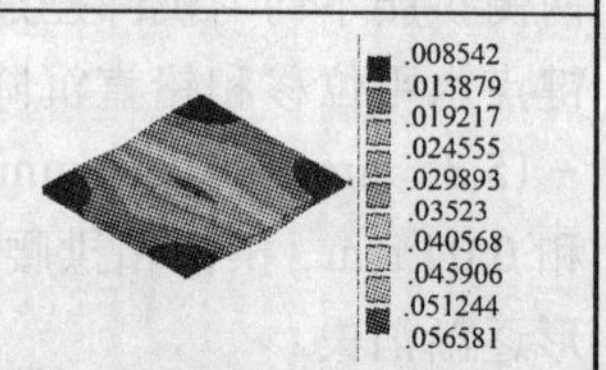
ZJ-3			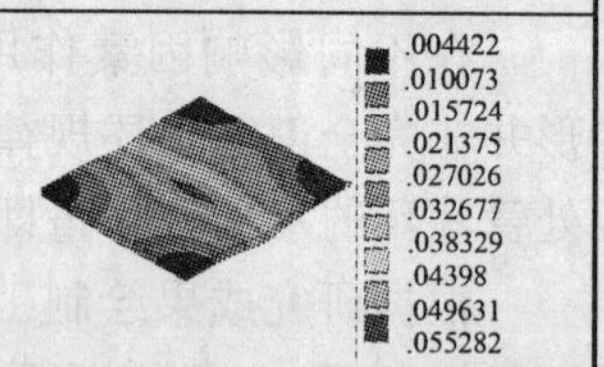
ZJ-4			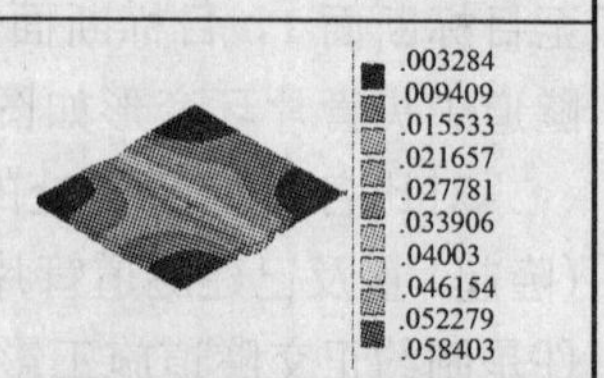
ZJ-5			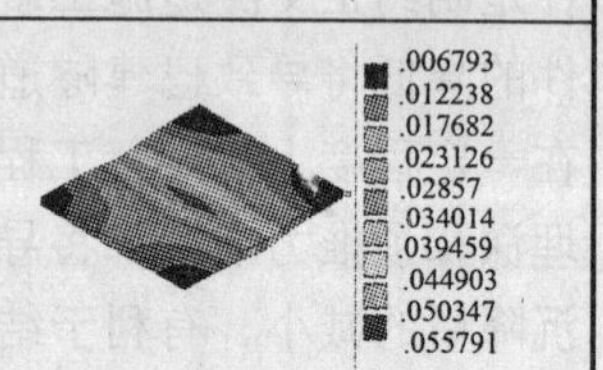

以工况 ZJ-2 为例，选用位于新建隧道纵轴中心线正上方的 a、c 点为研究对象，其中 a 点和 c 点分别距离两隧道空间正交点 33 m 和 18 m，各点关于已建隧道纵轴中心线的对称点分别为 b、d（各不均匀沉降考察点见图 8.15），列举计算所得不同目标断面处的各考察

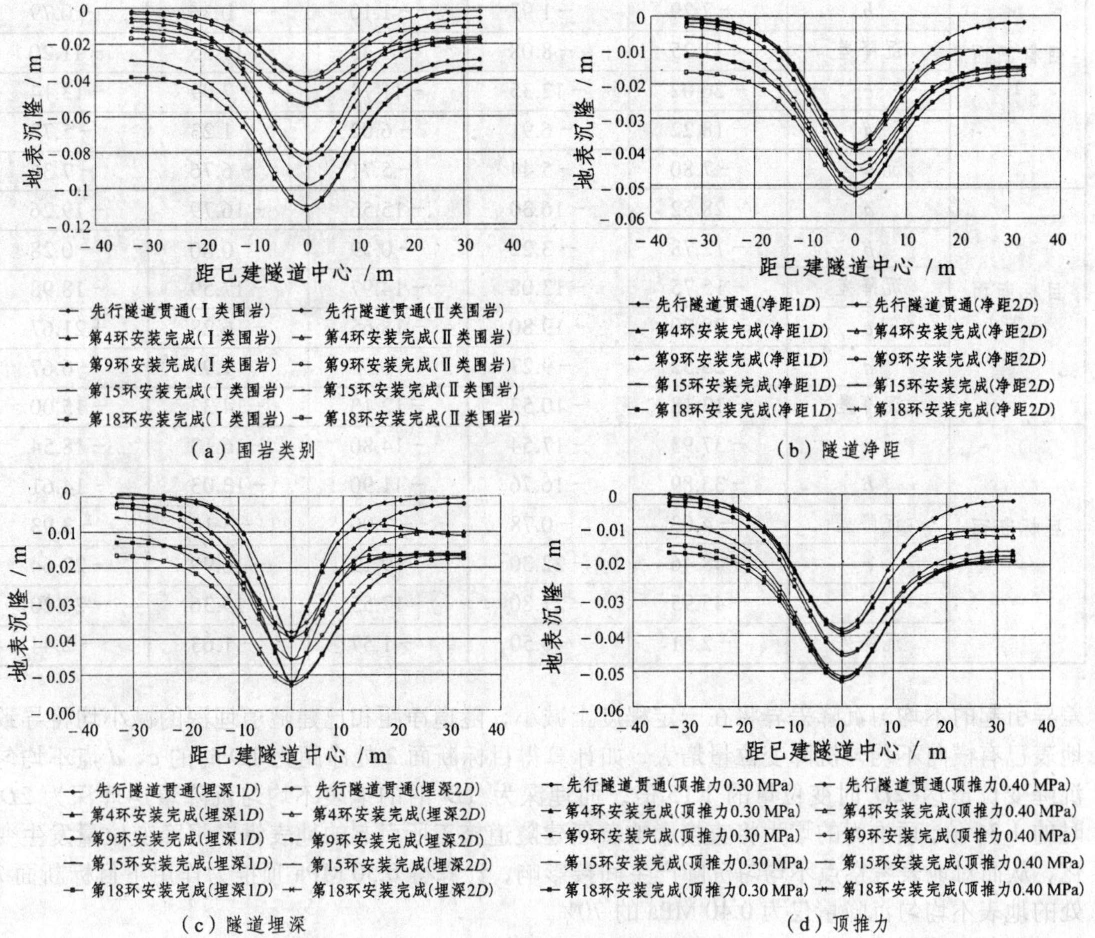

图 8.14 已建隧道地表横向沉降曲线

点沉降量及相应不对称沉降差如表 8.9 所示，通过对比分析随新建隧道施工进程的 a-b、c-d 沉降量差值变化，即可更加清晰地看出新建隧道正交下穿施工对已有地表横向沉降槽的"对称—不对称—对称"变形影响规律。

分析不同影响因素发生变化时的地表横向沉降槽不均匀沉降变位可以看出：围岩条件降低，新建隧道施工对地表横向沉降槽不均匀沉降影响增大，如计算得各目标断面 c、d 点处的Ⅱ类围岩不均匀沉降量仅为Ⅰ类围岩的 69%、80% 和 20%，由此也可以看出，随着掌子面的临近，围岩类别

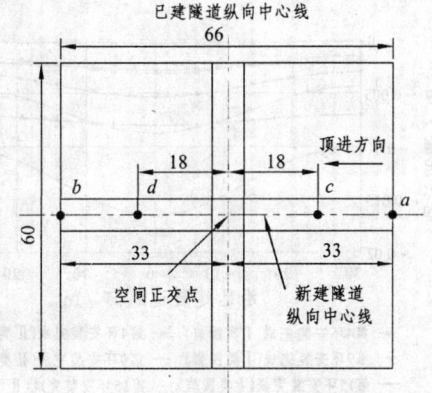

图 8.15 横向沉降槽不均匀沉降考察点

表 8.9　各考察点沉降位移及不均匀沉降量（单位：mm）

考察点位置		ZJ-1	ZJ-2	ZJ-3	ZJ-4	ZJ-5
目标断面 1	a	-18.53	-10.05	-10.49	-10.99	-12.00
	b	-7.29	-1.97	-1.10	0.36	-0.79
	沉降差	-11.25	-8.08	-9.40	-11.35	-11.20
	c	-26.02	-12.35	-11.73	-7.99	-13.14
	d	-18.22	-6.91	-6.02	-1.23	-5.78
	沉降差	-7.80	-5.44	-5.71	-6.76	-7.36
目标断面 2	a	-28.52	-16.30	-15.56	-16.79	-19.26
	b	-12.78	-3.22	-0.59	0.80	-0.28
	沉降差	-15.75	-13.08	-14.97	-17.59	-18.98
	c	-38.70	-19.80	-18.65	-16.28	-21.67
	d	-25.52	-9.27	-6.52	-1.95	-6.67
	沉降差	-13.18	-10.53	-12.13	-14.33	-15.00
目标断面 3	a	-37.93	-17.54	-14.80	-16.13	-18.54
	b	-33.89	-16.76	-11.90	-13.03	-14.61
	沉降差	-4.03	-0.78	-2.90	-3.10	-3.93
	c	-48.46	-22.30	-19.12	-16.99	-22.64
	d	-45.95	-21.80	-17.55	-15.36	-20.20
	沉降差	-2.51	-0.50	-1.57	-1.63	-2.44

差异引起的不均匀沉降差异将在一定程度上减小；隧道净距和已建隧道埋深的减小均将导致地表已有横向不均匀沉降变位量增大，如计算得目标断面 2 处净距为 $1D$ 时的 c、d 点不均匀沉降变位量达 $2D$ 时变位量的 1.15 倍，而埋深为 $1D$ 时的地表不均匀沉降量达埋深为 $2D$ 时的 1.36 倍；顶推力的增大将直接影响着新建隧道施工所引起的地表纵向沉隆变位量发生变化，从而对地表考察点不均匀沉降产生间接影响，计算得 0.30 MPa 顶推力作用下目标断面 2 处的地表不均匀沉降量仅为 0.40 MPa 的 70%。

绘制新建隧道施工所引起目标断面 1 和目标断面 2 处地表纵向沉隆变位曲线（即新建隧道的横向沉降曲线）分布及变化规律分别如图 8.16 和图 8.17 所示。由研究成果可以看出，

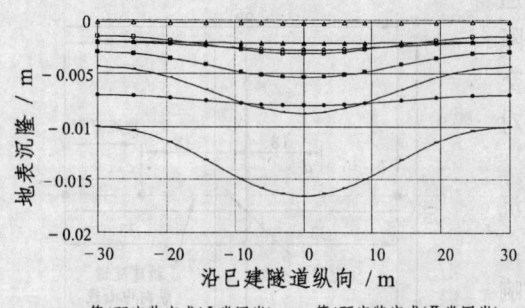

(a) 围岩类别

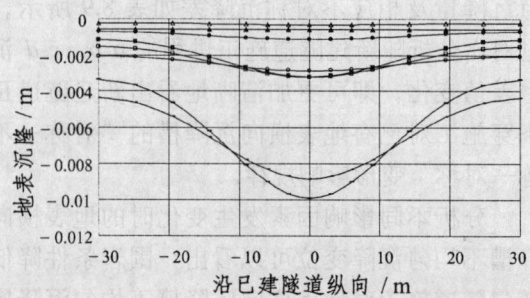

(b) 隧道净距

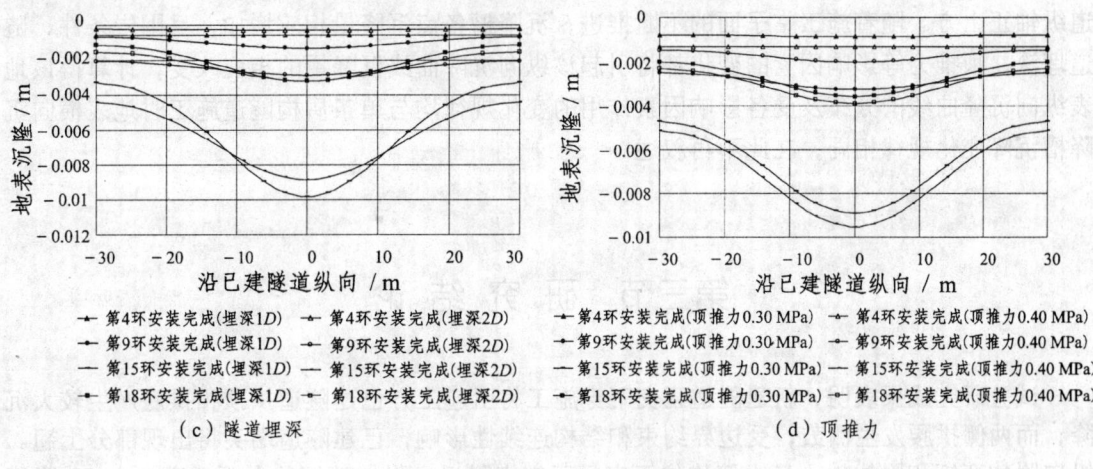

(c) 隧道埋深　　　　　　　　　　　(d) 顶推力

图 8.16　目标断面 1 地表纵向沉隆曲线

(a) 围岩类别　　　　　　　　　　　(b) 隧道净距

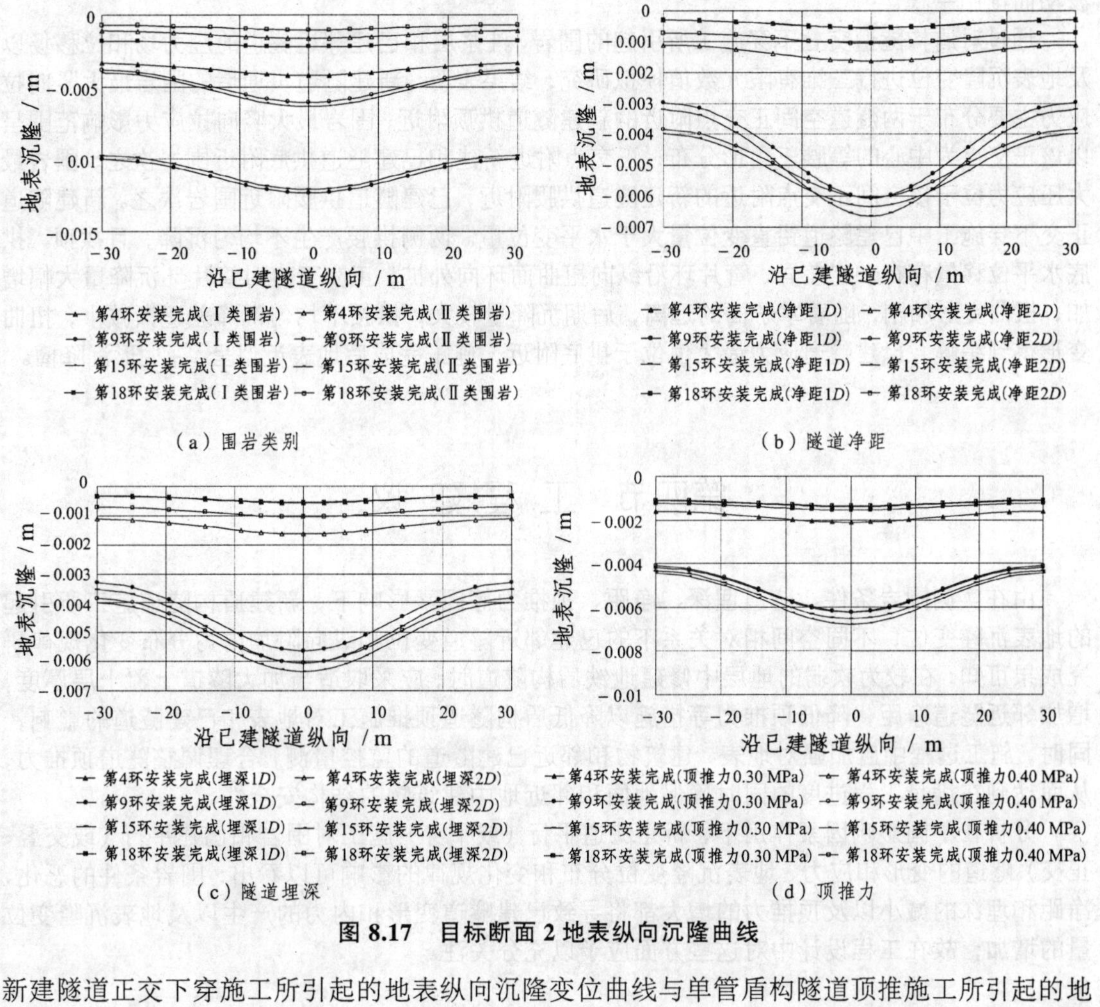

(c) 隧道埋深　　　　　　　　　　　(d) 顶推力

图 8.17　目标断面 2 地表纵向沉隆曲线

新建隧道正交下穿施工所引起的地表纵向沉隆变位曲线与单管盾构隧道顶推施工所引起的地表横向沉降曲线变化规律相似，即沿已建隧道纵向形成单一沉降槽，沉降最大值位于新建隧道纵轴正上方。随着施工掌子面的不断推进，沉降槽各点沉降量相应增加，且围岩条件、隧道埋深、顶推力等影响因素的变化都将引起该纵向沉降曲线沉降量的相应改变，计算得该地表纵向沉隆曲线的分布及受各影响因素作用的变化规律均与单条盾构隧道施工时地表横向沉降槽沉降变化规律相同，在此不再叙述。

第三节 研究结论

试验研究成果表明，新建隧道正交下穿施工将引起上方已建隧道拱顶和拱底产生较大沉降，而两侧拱腰发生侧鼓，受边界约束和结构连续性影响，已建隧道端头将出现部分上翘。纵向附加弯矩和附加轴力最大值均位于空间正交点附近。附加弯矩约在距隧道中心 $3D$ 附近产生反弯并在约 $4D$ 附近达到稳定；附加轴力约在距该正交点约 $1D$ 附近达到最小，随后略有波动而渐趋平稳。

通过对盾构隧道交叠下穿施工所引起的围岩、注浆层和已建邻近隧道的应力场和位移场以及地表沉隆变位进行三维有限元数值模拟研究，结果表明：新建隧道贯通后的围岩最大竖向拉应力主要分布于两隧道空间正交点附近的新建隧道拱顶附近，围岩最大竖向拉应力影响范围呈以该正交点为中心的等腰三角形分布，正交点附近新建和已建隧道拱底附近围岩次之；围岩最大压应力位于该空间正交点附近的新建隧道拱腰附近，已建隧道拱腰附近围岩次之。新建隧道正交下穿施工中已建隧道铅直变位量大于水平变位量。两侧拱腰产生不均匀沉降，且拱顶、拱底水平位移量存在一定差异，管片环沿纵向扭曲而环向外扩；正交下穿时管片环沉降量大幅增加，扭曲变形加剧；随着掌子面的远离，后期沉降量较大，拱腰不均匀沉降差逐渐减小，扭曲变形得到缓解。已建隧道应力最大值位于拱底附近，施工完成后地表近似呈"+"形沉降槽。

第四节 工程建议

由在实测围岩条件、隧道埋深、净距、顶推力等因素影响下，新建盾构隧道施工所引起的地表沉隆变位，不同空间相对关系下的已建邻近隧道变位和纵向附加内力分布变化规律研究成果可知：在较为软弱的地层中修建地铁盾构隧道时，应采取适当加大隧道上覆土层厚度，增加邻近隧道净距，降低顶推力等措施以降低盾构隧道顶推施工对地表和已建隧道的影响，同时，施工过程中应加强对地表、建筑物和邻近已建隧道的监控量测，合理调整隧道顶推力，从而达到在满足工程进度的同时确保地面和邻近地中建筑物的结构安全性。

分析在不同影响因素作用下，新建隧道平行（或下穿）施工对围岩和已建平行（或交叠、正交）隧道的变形和应力、地表沉隆变位分布和变化规律的影响可以看出：围岩条件的恶化、净距和埋深的减小以及顶推力的增大都将导致已建隧道变形和内力的产生以及地表沉隆变位量的增加，故在工程设计中对这些方面应予以充分关注。

参 考 文 献

[1] 刘建航，侯学渊. 盾构法隧道[M]. 北京：中国铁道出版社，1991
[2] 施仲衡，张弥. 地下铁道设计与施工[M]. 西安：陕西科学技术出版社，1997
[3] 张凤祥，朱合华，傅德明. 盾构隧道[M]. 北京：人民交通出版社，2004
[4] Hewet B M. Shield and Compressed Air Tunnelling. Mc Graw-Hill Book Company[M], Inc N Y, 1992
[5] Schmidt B. Tunnel Lining Design-Do the Theories Work [J]. Proceedings of Australia-New Zealand Geomechanics Conference, Perth, Australian, May, 1984
[6] 高渠清. 论地下结构物计算理论的演变及研究方向（刘启山）[C]. 高渠清隧道及地下工程论文集. 北京：中国铁道出版社，1996
[7] 关宝树. 隧道力学概论[M]. 成都：西南交通大学出版社，1993
[8] Bull A. Stress in the Linings of Shield-Driven Tunnels Trans [J]. ASCE, Nov, 1994
[9] Engelbreth K. Tunnel Stress Analysis[J]. Geotechnique, No. 3, 1961
[10] 刘铁雄译. 日本隧道标准规范（盾构篇）及解释[M]. 成都：西南交通大学出版社，1993
[11] Morgan H D A. Contribution to the Analysis of Stress in an Circular Tunnel[J]. Geotechnique, Vol. 11, No. 1, March, 1961
[12] [美]奥罗克 T D主编. 隧道衬砌设计指南[M]. 北京：中国铁道出版社，1987
[13] 久保，结城. シールドセグメントの応力に対する接头刚性の影响[J]. 土木学会论文报告集，No.150, 1986
[14] Peck R B. State of the Art of Soft Ground Tunnelling[C]. Proceedings of Rapid Excavation and Tunnelling Conference, Chicago, Vol. 1, 1972
[15] Dar S M. Stress Analysis of Hollow Cylindrical Inclusions[J]. Journal of Geotechnical Engineering Division. ASCE, Vol. 100, No. GT2, Feb, 1974
[16] Muir Wood A M. The Circular Tunnel in Elastic Ground[J]. Geotechnique, Vol. 25, No. 1, 1975
[17] Curtis, D, J. Discussing of Muir Wood A M. The Circular Tunnel in Elastic Ground[J]. Geotechnique, Vol. 26, No. 2, Jun, 1976
[18] 村上博智，小泉淳. シールドセグメントリングの耐荷机构について[J]. 土木学会论文报告集，No.150：103~115，1978
[19] 小泉淳，村上博智著. 椭圆形盾构隧道的解析法研究[J]. 宋振熊译. 隧道译丛，1992（9）：12~17
[20] 侯学渊. 地下圆形结构弹塑性理论[J]. 同济大学学报，1982（4）：50~61
[21] 半谷. 二次衬砌を有するシールドトンネル覆工の力学的特性に关する研究[R]. 铁道技术研究所报告，No.1303，1985
[22] 陆同寿，崔铁军. 圆形隧道接头刚度模型试验与研究[J]. 隧道及地下工程，1987（4）：21~23
[23] 姜爱华. 延安东路越江隧道管片的顶力试验及其结论[J]. 隧道与地下工程，1988（1）：17~23
[24] 周俊英. 装配式圆形衬砌计算浅论[J]. 地下工程与隧道，1988（4）：2~6

[25] 崛地纪行. トンネル軸方向の剛性を考慮したセグメントリングの解析法[J]. トンネルと地下, 1989（20）：287～292

[26] 姜启元, 虞国桢. 考虑圆环接缝刚度的圆环静动力有限元分析（圆环内力分析之一）[J]. 地下工程与隧道, 1989（1）：5～9

[27] 姜启元. 软土隧道圆形衬砌土压力反分析的应用[J]. 地下工程与隧道, 1990（1）：7～14

[28] Teodor Iftimie. Prefabricated Lining Design Conceptional Analysis and Comparative Studies for Optimal Solution[J]. Tunnelling and Ground Condition, Abdel Salam（ed.）, 1994

[29] 金康宁. 隧（管）道结构不同计算模型分析比较[J]. 工程力学, 1997（增刊）：526～529

[30] 金康宁. 文克尔地基上的圆弧曲梁单元[J]. 武汉建材学院院报, 1985（2）：21～27

[31] 金康宁. 同时考虑切、法向抗力的弹性地基圆拱单元[J]. 工程力学, 1986（3）：56～62

[32] 周小文, 濮家骝, 包承纲. 盾构隧道衬砌土压力确定方法[J]. 工程力学, 1997（增刊）：366～371

[33] 朱合华, 杨林德, 桥本正. 盾构隧道管片接头衬砌系统的两种受力设计模型[J]. 工程力学, 1996（增刊）：395～399

[34] 朱合华, 崔茂玉, 杨金松. 盾构衬砌管片的设计模型与荷载分布的研究[J]. 岩土工程学报, 2000（3）：190～194

[35] Hashimoto T, Zhu H H, Nagaya J A. New model for simulating the behavior of segment in shield tunnel[C]. Proc of the 49th Annual Conference of the Japan Society for Civil Engineering, Sep, 1994：626

[36] Murakami H, Koizumi A. Study on load bearing capacity and mechanical of shield segment in Japan[C]. Proc for 5th Japan Society for Civil Engineers, 1978（4）：103～115

[37] 张厚美, 车法星, 夏明耀. 盾构隧洞双层衬砌接头荷载试验研究[J]. 同济大学学报, 2001（7）：779～783

[38] 张厚美, 傅德明, 过迟. 盾构隧道管片接头荷载试验研究[J]. 现代隧道技术, 2002（6）：28～33

[39] 张厚美, 叶均良, 过迟. 盾构隧道管片接头抗弯刚度的经验公式[J]. 现代隧道技术, 2002（2）：12～16

[40] 张厚美, 过迟, 傅德明. 圆形隧道装配式衬砌接头刚度模型研究[J]. 岩土工程学报, 2000（5）：309～313

[41] 章青. 盾构式输水隧洞的计算模型及其工程应用[J]. 水利学报, 1999（2）：19～22

[42] 章青, 卓家寿, 曾三平. 南水北调穿黄隧道的非线性分析[J]. 河海大学学报, 1998（7）：35～39

[43] 黄钟晖, 廖少明, 刘国彬. 管片厚度对隧道受力及使用性能的影响[J]. 建筑技术, 31（7）：471～472

[44] 黄钟晖, 廖少明, 刘国彬, 侯学渊. 软土盾构法隧道管片接头位置的优化研究[J]. 地下空间, 2000（12）：268～275

[45] 黄钟晖, 廖少明, 刘国彬. 上海软土盾构法隧道管片厚度的优化[J]. 岩土力学, 2000（12）：326～330

[46] 何英杰, 张述琴, 吕国梁. 穿黄隧道内外衬联合受力结构模型试验研究[J]. 长江科学院院报, 2002（9）：64～67

[47] 何英杰, 袁江. 影响盾构隧道衬砌接头刚度的因素[J]. 长江科学院院报, 2001（2）：20～26

[48] 何英杰, 周晓雁. 盾构隧道衬砌连接螺栓变形的影响因素分析[J]. 长江科学院院报, 2002（9）：57～60

[49] 赵国旭,何川.盾构隧道通用管片设计及应用[J].铁道建筑技术,2003(2):5~8

[50] 赵国旭,何川.隧道管片设计优化分析[J].中国铁道科学,2003(12):61~66

[51] 赵国旭,何川.盾构隧道管片设计的主要影响因素分析[J].铁道建筑,2003(12):25~29

[52] 林刚,何川.盾构隧道基础上修建三连拱地铁车站结构参数研究[J].铁道学报,2003(12):93~98

[53] 李围,何川.地铁区间盾构隧道管片衬砌设计分块的探讨[J].隧道建设,2003(12):1~5

[54] 廖炜,张志强,何川.盾构隧道衬砌设计计算的几点研究成果[J].四川建筑,2004(12):71~73

[55] 唐志成,何川,林刚.地铁盾构隧道管片结构力学行为模型试验研究[J].岩土工程学报,2005(1):85~89

[56] 孙钧,侯学渊.地下结构(上)[M].北京:科学出版社,1991

[57] 孙钧,侯学渊.地下结构(下)[M].北京:科学出版社,1991

[58] 孙钧.地下工程设计理论与实践[M].上海:上海科学技术出版社,1996

[59] 宋健译.ITA《隧道设计标准》简介[J].隧道译丛,1990(3):32~34

[60] 杨世忠译.关于圆形隧道的设计[J].隧道译丛,1979(4):56~63

[61] Duddeck H. Structural Design for Tunnels[C]. Tunneling'82, Institution of Mining and Metallurgy, London UK, 1992

[62] 半固哲夫,河田博之.新しいセグメント设计手法の开发[J].トンネルと地下,1987,16(6):17~26

[63] 李志业,曾艳华.地下结构设计理论[M].成都:西南交通大学出版社,2002

[64] Engelbrcth K. Correspondence on Morgan[J]. Geotechnique, No.3, 1961

[65] 张厚美,吕国梁.圆形隧道衬砌结构计算模型综述[J].世界隧道,2000(2):1~6

[66] 入江建二,新野均.シールドトンネルの覆工技术(7)[J].トンネルと地下,1993(3):58~64

[67] 潘昌实译.盾构隧道衬砌设计指南(草案)[J].世界隧道,1997(2):19~29

[68] Ghaboussi J, et al. Analysis of subsidence over soft-ground tunnels[C]. International Conference on Evaluation and Prediction of Subsidence, Jan, 1978

[69] Ito T, Histake M. Surface displacements caused by tunnel driving in anisotropic viscoelastic ground[C]. The 4th International Conference Rock Mechanics, Montreus (Suisse), 1979(1):677~684

[70] Redendiz D, Romo M P. Settlement upon soft ground tunnelling[J]. Theoretical Solution, 1981:65~74

[71] Ito T, Histake M. 隧道掘进引起的三维地面沉降分析[J].隧道译丛,1982(9):46~55

[72] Ghaboussi, J. et al. Finite element simulation of tunneling over subway[J]. Journal of Geotechnical Engineering, 1983(3):318~319

[73] Ghaboussi J, Rankens R E. Finite element simulation of underground construction[C]. Proceedings of Implementation of Computer Procedures and Stress-Strain Laws in Geotechnical Engineering, Aug, 1981

[74] Rowe R K, Lo K Y, et al. A method of estimating surface settlement above tunnels constructed in soft ground[J]. Canadian Geotechnical Journal, 1983a(20):11~22

[75] Rowe R K, Kack G J. A theoretical examination of the settlements induced by tunnelling: Forth case histories[J]. Canadian Geotechnical Journal, 1983b(20):299~314

[76] Finno R J, Clough G W. Evaluation of soil response to EPB shield tunneling, ASCE[J]. Journal of Geotechnical Engineering, 1985(2):157~173

[77] 李桂花. 盾构法施工引起的地面沉陷的估算方法[J]. 同济大学学报, 1986 (2): 253~261
[78] Lee K M, Rowe R K. Finite element modeling of the three-dimensional ground deformations due to tunneling in soft cohesive soils[J]: Part Ⅰ - Methods of analysis, Computers and Geotechnics, 1990a (10): 87~109
[79] Lee K M, Rowe R K. Finite element modeling of the three-dimensional ground deformations due to tunneling in soft cohesive soils[J]: Part Ⅱ - Results, Computers and Geotechnics, 1990a (10): 87~109
[80] Lee K M, Rowe R K. An analysis of three-dimension ground settlemens: The Thunder Bay Tunnel[J]. Canadian Geotechnical Journal Ottawa, 1991: 25~41
[81] Rowe R K. The prediction of deformations caused by soft ground tunneling-recent trends[J]. Canadian Tunnelling, Canada, The Tunnelling Association, 1986: 91~108
[82] Rowe R W, Lee K M, et al. Subsidence dur to tunneling[J], Ⅱ Evaluation of a Prediction Technique. Canadian Geotechnical Journal, 1992b (29): 941~954
[83] 徐方京. 软土盾构隧道与深开挖的孔隙水压力与地层移动分析[D]: [博士学位论文]. 上海: 同济大学, 1991
[84] 陈久照. 盾构施工对粘土性质影响的试验研究[D]: [硕士学位论文]. 上海: 同济大学, 1993
[85] 李建华. 盾构法隧道施工引起地层移动的模糊-随机理论预测与控制研究[D]: [博士学位论文]. 上海: 同济大学, 1995
[86] 曾晓清. 地铁工程双线隧道平行推进的相互作用及施工力学行为的研究[D]: [博士学位论文]. 上海: 同济大学, 1995
[87] 曾晓清, 张庆贺. 隧道施工过程的解析与数值解和方法[J]. 岩土工程学报, 1998 (1): 14~17
[88] 曾晓清, 张庆贺, 曹志远. 地铁工程双线盾构平行推进的相互作用[J]. 同济大学学报, 1997 (4): 386~389
[89] 曾晓清, 孙钧, 曹志远. 隧道工程施工过程中的力学分析[J]. 同济大学学报, 1998 (5): 512~515
[90] 曾晓清, 孙钧. 面向21世纪的隧道施工力学研究[J]. 地下工程与隧道, 1996 (4): 2~7
[91] Zeng Xiaoqing. The research on the construction mechanice for building double-tube paralled tunnels[C]. Computer Methods and Advances in Geomechanics. Rotterdam: A Balkema Publishers, 1997: 1349~1352
[92] Akagi H, Komiya K. Finite element simulation of shield tunneling processes in soft ground[C], Proc. Int Symp. on Geotech, 1996: 447~452
[93] 阮林旺. 软土盾构推进对相邻土体及桩体影响的三维有限元分析[D]: [硕士学位论文]. 上海: 同济大学, 1997
[94] 阮林旺, 李永胜. 软土盾构法施工引起相邻桩体变形和受力研究[J]. 隧道及地下工程, 1997 (9): 18~23
[95] 李永胜, 黄海鹰. 盾构推进对相邻桩体力学影响的使用计算方法[J]. 同济大学学报, 1997 (3)
[96] Liwang Ruan, Yongsheng Li. 3D FEA on effects of shield tunneling on the adjacent deep piles[C]. Proceedings of the 1st Asian Rock Mechanics Symposim, Seoul, 1997
[97] 易宏伟. 盾构施工对土体扰动与地层移动影响的研究[D]: [博士学位论文]. 上海: 同济大学, 1999
[98] 易宏伟, 孙钧. 盾构施工对软粘土的扰动机理分析[J]. 同济大学学报, 2000 (6): 277~281

参考文献

[99] 朱合华,丁文其.盾构隧道施工力学性态模拟及工程应用[J].土木工程学报,2000(3):98~103

[100] 张玉军.拟建武汉地铁盾构法施工的有限元数值模拟[J].岩土力学,2001(1):51~55

[101] 朱忠隆.软土盾构法隧道施工变形的数值解析与智能方法研究[D]:[博士学位论文].上海:同济大学,2002

[102] 朱忠隆,张庆贺.盾构法施工对低层扰动的试验研究[J].岩土力学,2000(3):49~52

[103] 张庆贺,朱忠隆等.盾构推进引起土体扰动理论分析与试验研究[J].岩石力学与工程学报,1999(12):699~703

[104] 朱忠隆,张庆贺,易宏传.软土隧道纵向地表沉降的随机预测方法[J].岩土力学,2001(3):56~59

[105] 酒井邦登,星谷胜,カルアンフィル-をいた用シールド位の预测と制御[C].土木学会论文集,1987(391):69~78

[106] 桑原洋,原田光男.ファジト理论のシールド掘进制御への适用[C].土木学会论文集,1991(391):169~178

[107] 仓冈丰.ファジト自动方向制御によゐ大口径泥水シールド[J].建设机械,1991(5):27~34

[108] 板场通夫.シールド自动掘进管理システム[J].建设机械,1992(9):31~37

[109] 清水贺之,铃木基光.单圆形シールド掘进机の运动特性に关する研究(模型试验および制御系の设计)[C].日本机械学会论文集,1992(58):155~161

[110] 清水贺之,古川和.单圆形シールド掘进机の运动特性に关すゐ研究(实机解析 制御实证)[C].日本机械学会论文集,1992(58):121~128

[111] 清水贺之.シールド掘进机の土中ての运动特性の推定[C].土木学会论文集,1997(575):243~248

[112] 胡珉,周文波.盾构施工地面沉降估算公式初探[J].上海市政工程,1996(5):32~36

[113] 胡珉,周文波.上海地铁2号线隧道轴线控制系统的开发[J].上海隧道,1998(2):53~57

[114] 朱合华,丁文其.地下结构施工过程的动态仿真模拟分析[J].岩石力学与工程学报,1999(5):559~562

[115] 黄宏伟,张冬梅.盾构施工引起的地表沉降及现场监控[J].岩石力学与工程学报,2001(增刊):1814~1819

[116] 张冬梅,黄宏伟,王箭明.盾构推进引起地面沉降的粘弹性分析[J].岩土力学,2001(9):311~314

[117] 张冬梅,黄宏伟,林平等.地铁盾构推进引起周围土体附加应力的分析[J].地下空间,1999(10):379~382

[118] 张冬梅,黄宏伟,王箭明.盾构隧道施工对邻近深基坑开挖影响的三维有限元分析[J].现代隧道技术,2001(2):26~30

[119] 张冬梅,黄宏伟,王箭明.地铁盾构施工对邻近深基坑开挖的实测影响分析[J].大坝观测与土工测试,2001(3):19~22

[120] 田敬学,张庆贺.盾构法隧道的纵向刚度计算方法[J].中国市政工程,2001(3):35~37

[121] 徐永福,孙钧,傅德明等.外滩观光隧道盾构施工的扰动分析[J].土木工程学报,2002(4).70~73

[122] 方从启,孙钧. 软土地层中隧道开挖引起的地面沉降[J]. 江苏理工大学学报, 1999(2): 5~8
[123] 刘洪洲,孙钧. 土压平衡盾构与地层沉降的根源及其影响因素分析[J]. 岩土工程师, 2002(5): 5~9
[124] 吉茂杰,刘国彬. 开挖卸载引起地铁隧道位移的预测方法[J]. 同济大学学报, 2001(5): 531~535
[125] 王敏强,陈胜宏. 盾构推进施工结构三维非线性有限元仿真[J]. 岩石力学与工程学报, 2002(2): 228~232
[126] 张云,殷宗泽,徐永福. 盾构法隧道引起的地表变形分析[J]. 岩石力学与工程学报, 2003(3): 388~392
[127] 李永胜,黄海鹰. 盾构推进对邻近桩体力学影响的实用计算方法[J]. 同济大学学报, 1997(6): 274~280
[128] 张志强,何川. 地铁盾构隧道近接桩基的施工力学行为研究[J]. 铁道学报, 2003(2): 92~95
[129] 张志强,何川. 深圳地铁隧道邻接桩基施工力学行为研究[J]. 岩土工程学报, 2003(3)
[130] Nomoto T, et al. Shield tunnel construction in Centrifuge[J]. Journal of Geotechnical & Geoenvironmental Engineering, 1999(4): 289~300
[131] Bernat S, Cambou B. Soil-structure interaction in shield tunneling in soft soil[J]. Computer and Geotechnica, 1998(3): 221~242
[132] 张厚美. 装配整体式双层衬砌接头荷载试验与结构计算理论[D]: [博士学位论文]. 上海: 同济大学, 2000
[133] 吴兰婷. 盾构隧道管片接头力学行为的有限元分析[D]: [硕士学位论文]. 成都: 西南交通大学, 2005
[134] 彭杰良等译. 盾构隧道最新防水技术[J]. 隧道译丛, 1993(4): 50~66
[135] 朱祖熹. 当今国内外盾构隧道防水技术比较谈[J]. 地下工程与隧道, 2002(1): 14~20
[136] 朱祖熹. 中日德盾构隧道衬砌接缝密封垫研究技术之比较[J]. 地下工程与隧道, 1994(4): 11~19
[137] 朱祖熹. 城市隧道防水技术的现状及展望[J]. 地下工程与隧道, 1995(4): 18~24
[138] 黄宏伟,臧小龙. 盾构隧道纵向变形性态研究分析[J]. 地下空间, 2002(9): 244~251
[139] 林永国. 地铁隧道纵向变形结构性能研究[D]: [博士学位论文]. 上海: 同济大学, 2001(10)
[140] 何川. シールドトンネル纵断方向の地震时举动に関する研究[D]: [博士学位论文]. 东京: 早稻田大学, 1999
[141] 侯学渊,钱达仁,杨林德. 软土工程施工新技术[M]. 合肥: 合肥科技出版社, 1999
[142] Phienwej N. Ground movements in shield tunneling in Bangkok soils[C]. Proc of the Fourteenth International Conference on Soil Mechanical and Foundation Engineering, Hamburg, 1997
[143] 日本土木学会编. 隧道标准规范(盾构篇)及解说[M]. 朱伟译. 北京: 中国建筑工业出版社, 2001
[144] ITA-Working Group Research. Processed recommendation for design of lining of shield tunnel[J]. Tunneling Association: 1~26
[145] 陈三江. 盾构法隧道衬砌接头受力机理分析[D]: [硕士学位论文]. 上海: 同济大学, 1986
[146] Atsushi Koizumi. On the design method of shield tunnel lining[J]. Science & Engineering, 1992(56): 125~177
[147] 朱合华,陶履彬. 盾构隧道衬砌结构受力分析的梁-弹簧系统模型[J]. 岩土力学, 1998(2): 26~32

参考文献

[148] 朱世友. 国内地铁盾构区间隧道管片结构设计的现状与发展[J]. 现代隧道技术, 2002(6): 23~28

[149] 曾东洋, 何川. 地铁盾构隧道管片接头抗弯刚度的数值计算[J]. 西南交通大学学报, 2004(12): 744~748

[150] 曾东洋, 何川. 地铁盾构隧道管片接头刚度影响因素研究[J]. 铁道学报, 2005(4)

[151] 日本土木研究所资料 2599 号. シールドトンネル覆工构造特性に关する报告书——シールドセグメント用继手の载荷试验[R]. 建设省土木研究所トンネル研究室, 1988

[152] 日本铁道综合技术研究所编. 铁道构筑物等设计标准·同解说(シールドトンネル)[M]. 日本: 九善株式会社, 1997

[153] シールド工法の调查·设计から施工まで编辑委员会. シールド工法の调查·设计から施工まで[M]. 日本: 地盘工学会, 1997

[154] 曾东洋, 何川. 盾构隧道衬砌结构内力计算方法的对比分析研究[J]. 地下空间与工程学报, 2005

[155] 曾东洋, 何川. 盾构隧道管片环向接头力学行为研究[C]. 地下铁道新技术文集. 成都: 西南交通大学出版社, 2003: 49~53

[156] 曾东洋, 何川. 拼装方式对盾构隧道衬砌结构变形和内力的影响分析[J]. 现代隧道技术, 2005 (2): 1~6

[157] 何川, 曾东洋. 大断面越江盾构隧道管片接头选型研究[J]. 现代隧道技术, 2005(6)

[158] 志波由纪夫, 川岛一彦, 大日方尚纪等. シールドトンネルの耐震解析に用いる长手方向覆工刚性の评价法[C]. 土木学会论文集, 1988: 385~394

[159] 高松伸行. 二次覆工されたシールドトンネルの轴方向解析モデルに关する研究[D]: [博士学位论文]. 东京: 早稻田大学, 1993

[160] 袁文忠. 相似理论与静力模型试验[M]. 成都: 西南交通大学出版社, 1998

[161] 林刚. 连拱隧道施工力学行为研究[D]: [博士学位论文]. 成都: 西南交通大学, 2005

[162] 广州市地下铁道设计研究院. 广州市轨道交通 3 号线工程投标设计图(大塘—沥滘盾构法隧道区间)[R], 2002

[163] 潘昌实. 隧道力学数值方法[M]. 北京: 中国铁道出版社, 1995

[164] 郑颖人, 沈珠江, 龚晓南. 岩土塑性力学原理[M]. 北京: 中国建筑工业出版社, 2003

[165] 松井春辅. 都市トンネルの实际(合理的な设计·施工法をめざして)[M]. 日本: 鹿岛出版社, 1998